Thème
de culture
générale

2023

Prépas commerciales ECG 2023

Le monde

par **Alexandre Abensour**

ancien élève de l'École normale supérieure (Ulm)
agrégé de philosophie
professeur de culture générale en CPGE économiques
et commerciales au lycée Saint-Jean (Douai)

Nicolas Tenaillon

agrégé de philosophie
professeur de culture générale en CPGE économiques
et commerciales, au lycée Saint-Jean (Douai)

ellipses

ISBN 9782340-065277

8/10 rue la Quintinie 75015 Paris

www.editions-ellipses.fr

Présentation

Qu'est-ce que le monde ? Il est déroutant de voir combien la pensée tord ce concept dans tous les sens pour tenter de le définir : la mythologie le divise en haut et bas, la cosmologie l'étend comme une pâte molle ou le rassemble en un point, la logique le pluralise en jouant sur le possible et le réel, la psychologie l'intériorise et le déforme par l'imagination, la politique en fait un espace de conquête ou de partage, la sociologie le segmente en classes étanches… Cette plasticité donne le vertige et finit par nous faire douter de notre capacité à penser le monde parce qu'il nous paraît tantôt trop grand, tantôt trop petit pour son concept. La langue, dans son usage commun, ajoute à la difficulté puisqu'elle autorise à faire un monde d'à peu près tout ce qu'on veut en multipliant *ad nauseam* des expressions contenant le terme. Ainsi parle-t-on de : « monde sauvage », « monde des lettres », « monde de la nuit », « monde de Balzac », « monde ouvrier », « monde d'après »… Le monde, semble-t-il, « supporte » tout. Mais, parce que nous ne sommes pas Atlas, son poids n'est-il pas trop écrasant pour qui voudrait le comprendre ?

Il est cependant contestable de ne faire du monde qu'un « fourre-tout ». Car si tel était le cas, il se confondrait avec le chaos que les Grecs opposent justement au cosmos. Il y a par conséquent quelque chose qui distingue le monde d'un simple inventaire illimité des choses, des événements, des opinions. Mais quoi ? Le fait qu'il englobe toute la réalité et qu'il l'ordonne ? Ceci reste à prouver : Le monde est-il réellement un ensemble qui fait système et qui a un sens ? Le croire, n'est-ce pas se forger une certaine conception du monde, une *Weltanschaung*, qui correspondrait davantage à un désir ? Jetés dans le monde, obligés d'y vivre, n'est-ce pas pour nous rassurer que nous pensons que ce sol, dont on a longtemps cru qu'il était immobile, est porteur d'un sens qui nous précède ? Assurément nous *voulons* le monde parce que le désordre éternel n'est guère engageant. Mais est-ce à bon droit ? Ce désir de mise en ordre de ce qui s'étale devant nous et repousse sans cesse son propre horizon offre une première voie pour comprendre les différentes acceptions que la tradition donne au mot : en partant de l'ici et maintenant, le monde se déploie d'abord comme « *monde commun* », social, puis désigne la *terre habitée* (l'œcoumène), et enfin la planète elle-même, le système solaire et aujourd'hui l'*univers* infini. On pourrait alors s'accorder à définir provisoirement le monde comme cette *région orientée, déterminée et connue d'un univers indifférencié dans lequel l'homme est chez lui.* Mais une telle définition dit trop peu. Elle masque par exemple la dimension historique du monde sans laquelle des processus comme ceux de la sécularisation ou de la mondialisation demeurent impensables.

Produire une « cosmologie » qui ne se restreint pas à la seule astrophysique afin d'explorer le monde à partir du plus grand nombre de disciplines possibles, telle est l'ambition de ce manuel. Cette mise en perspective des différentes interprétations de cette *singularité englobante* qu'est le monde devrait permettre au lecteur de mieux discerner ce qui peut donner sens à ce concept. Plus qu'une invitation au voyage à travers l'espace et le temps, c'est donc la quête des significations du monde que ce livre voudrait modestement retracer.

Sommaire

Textes commentés 173

Cours

I. Le cosmos grec

A. Définitions : le monde, la nature

Qu'entendre par « le monde » ? Le terme évoque l'idée de totalité, et, de ce point de vue, excède la « nature », si on la conçoit avant tout comme « nature vivante », ce qui correspond au premier sens du grec *phusis* (de *phuein*, pousser, croître). Dans les textes grecs, la distinction n'est cependant pas si claire, car le terme *phusis* peut aussi avoir un sens englobant, et désigner, bien au-delà des êtres vivants, la structure générale de tous les êtres (ou « étants », si l'on respecte le participe présent du grec *ontá*). C'est même un des indices de la réflexion philosophique : généraliser le concept de nature, au sens ou finalement il engloberait toutes choses. Mais il existe en grec des termes qui désignent plus précisément l'idée de totalité, ou de « globalité ». Le plus célèbre est bien sûr le *kosmos*, qui a une connotation « esthétique ». En effet, le terme désigne à l'origine la beauté de certaines parties du corps, par exemple de la crinière des chevaux. À travers les siècles, nous avons gardé dans notre vocabulaire ce terme pour désigner l'univers (la cosmologie est toujours le nom d'une science), mais nous avons perdu cette nuance qui relie le regard sur le ciel à sa beauté. Le tout cosmique grec est « harmonieux », ou plutôt : on utilise volontiers ce terme quand on veut souligner que le tout n'est pas seulement une étendue quantitative, mais qu'il a aussi une forme et des qualités spécifiques qui rendent sa contemplation plaisante et philosophiquement pertinente (elle élève l'âme). Le *kosmos* a, dès Homère, aussi, le double sens d'ornement et d'ordre. Mais, selon le témoignage d'Aétius (1er siècle av. J.-C.) ce n'est qu'avec la philosophie pythagoricienne, au VIe siècle, qu'il prendra le sens d'ordre du monde, de « tout ordonné et harmonieux » : « C'est

Pythagore le premier qui a donné le nom de cosmos à l'enveloppe de l'univers, en raison de l'organisation qui s'y voit ». Là encore, le terme de cosmos peut être détaché de sa source « esthétique ». Par exemple, il est utilisé par Épicure pour qualifier l'infinité des mondes, qui ne doivent leur ordre qu'au hasard. Chez Platon, Aristote ou les stoïciens, le cosmos est parfait parce qu'il est *un*. Épicure a donc besoin d'un terme spécifique pour désigner l'univers infini, opposé aux mondes : c'est « le tout », *to pán*, terme volontairement neutre, qui se détache de toutes les références à la perfection, la beauté, l'harmonie, puisque le monde est le produit du jeu du hasard et de la nécessité.

Revenons cependant à notre remarque préliminaire : que signifie l'idée que le monde est avant tout la « totalité naturelle » ? Si l'on part du sens premier de nature comme croissance et vie, nous trouvons souvent une extension de l'idée de vie à la totalité du monde : soit directement par l'idée d'âme du monde, soit parce qu'à l'intérieur du monde, tout est vivant, même les astres... Mais on peut distinguer nature et monde selon une autre approche. Ainsi, à l'exception notable des sophistes, la nature est l'absolu, un véritable « englobant » car il n'existe pas d'instance supérieure à partir de laquelle il se définirait. Dans la doctrine stoïcienne, Dieu est dans le monde (immanence) et pour les épicuriens, les dieux habitent dans les espaces interstellaires. Le dieu de Platon ou d'Aristote n'est pas au-delà, il est ce qu'il y a de plus achevé dans la nature. S'il existe bien une « transcendance » chez ces deux penseurs, elle est définie par rapport au *monde*, c'est-à-dire à l'univers visible, non à la *nature* comme totalité : en ce cas, le mot *kosmos* singularise cette forme visible, *to pán* étant conservé pour insister sur la totalité, et *phúsis* sur la dimension productrice, vivante du « monde » ainsi entendu.

Au-delà des questions de vocabulaire, il faut insister sur le fait que la réflexion grecque sur le monde se fait dans un contexte philosophique où la physique n'existe pas comme branche des sciences positives, mais comme partie de la philosophie (l'astronomie antique, parce qu'elle est mathématisée, a plus d'autonomie par rapport au discours philosophique). Si la physique est la science du tout, et donc du monde par excellence, c'est parce qu'elle est adossée à une réflexion philosophique sur le sens même de cette totalité qui nous enveloppe. Deux grandes questions dominent. Épistémologiquement : comment peut-on « penser » le monde, avec quels concepts peut-on s'élever à une vision générale de l'étant ? Moralement, quelles sont les conséquences à déduire de la place ainsi dégagée de l'homme dans le monde ? Ces questions, on le voit, sont encore les nôtres. Mais pour qu'elles s'élaborent, il a fallu qu'un discours théorique naisse face aux représentations mythiques du cosmos.

B. Mythologues et physiologues

Le monde du mythe

Dès ses origines, construire une représentation du monde, pour la pensée grecque, c'est avant tout réfléchir sur l'organisation de mondes au pluriel. On s'attache en effet peut-être trop aux points de départ qui font surgir « le » monde. Le texte grec qui joue pour l'origine du monde le rôle de la création dans la Genèse biblique est celui d'Hésiode (fin VIIIe-début VIIe siècle), qui, dans sa *Théogonie* fait surgir les êtres primordiaux, à partir d'un « chaos » initial : « En vérité, aux tout premiers temps, naquit Chaos, l'*Abîme-Béant*, et ensuite Gaia *la Terre* aux larges flancs

– universel séjour à jamais stable des immortels maîtres des cimes de l'Olympe neigeux – les étendues brumeuses du Tartare, au fin fond du sol aux larges routes, et Éros, celui qui est le plus beau d'entre les dieux immortels […] » (v. 116-120). Comment interpréter ce chaos primitif ? Peut-on en faire un équivalent du vide dans lequel toutes les réalités vont prendre peu à peu leur place ? Mais la notion de « vide » paraît justement bien trop précise et conceptuelle pour rendre compte de la dimension mythique du texte. Ce qui intéresse Hésiode c'est avant tout une opposition, celle entre le désordre et l'ordre représenté par la stabilité de la terre. Il ne faut pas chercher une conceptualisation dans ce qui est avant tout une représentation de l'origine des dieux. De même, le texte de la *Genèse* ne présente pas une théorie du monde : dans le récit de la création par Yahvé, ce qui importe c'est la série de séparations qui vont se produire entre les grandes instances naturelles : ciel/terre, lumière/ténèbres, ciel d'en haut/ciel d'en bas, etc. D'autre part, si c'est le monde qui naît ainsi en se construisant, il n'est pas sûr que le mythe ait tant pour fonction de construire une totalité, que de fournir l'image d'une organisation hiérarchisée entre le monde des dieux et celui des hommes. Ce monde humain peut se penser de deux manières. Comme monde « géographique », et comme signification anthropologique.

Voici comment Jean-Pierre Vernant résume la vision de l'espace naturel des deux grands « mythologues » des Grecs, Homère et Hésiode : « Dans [leur] conception, la terre est un disque à peu près plat entouré par un fleuve circulaire, Océan, sans origine et sans fin parce qu'il se jette en lui-même. On retrouve là un thème qui apparaît déjà chez les Babyloniens, dans ces grands États fluviaux où la terre cultivée a été péniblement gagnée sur les eaux, grâce à un système de digues et de canalisations. Aussi la genèse et la mise en ordre du monde sont-elles conçues comme un assèchement de la terre, émergeant peu à peu des eaux qui l'entourent. Au-dessus de l'Océan, s'élève le ciel d'airain. S'il est dit d'airain, c'est pour exprimer son inaltérable solidité ; domaine des dieux, le ciel est indestructible. Au-dessous de la terre, qu'y a-t-il ? Pour le Grec archaïque, la terre est d'abord ce sur quoi on peut marcher en toute sécurité, une « assise solide et sûre », qui ne risque pas de tomber. Aussi imagine-t-on sous elle des racines qui garantissent sa stabilité. Où vont ces racines ? On ne sait pas exactement. Elles s'enfoncent, dira Xénophane, à l'infini, sans limite » (« Géométrie et astronomie dans la première cosmologie grecque »).

Ce monde où vivent les hommes permet de déployer une logique propre à ce qu'on pourrait appeler « l'univers » humain. C'est surtout dans l'*Odyssée* d'Homère (même période qu'Hésiode) que l'on voit le héros affrontant le partage de l'univers entre différents mondes. Certes, traditionnellement la victoire des dieux olympiens a conduit à une répartition entre trois grands domaines gouvernés par trois frères : le ciel pour Zeus, la mer pour Poséidon, les Enfers pour Hadès, la terre restant domaine commun. Mais, à l'intérieur de ce monde ainsi réparti, les hommes doivent trouver leur place, non seulement par rapport aux dieux, mais à toutes les créatures qui peuplent la terre. Le « monde humain » est géographique, certes, mais surtout anthropologique : celui des êtres « mangeurs de pain », vivant en communauté, craignant les dieux, faisant des sacrifices, respectant les lois, dont celle de l'hospitalité. Le cyclope Polyphème n'est pas seulement différent physiquement, il est d'un autre monde, où l'on vit solitaire, où l'on se nourrit exclusivement de produits laitiers, et où l'on méprise toutes lois divines et humaines.

C. Naissance de la philosophie

La philosophie hérite de ces partages, et les reprend à nouveaux frais. L'anthropologie deviendra avant tout « politique » et « éthique » : réflexion sur le monde construit par l'homme. Les mythes d'origine deviendront pensée de la nature comme totalité structurée, c'est-à-dire du « monde », et non plus poésie de l'origine des dieux. Il ne nous reste que des fragments des penseurs antérieurs à Platon, mais nos sources permettent néanmoins de distinguer plusieurs écoles. Parmi elles, l'école ionienne, de la côte occidentale de l'Asie mineure, s'est consacrée justement à la connaissance des principes fondamentaux de la *phusis* : l'eau pour Thalès, l'illimité pour Anaximandre, le feu pour Héraclite… D'où l'appellation de « physiologues » pour qualifier leur œuvre, parce qu'ils ont tenté d'expliquer l'origine et le fonctionnement de la nature, de l'univers : c'est-à-dire du monde comme totalité de ce qui est. La révolution intellectuelle majeure consiste ainsi à poser un principe unique et « réel », ou, comme le dira Aristote pour le leur reprocher « matériel », à la base de toute chose. La pensée du monde se constitue rationnellement quand on définit un principe unificateur qui permet de dépasser le constat de la pluralité des mondes, ou l'imagination d'une origine du monde. En d'autres termes, le monde n'a plus d'origine, mais il a une « substance », par exemple l'eau : « La plupart des premiers philosophes estimaient que les principes de toutes choses se réduisaient aux principes matériels. Ce à partir de quoi sont constituées toutes les choses, le terme premier de leur génération et le terme final de leur corruption – […] – c'est cela qu'ils tiennent pour l'élément et le principe des choses ; aussi estiment-ils que rien ne se crée et que rien ne se détruit, puisque cette nature est à jamais conservée. […] Car il doit exister une certaine nature unique ou bien plusieurs, dont sont engendrées toutes les autres alors que celle-ci se conserve. Cependant tous ne sont pas d'accord sur le nombre et la forme d'un tel principe. Pour Thalès, le fondateur de cette conception philosophique, ce principe est l'eau (c'est pourquoi il soutenait que la terre flotte sur l'eau) ; peut-être admit-il cette théorie en constatant que toute nourriture est humide et que le chaud lui-même en tire génération et vie [...] ; voilà ce qui le conduisit à admettre cette théorie, et aussi le fait que les semences de toutes choses ont une nature humide ; de telle sorte que l'eau est pour les choses humides le principe de leur nature » (Aristote, *Métaphysique*, A, III, 983 b 6)

Aristote considère que ce principe est encore insuffisant pour penser rationnellement le monde naturel, mais il représente incontestablement un saut capital. Est-ce réellement le cas ? Pour certains, comme Francis Cornford (*The origins of greek philosophical thougt*, 1952), les Ioniens reprennent la structure mythique de l'explication de l'univers, en les transposant seulement dans un langage abstrait, qui ne fait plus référence explicitement à des figures divines. Mais la façon générale de comprendre l'univers est la même : il s'agit de se demander comment l'ordre a pu surgir du chaos. Et ce que les physiologues appellent éléments (eau, etc.) sont des transpositions des divinités : l'eau de Thalès n'a rien à voir avec l'eau étudiée par les physiciens, c'est une puissance naturelle active, animée et impérissable. Jean-Pierre Vernant, tout en reconnaissant le caractère important de cette position « hypercritique », estime qu'il est possible de revenir à une position plus mesurée pour évaluer ce qui sépare effectivement les Ioniens de la mythologie d'un Hésiode par exemple. Plutôt que d'insister sur la transposition de la représentation de l'univers, on peut au contraire souligner, avec Aristote aussi bien, le saut qui est franchi par les Ioniens, sans gommer l'ambiguïté de leurs positions, qui revient à une sorte de pensée de la nature divine mais sans dieux : « les éléments des Milésiens ne sont pas des personnages mythiques comme Gaia, mais ce ne sont pas non plus des réalités concrètes comme la terre ; ce sont des puissances éternellement actives, divines et naturelles tout à la fois. L'innovation mentale consiste en ce que ces puissances sont strictement délimitées et abstraitement conçues : elles se bornent à produire un effet physique déterminé, et cet effet est une qualité générale abstraite » (« La forme de la pensée positive dans la Grèce archaïque », 1957) : le sec, le chaud, etc. Donc on peut certes dire que le fond de la nature est divin, mais en même temps il n'est d'autre réalité que la nature : ce n'est sans doute pas pour rien que la tradition platonico-aristotélicienne a vu dans ces physiologues des matérialistes, même si le terme peut paraître anachronique. La mythologie comprend la mise en ordre de l'univers comme une série de naissances successives : pour les Ioniens, il s'agit en revanche de dégager les principes premiers de l'être, les éléments fondamentaux du monde pris comme totalité, le rapport entre une substance première (l'eau, le feu, l'illimité) et sa diversification en éléments divers. Mais, pour reprendre la terminologie d'Aristote, qu'est-ce qui permet de distinguer à présent la « physiologie » de la « philosophie » ?

D. Des mondes « clos », un univers infini

Penser le monde en « philosophe », et non plus en « physiologue », pour Aristote, c'est dépasser la matière, ou plus exactement montrer qu'il existe une logique d'organisation du tout qui ne repose pas seulement sur un « élément ». Une façon assez simple de distinguer les pensées grecques sur le monde consiste à opposer les théories du monde « clos » (Platon, Aristote, les stoïciens) de celle du monde infini : les épicuriens. Mais cette distribution en recoupe aussi une autre, plus profonde : pour les trois premiers nommés, le monde est fondamentalement rationnel (il suppose une prééminence du *logos*), alors que pour les épicuriens, seul règne le hasard. Distinction qui dépasse celle du matérialisme et de l'anti-matérialisme, puisque le stoïcisme est un matérialisme, le *logos* divin n'étant pas pur esprit, mais « matière » : feu divin pénétrant la totalité du monde et l'organisant. On peut aussi bien dire : des pensées du cosmos, contre une pensée « a-cosmique », ce qui nécessite on le voit de faire à l'épicurisme un sort particulier. C'est bien la redécouverte du matérialisme atomiste antique à la Renaissance qui nourrira de nouvelles pensées du hasard et de la nécessité contre le cosmos chrétien ou métaphysique (Giordano Bruno ou Diderot, pour ne citer que les plus célèbres).

Cosmos et formes géométriques : Platon

Mais on pourrait, tout aussi bien, mettre à part la pensée platonicienne, par la manière qu'elle a d'aborder le problème. En effet, le seul dialogue proprement « physique » de Platon, le *Timée*, joue sur l'idée même de mythe. Comme chez Hésiode, le *Timée* nous présente la genèse du monde. Platon reconnaît même la parenté de son texte avec le mythe, en admettant ne pouvoir tenir sur la naissance du monde qu'un discours « vraisemblable » et non vrai. Pourquoi ? Peut-être par une conscience aiguë de l'absence d'une science « physique » réellement constituée, le *logos* devant admettre son insuffisance. On peut « penser » le monde, mais à condition d'admettre qu'on ne peut en avoir une représentation complète. Notre point de vue sur le tout est limité : il faut remarquer cette « modestie » chez un philosophe présenté souvent comme le premier des dogmatiques... Ce que l'on peut essayer de construire, c'est un « modèle » un « paradigme », c'est-à-dire un concept que l'on tentera d'ajuster au réel : à ce titre, penser le monde est du même ordre qu'édifier « par le logos » la cité idéale de la *République*. Ce statut du discours est lié au statut ontologique de l'univers : il n'est que la copie d'un monde éternel. Qu'il en soit ainsi est démontré par le fait qu'il est sensible, ce qui implique qu'il est engendré. Or s'il est engendré, il ne peut être éternel : il est soumis au devenir, et ne peut donc avoir le même statut ontologique que ce qui est immuable et fixe : « Soit donc le Ciel tout entier (*pás oúranos*) ou le Monde (*cósmos*), ou, si cet être pouvait recevoir quelque autre nom mieux approprié, donnons-lui ce nom-là. [...] A-t-il existé toujours, n'a-t-il pas eu de commencement, ou bien est-il né, a-t-il commencé à partir d'un terme initial ? Il est né, car il est visible et tangible, et il a un corps. En effet, toutes les choses de cette sorte sont sensibles et tout ce qui est sensible et appréhendé par l'opinion et la sensation est évidemment soumis au devenir et à la naissance. Mais tout ce qui est né, il est nécessaire, nous l'avons dit, que cela soit né par l'action d'une cause déterminée. Toutefois, découvrir l'auteur et le père de cet Univers (*tó pán*), c'est un grand exploit... » (*Timée*, 28b-c).

Les différences avec les « mythes » proprement dits sont donc considérables. La genèse platonicienne se fait selon des bases rationnelles, à savoir les formes intelligibles, que le dieu artisan s'emploie à informer la matière première du monde, la *chôra* (le terme signifiant littéralement le « territoire »). Cette *chôra* répond à un problème précis : rendre compte de la production du sensible à partir de l'intelligible. On ne peut en effet s'en tenir à deux réalités : les formes intelligibles et leurs copies sensibles. Il faut une sorte de « réceptacle » qui rende compte du sensible : la *chôra* est ce réceptacle (ou ce « matériau » comme traduit par exemple Luc Brisson). Elle est une forme de matière première sans forme chargée de recevoir les formes. La structure de l'univers est bien géométrique dans le *Timée* : on trouve des formes géométriques au cœur de la matière, et les mouvements des planètes sont réglés selon des calculs arithmétiques. Mais ce modèle mathématique ne se prétend pas « vrai » : il constitue une théorie vraisemblable de la rationalité de l'âme du monde. On ne peut donc dire que Platon constitue une physique mathématique : il cherche à montrer qu'on peut rendre compte des mouvements par des nombres, mais il s'agit avant tout d'un modèle idéal. Quand Galilée affirmera que « la nature est écrite en langage géométrique », il s'appuiera sur Platon : mais avec toute la différence entre une hypothèse théorique et une construction scientifique reposant sur l'observation et l'expérience.

Un monde clos et « en mouvement » : Aristote

Aristote critique tout autant le « matérialisme » des physiologues qu'il rejette l'âme platonicienne. Aucun de ses prédécesseurs, selon Aristote, n'a compris le rôle exact des quatre grandes causes naturelles (cause matérielle : de quoi une chose est-elle faite ; cause formelle : ce qui donne sa forme à la chose ; cause efficiente : l'agent ; et enfin la cause finale : en vue de quoi la chose est-elle faite). Les physiologues se sont limités à la cause matérielle, et si Platon a vu qu'il fallait une cause formelle, les « idées », celles-ci sont coupées du mouvement proprement naturel. Car comprendre la nature, pour Aristote, c'est d'abord comprendre le mouvement, et le monde est avant tout défini par l'ensemble de ces mouvements articulés à une théorie de l'espace, du « lieu ». Ce qui compte, pour Aristote, c'est de montrer que tout déplacement d'un corps n'est possible que parce que ce corps est situé « dans » un lieu. Il n'y a pas de vide dans l'univers, mais un lieu général enveloppant tout – le ciel – et un lieu correspondant à la position de chaque corps, qui, en se déplaçant, change de lieu. Comment définir ce « ciel » ? Au livre II du chapitre 9 du *Traité du ciel*, il démontre que le ciel est constitué de « tout ce qui est corps naturel et sensible », et qu'il est par conséquent « un, seul, et complet » ; pour le prouver, il montre qu'un hypothétique « lieu extérieur du ciel » ne pourrait être, ni naturellement, ni contre nature, le lieu d'aucun corps. Il n'y a donc pas de lieu pour le tout, mais seulement pour ses parties. Il en résulte, selon la *Physique* (IV, 212b7 sqq.), que le ciel, sans être en un lieu par soi, l'est par accident, « car toutes ses parties sont d'une certaine façon en un lieu – en effet, sur le cercle, elles s'enveloppent mutuellement. Voilà pourquoi la région supérieure se meut en cercle, sans que le tout soit quelque part ». Comme le lieu est la limite immobile immédiate du corps enveloppant, « le lieu n'est pas le ciel, mais la limite immobile extrême du ciel, en contact avec le corps mobile ». En somme, le ciel n'a pas de lieu parce que sa limite n'a qu'un bord interne. Mais l'on voit bien le problème : si le ciel est en mouvement, comment sa limite peut-elle être immobile… ?

D'autre part, et c'est surtout cela qui va dominer la représentation du monde durant des siècles, le monde est profondément hiérarchisé parce qu'il est constitué de lieux spécifiques. Le lieu n'est pas « neutre » : chaque corps cherche à rejoindre son « lieu propre », le lieu qui lui correspond par nature. Un corps a une nature définie par sa composition (terre, eau, air, feu) qui le rend plus ou moins lourd ou léger. En fonction de cette composition, il va tendre vers le « bas » de l'univers – son centre – ou vers le « haut », la sphère des étoiles. La terre – le globe terrestre – est au centre de l'univers car c'est là le lieu propre de ce corps le plus lourd qui soit. Et toute chute d'un corps sur terre s'explique par la tendance de ce corps à rejoindre le centre de la terre. C'est ce qu'on appelle la vision d'un univers à l'espace clos (l'univers est fini), polarisé (chaque être tend à rejoindre son lieu propre) et hiérarchisé (la partie supérieure de l'espace, celle des étoiles est plus parfaite que la partie inférieure, la terre). Mais, comme chez Platon, penser l'univers suppose de définir sa cause première. La différence, c'est qu'elle n'est pas conçue selon un « mythe de création » : le dieu d'Aristote ne forge pas le monde, il le met en mouvement, comme le montre le livre L de la *Métaphysique*. Compte tenu de l'existence des divers mouvements dans l'univers, et d'abord des mouvements éternels et circulaires des astres, leur cause ne peut être que dans un être qui n'est pas lui-même en mouvement, c'est-à-dire qui n'est pas en puissance, qui est « acte pur ». Et l'on arrive ainsi à une étonnante formulation : « Il y a quelque chose qui meut sans être mû, qui est éternel, à la fois essence et acte. Or, le désirable (*to orektòn*) et l'intelligible sont moteurs de la façon que voici : ils meuvent sans être mus ». Que vient donc faire le « désir » dans la métaphysique ? En réalité, c'est assez simple à comprendre : dans le cosmos intégralement finalisé qu'est celui d'Aristote, tout être tend vers l'objet de son désir, que cet être soit ou non « conscient » : il est « désirable » pour la pierre de chercher à atteindre son lieu propre, de même qu'il est désirable pour l'homme d'atteindre le bien suprême (la contemplation des essences), de même qu'il est désirable pour les astres de tourner éternellement en cercle... La fin ultime (c'est-à-dire le dieu, Aristote le dira clairement juste après) « meut donc parce qu'elle est objet de désir » ou, littéralement, « elle meut comme objet d'amour ». Le dieu d'Aristote est l'être parfait, l'acte pur qui ne crée pas le monde, ne s'occupe pas du monde, est enfermé dans son propre acte éternel de « pensée de la pensée ». Ce qu'Aristote entend par « désir » et « amour », c'est le fait que tous les autres êtres ne sont qu'en puissance, n'atteignent jamais l'actualité parfaite, et « aiment » l'actualité comme l'absolu vers lequel tendre. La pensée cosmique d'Aristote implique donc une « érotique », dans un sens non pas anthropologique (il ne s'agit pas d'un sentiment amoureux) mais métaphysique : chaque être dans le monde vise à atteindre l'état parfait de l'être transcendant le monde.

Mais les théologies monothéistes rendant caduque cette métaphysique, c'est avant tout avec la conception physique de l'univers aristotélicien que rompra ce qu'on appelle la physique classique à partir du dix-septième siècle. Parler de « rupture » suppose que la conception aristotélicienne de l'univers s'est imposée philosophiquement, sans doute parce qu'elle était particulièrement cohérente. Elle satisfait un désir d'ordre, contrairement à l'espace vide infini des atomistes, qui fait de notre monde un parmi une infinité. Il est important en effet de rappeler que pour les Grecs, l'infini est une notion négative, que ce soit l'*a-peiron* (ce qui manque de fin, de limite, de mesure, l'« illimité ») ou l'*a-telès* (ce qui manque de fin au sens de perfection, l'« imparfait » au sens littéralement du « mal fini »). Contrairement à ce que l'on pense parfois, les atomistes ne changent pas radicalement ce point de vue : en moral, l'épicurisme prône bien la mesure. En revanche, il conteste les arguments sur la finitude de l'univers... Peut-être pourrait-on aussi suggérer que, malgré ses raisonnements complexes, la pensée d'Aristote rejoignait par certains côtés une très vieille vision de l'univers, la terre se trouvant au centre, et les astres divinisés au sommet : le cosmos mythique est lui aussi essentiellement hiérarchisé... Enfin, la physique d'Aristote trouvera un appui dans l'astronomie de Ptolémée qui, au deuxième siècle de notre ère, donnera le modèle mathématique d'un monde géocentrique et fini. La science grecque a certes connu des systèmes héliocentriques, ceux d'Héraclide le Pontique (388-313) et d'Aristarque de Samos (310-230) : mais aucun ne s'est imposé face à l'« évidence » de l'immobilité de la terre. Dans l'esprit du grand astronome, il ne s'agit nullement de donner une explication physique, mais de produire des calculs rendant compte de la façon la plus « simple » possible des phénomènes perçus depuis la terre. D'où la célèbre expression « sauver les phénomènes » : Cette formule de Simplicius (Ve-VIe siècle apr J.-C.) traduit le fait que l'astronomie de Ptolémée a dû rompre, pour des raisons mathématiques, avec certains principes fondamentaux de la physique d'Aristote, notamment l'existence au centre de l'espace cosmique d'un point physique, le centre de la terre : Ptolémée a été contraint d'introduire des centres abstraits pour rendre compte de certains mouvements circulaires des planètes. Il a réussi ainsi à montrer comment des apparences sensibles irrégulières (surtout concernant les cinq « planètes » – astres errants en grec : Mercure, Vénus, Mars, Jupiter et Saturne) peuvent trouver une cohérence selon des hypothèses mathématiques et mécaniques. On a donc d'une part un univers physique : la théorie du « lieu » d'Aristote, permettant d'expliquer les déplacements des corps. D'autre part, un univers géométriquement constitué, celui de l'astronomie, constitué de sphères, mais qui n'a pas prétention à décrire la réalité effective des choses, puisqu'il ne vaut que comme hypothèse pour « sauver les phénomènes ».

C'est l'univers d'Aristote qui régnera à nouveau à partir du treizième siècle et que la physique moderne s'emploiera à détruire : par la mathématisation du mouvement, mais aussi par la mécanisation du vivant. Mais identifier la pensée grecque de la nature avec celle du cosmos serait oublier que le finalisme cosmique s'est aussi constitué contre un courant qui cherche au contraire à éliminer de la nature toute trace de finalité et de perfection : le matérialisme atomiste, qui est un des deux grands matérialismes hellénistiques.

L'affrontement des matérialismes : stoïcisme et épicurisme

Comme nous l'avons souligné, en effet, il serait erroné de penser que concevoir un univers rationnel, fini et finalisé implique de mettre à son principe des structures immatérielles : des formes éternelles configurant la matière, ou, chez Aristote, « l'âme », principe immatériel de la vie, que ce soit des vivants terrestres (les « animaux ») ou des vivants célestes (les astres), jusqu'à dieu, le vivant des vivants, dont l'âme ne fait que penser. On peut donc préférer présenter le stoïcisme avant tout comme rupture avec Platon et Aristote : il se veut une conception du monde bien plus cohérente, car ne supposant pas d'êtres extérieurs au monde lui-même. Ce refus de la transcendance le rapproche donc paradoxalement de son grand adversaire de l'époque hellénistique (le combat se poursuivant pendant l'époque impériale) : en effet, l'épicurisme est aussi une pensée de l'immanence pure, qui ne conçoit rien d'autre pour penser l'univers que ses éléments propres.

Le monde-corps-divin stoïcien

Pour les stoïciens, donc, la réalité est faite de corps : le monde est un monde de corps, l'âme est corporelle. Le monde est individu corporel, à l'âme corporelle, individu vivant, éternel mais connaissant des cycles de naissance et de destruction. Tout est donc corps ? Pas exactement, car il existe ce qu'ils nomment des « incorporels », mais qui n'ont rien à voir avec des principes immatériels « intelligibles ». Trois d'entre eux jouent un rôle en physique : le lieu, le vide, le temps. Le quatrième est la signification des termes (l'« exprimable »). Le vide joue un rôle capital dans leur conception du monde. Dans leur cosmologie, en effet, il faut distinguer entre le tout, composé du monde et du vide environnant (*tó pán*), et l'univers (*tó holon*) qui est le monde. On voit là notamment leur opposition fondamentale aux épicuriens et leur monde fait d'atomes et de vide : les stoïciens considèrent l'univers comme une totale cohésion et compénétration organique de ses parties. L'un des fondateurs du stoïcisme grec, Chrysippe de Soles (281-208) voyait dans la réalité un « mélange total », thèse qui permet de garantir la possibilité de l'action qualitative des corps les uns sur les autres dans un univers homogène, continu et actif. Le monde est animé par une sympathie universelle qui garantit sa totale cohésion dynamique. Certes, comme chez Platon et Aristote, on retrouve bien chez les stoïciens l'idée que l'univers est fondé sur un principe passif (une matière inerte) et un actif : mais ce second, qu'ils appellent aussi « Dieu », n'est pas un être transcendant, une pure pensée. Loin de là : il est la « raison qui est inhérente à la matière première, à savoir Dieu » (Diogène Laërce, IIIe siècle apr J.-C.). La raison divine est elle-même « corps », ce qui peut surprendre le lecteur moderne…

Reprenant Héraclite, les stoïciens définissent dieu comme un feu rationnel, même s'il faut distinguer ce logos informateur de l'élément matériel que nous appelons feu, et qui est un des quatre éléments naturels produits par l'information de la matière passive par cette raison immanente. Tout l'univers est donc unifié, consonant, providentiel. Le dieu stoïcien n'est autre que la nature conçue comme une force qui maintient la cohésion du monde, ou, comme le dit Sénèque (Ier siècle apr J.-C.) : « Qu'est-ce donc que la nature sinon dieu et la raison divine inscrite dans la totalité du monde et dans ses parties » ? Cette union systématique est le modèle d'un rapport particulier et dynamique entre le tout et ses parties. D'après le témoignage de Plutarque (I-IIe siècle), « comme la nature commune s'étend à tout, tout ce qui arrive dans l'univers, de quelque façon que ce soit et dans n'importe laquelle de ses parties, devra arriver selon cette nature et sa raison en une séquence qui ne rencontre pas d'obstacles, parce qu'il n'y a rien en dehors de l'univers pour s'opposer à son gouvernement et que dans nulle de ses parties ne sont possibles un mouvement et un état qui ne soient conformes à cette nature ». L'univers est totalement unifié par une âme incorruptible, cette âme divine qui lui donne sa cohérence et son sens. Le Destin et la Nature commune sont la raison même de dieu ou de l'univers selon laquelle toute partie individuelle se trouve gouvernée. Le monde peut se dire de deux façons : comme son ensemble continu ou cohérent, le monde lui-même comme tout organisé, ou comme sa raison, providence, destin ou nature commune, c'est-à-dire comme l'ordre rationnel de sa cohérence, pensée sur le mode d'une causalité active et informante.

Jamais on n'avait, dans la pensée grecque, poussé plus loin la logique du monde, son harmonie, et tenté de trouver une solution aussi fine au problème du lien entre le tout global du monde et la pluralité de ses parties. Or, dans l'épicurisme, tout s'inverse, puisque c'est à partir des parties elles-mêmes, les atomes, que se construit non pas « le monde », mais « les mondes ».

L'anti-cosmos : l'épicurisme

Aristote connaît déjà l'atomisme à travers ses fondateurs, Leucippe (v. 460-370 av. J.-C.) et Démocrite (mêmes dates), qui au cinquième siècle ont donné les bases de la physique atomiste : les atomes en mouvement dans le vide, qui se rencontrent selon diverses modalités : « Démocrite et Leucippe disent que les autres choses sont constituées à partir de corps indivisibles, illimités quant au nombre et aux formes, et que les choses diffèrent mutuellement par les éléments dont elles sont formées, ainsi que par leur position et par leur ordre » (Aristote, *De la génération et de la corruption*, I, 1, 314 a 21, tr. J.-P. Dumont, *op. cit.*). Bien sûr, pour Aristote cette physique se limite aux causes matérielles et ne donne aucune explication des origines du mouvement. Venant après Aristote, Épicure (v. 342-270 av. J.-C.) et son disciple latin Lucrèce (v. 98-55) développeront et préciseront cette doctrine. Le paradoxe de l'épicurisme est d'être à la fois un naturalisme intégral et un « acosmisme » intégral. Pour Épicure, le terme « cosmos » au singulier ne signifie plus qu'un monde parmi une infinité dans un univers infini dénommé « le tout », *to pán*. L'idée même de « cosmos » chez Platon et Aristote (et les stoïciens) est en revanche inséparable de la finitude de l'univers. Comme nous l'avons vu, le terme grec qui signifie « limite », « fin » (*peiras*) est un terme éminemment positif chez Aristote, et c'est au contraire l'*apeiron*, l'illimité, l'inachevé, qui est négatif : le cosmos est ce qui est achevé par définition. Affirmer l'illimité, c'est donc pour l'atomisme se situer rigoureusement en dehors des courants dominants de la pensée grecque. Or, l'affirmation de l'illimitation procède simplement d'un raisonnement logique. Selon la « canonique » d'Épicure – c'est-à-dire sa théorie de la connaissance, qui s'oppose à la « logique » issue d'Aristote – les sens sont les critères de la connaissance (les données des sens sont « vraies »). Les sens me donnent l'évidence de l'existence des corps, et le raisonnement me montre que je peux toujours ajouter un corps à un autre…

Symétriquement, le raisonnement établi à partir de la sensation me montre que les corps ne peuvent avoir que des constituants insécables – signification du terme *atomos* en grec – car si les corps se divisaient à l'infini, tout s'effondrerait dans le chaos. Enfin, le raisonnement conduit nécessairement à poser le vide, milieu sans lequel ne pourraient avoir lieu les mouvements des atomes : rien ne pourrait donc exister de ce que nous donne la sensation et le raisonnement – à savoir des corps – sans les atomes en mouvement dans le vide. Mais précisons : non seulement nous voyons « des corps », mais une « nature » : à savoir un certain ordre localisé dans ce monde-ci : la « nature » est l'ordonnancement des atomes qui prennent un état stable à un certain endroit du « tout ». Dans ce célèbre passage du premier livre du *De natura rerum* de Lucrèce, on voit comment l'on passe de l'adage « rien ne naît de rien » à « tout pourrait naître de tout », et donc à l'affirmation de la stabilité de notre monde, dans un discours inséparablement physique et moral (dissiper la peur) : « Rien ne naît de rien, par miracle divin. Si la peur accable ainsi tous les mortels, c'est qu'ils observent sur la terre et dans le ciel mille phénomènes dont les causes sont cachées et qu'ils attribuent à la volonté divine. Dès que nous aurons vu que rien ne peut surgir de rien, nous percevrons mieux l'objet de notre quête, d'où chaque créature tire son origine et comment tout se fait sans nul concours des dieux. Si de rien les choses se formaient, de n'importe quoi toute espèce pourrait naître, nul besoin de semence. Les hommes pourraient venir de la mer, les poissons de la terre ; du ciel jailliraient les oiseaux ; les bêtes de trait, le bétail, les fauves de toutes sortes naîtraient indifféremment dans les champs et les déserts. Les arbres n'auraient pas toujours les mêmes fruits, mais ils en changeraient. Tout pourrait tout porter. Sans corps générateurs, comment les divers êtres pourraient-ils donc avoir une mère certaine ? Mais puisqu'ils sont formés de germes définis, aux rives lumineuses chacun naît et surgit du lieu où résident sa matière et ses corps premiers. Voici donc pourquoi tout ne peut naître de tout : les choses définies recèlent un pouvoir distinct. » (Lucrèce, *De natura rerum*, I, 150-173).

De l'ordre, donc, mais sans cosmos ? Oui : l'atomisme repose sur l'idée que l'ordre existe bel et bien, mais qu'il n'est pas le produit d'une perfection immuable et divine : il est le résultat des chocs des atomes au hasard de leurs rencontres. Dans l'infinité de l'espace a lieu une infinité de chocs qui produisent parfois des rencontres structurées par la forme même des atomes. L'ordre naît du hasard, il est une exception dans l'univers, et notre monde – c'est-à-dire l'univers visible composé de la terre et des planètes ainsi que du soleil – n'est qu'un parmi une infinité d'autres. Nous retrouvons alors notre question : l'ordre naturel peut se définir comme une limite. Les animaux se tiennent dans les limites de leurs espèces. Les atomes s'agrègent selon la limite de leurs formes, etc. Tout monde est le produit d'un équilibre instable enfermé dans certaines limites, celles des échanges atomiques : ainsi, les êtres vivants meurent quand ils perdent plus d'atomes qu'ils n'en reçoivent jusqu'à la désagrégation du tout composé par les atomes du corps et les atomes de l'âme – c'est-à-dire de la vie et de la pensée. « Vivre selon la nature » peut alors prendre un sens : celui de comprendre que la souffrance est le produit d'imaginations vaines et de désirs illimités. Nous sommes dans un monde « absurde », c'est-à-dire non finalisé, sans intention, sans « dieu », sans « raison » autre que le rapport du hasard et de la nécessité. Mais, localement, en s'agrégeant, dans l'éternité des temps et l'infinité de l'espace naît un monde stable. Et, cet équilibre naturel des atomes permet de construire un rapport harmonieux au monde par l'équilibre des plaisirs. C'est tout le paradoxe de l'épicurisme, que de détruire toute harmonie au niveau global, et de la retrouver au niveau où elle peut faire sens pour nous, ici et maintenant, dans ce monde-ci qui est le seul qui importe pour moi, puisque j'en suis un « produit ».

II. De la métaphysique à la physique du monde

Le passage de la conception d'un monde clos à celle d'un univers infini est le résultat d'une longue spéculation et de découvertes scientifiques qui s'étirent de la fin du Moyen Âge jusqu'au XVIIIe siècle. L'arrêt dans les années 1830 de la production de globes célestes qui accompagnaient toujours celle des globes terrestres depuis la Renaissance témoigne de cette mutation. Si cette révolution décisive a été si lente, c'est parce que durant cette période, la démarche scientifique n'a jamais voulu (ou pu) s'affranchir totalement d'une vision du monde compatible avec la croyance religieuse. Comme le dit Alexandre Koyré dans sa conférence « Les étapes de la pensée cosmologique » (1948) : « L'infinitude du monde est métaphysiquement impossible ». Comment concilier en effet l'idée de Création et d'univers infini ?

A. L'ancienne vision du monde : des signatures partout

Ce qui au Moyen Âge caractérise l'ancienne vision du monde héritée des Grecs, c'est sa christianisation. Par exemple, alors que les Grecs faisaient de Delphes l'*Omphalos* (le nombril) du monde, c'est désormais Jérusalem qui occupe cette place. En effet, au VIIe siècle, dans ses *Étymologies*, œuvre immense d'Isidore de Séville qui se voulait être une sorte d'encyclopédie des savoirs, la Terre, confondue avec l'œcoumène, l'espace habité, était représentée par un T dans un O (*Terra Orbis*). Circulaire, elle était ainsi divisée en trois, les branches du T désignant à la fois la croix du Christ et la Méditerranée, le Don et le Nil, mer et fleuves qui séparent, affirmait-on, l'Europe, l'Asie et l'Afrique, originellement habités par les trois fils de Noé : Japhet, Sem et Cham. Le croisement des branches menait à Jérusalem, lieu où le Christ est mort et ressuscité et donc centre du Monde. Si cette conception fut abandonnée au XIIe siècle, notamment en raison des travaux plus savants des géographes arabes comme Al-Idrissi, il n'en reste pas moins qu'on continua à chercher des signes métaphysiques dans l'œcoumène aussi bien que dans la représentation du cosmos, héritée de Ptolémée. L'interdiction promulguée par l'évêque de Paris en 1277 d'enseigner l'éternité du Monde dans l'Université naissante témoignait de la volonté de l'Église de ne rien concéder contre le dogme d'un monde créé par Dieu, monde géocentré et même anthropocentré parce que destiné à l'homme, sommet de la Création, comme l'enseigne la *Genèse*. Ainsi s'explique sans doute le succès qu'emporta durant plusieurs siècles la doctrine de la correspondance entre le macrocosme et le microcosme.

Inspirée par Pythagore puis par le *Timée* de Platon, approfondie par les stoïciens, cette doctrine devenait pour la pensée chrétienne l'occasion de prouver que le salut du monde était annoncé par une multitude de signes inscrits dans la Nature et ce à toutes les échelles, l'homme lui-même constituant un petit monde (microcosme). Il n'appartient alors qu'à lui de déchiffrer ces signes et de s'y conformer. Ainsi Bernard de Tours, auteur d'un *De mundi universiate, sive Megacosmus et Microcosmus* (1145) écrit-il dans sa *Cosmographia* (vers 1150) que « le second monde, l'homme, a besoin de la connaissance et du soin du premier et meilleur ». Au début du XIVe siècle, le mystique rhénan Maître Eckhart, jouant sur l'étymologie et la consonance de *humus* (terre), *humilitas* (humilité) et *homo* (l'homme), soutient dans son *Commentaire sur le livre de l'Exode*, que « l'humilité et la patience, de la terre font un ciel ». Le microcosme doit aspirer à retrouver en lui ce qui abolit toute distance par rapport au Créateur car « nous avons l'expérience de quelque chose en nous qui n'enferme ni le lieu, ni le temps, à quoi ce qui est au-delà des mers est aussi présent que dans le lieu même où je me sens debout » (*Sermon 14*). Présente chez certains mystiques, comme Hildegarde de Bingen, dont l'illustration de son *Livre des œuvres divines d'un homme simple* (1174) par des miniatures représentant un homme dans un cercle, annonce l'homme de Vitruve de Leonard de Vinci, la théorie du microcosme trouve son plein développement au début de la Renaissance. L'humanisme en effet ne pouvait qu'adhérer à cette théorie des correspondances. Pic de la Mirandole affirme ainsi que : « La nature de l'homme, comme lien et nœud du monde, est située au niveau moyen de l'univers. Et comme tout moyen participe des extrêmes, ainsi l'homme, par chacune de ses parties, communie et correspond à toutes les parties du monde. C'est pour cette raison qu'il est habituel de le nommer Microcosme, c'est-à-dire un petit monde » (*Commentaire sur une chanson d'amour de Girolamo Benivieni*, 1486). Mais c'est sans doute dans l'œuvre foisonnante du médecin et philosophe alchimiste suisse Paracelse (1493-1541) que cette idée d'un parallélisme entre microcosme et macrocosme atteint son plein développement. Associant la lune et le cerveau, le soleil et le cœur, les membres et les astres, etc., ce partisan de la sympathie universelle soutient que « l'homme s'apprend à partir du grand univers, et non à partir de l'homme ». Le médecin se doit d'être cosmologue car le corps comme l'esprit forment un tout avec la Création. C'est que Dieu a mis dans la Nature deux aimants : « L'un attire la substance des éléments pour la faire passer dans la chair et le sang. L'autre aspire les influx sidéraux dont se nourrissent notre sensibilité et notre réflexion. L'homme a donc deux natures, l'une mortelle et l'autre immortelle. Le monde a deux corps l'un visible, l'autre invisible », écrit-il dans sa *Philosophia sagax*.

Dans *Les mots et les choses* (1966), Foucault dégage les principes de cette représentation du cosmos avant que la révolution scientifique du XVIIe siècle ne la détruise. Jusqu'à la fin du XVIe siècle, c'est la ressemblance qui domine le savoir : « Le monde s'enroulait sur lui-même : la terre répétant le ciel, les visages se mirant dans les étoiles ». Déclinant les figures de la similitude, Foucault observe que la pensée dominante durant cette longue période, est que « le monde, c'est la « *convenance* » universelle des choses ». On croit par exemple qu'il y a autant de poissons dans les mers que d'animaux sur la terre. On croit aussi, deuxième figure de la similitude, qu'une « *émulation* » abolit l'espace qui sépare les choses et les reflète. Ainsi les deux yeux réfléchissent-ils le soleil et la lune. Autre figure de la similitude : « l'*analogie* » qui permet, « par rayonnement », de multiplier à l'infini les parentés. Grâce à elle, « le corps de l'homme est toujours la moitié possible d'un atlas universel ». Enfin, ultime figure, la « *sympathie* » permet de saisir la dynamique du monde, ce qui s'attire jusqu'à s'assimiler ou ce qui se repousse et s'exclut. Mais pour que ces quatre figures puissent être déchiffrées, il faut qu'elles ne restent pas enfouies et c'est pourquoi « le monde du similaire ne peut être qu'un monde marqué ». La vision pré-galiléenne du monde se caractérise ainsi par ce que Foucault appelle des « signatures ». Mais ces signatures inlassablement déchiffrées n'ouvrent vers aucune découverte scientifique majeure : « chaque ressemblance ne vaut que par l'accumulation de toutes les autres » de sorte que, oscillant d'une similitude à une autre, « le savoir du XVIe siècle s'est condamné à ne connaître toujours que la même chose ». Avec la théorie de la correspondance du microcosme et du macrocosme, « la nature, comme jeu de signes et des ressemblances, se referme sur elle-même ». Que faudra-t-il alors pour que le monde s'ouvre à une représentation plus conforme à ses lois ?

B. Les précurseurs de la révolution cosmologique

Comme le remarque Alexandre Koyré dans *Du monde clos à l'univers infini* (1957), c'est en acceptant de transformer « jusqu'aux structures mêmes de sa pensée » que l'homme a réussi à appréhender autrement le monde. Avant même d'entrer dans l'âge expérimental de la science, l'esprit spéculatif a commencé à se rationaliser et à s'affranchir de la recherche de prétendues correspondances entre le ciel et la terre. La méditation sur l'infini s'avère alors ici décisive.

Nicolas de Cues : spéculations sur l'infini

Ce sont les spéculations métaphysiques du Cardinal Nicolas de Cues (1401-1464) telles qu'elles apparaissent dans *De la Docte Ignorance* (1440) qui jouent un rôle séminal pour l'émergence d'une nouvelle cosmologie. En effet, selon cet auteur visionnaire, l'infinité de Dieu est, sous certaines conditions, transférable au monde. Définie comme un « maximum absolu », c'est-à-dire, comme l'avait vu saint Anselme dès le XIe siècle, tel que rien de plus grand que Lui ne peut être pensé, l'infinité de Dieu ne peut être ni augmentée, ni diminuée, le maximum absolu contenant par avance toute chose. L'infini ici est « en acte » et qualifié de « négatif » parce qu'il échappe à notre intellect qui, lui, est fini. Si nous pouvons spéculer sur cet infini, c'est en accordant qu'il dépasse les oppositions par lesquelles nous structurons nos raisonnements. C'est pourquoi de Cues dit qu'en Dieu les opposés coïncident (*coincidentia oppositorum*) et que toute élévation vers lui requiert une « docte ignorance », ce qu'enseignaient déjà les tenants de la théologie négative. Bref, le maximum absolu ne peut être pensé que sur le mode de l'inconnaissable.

Distingué de Dieu, l'univers est lui aussi infini au sens où on ne peut lui assigner aucune limite. Toutefois son infinité n'est pas telle qu'elle contiendrait actuellement toute chose. Si tel était le cas l'univers se confondrait avec Dieu. L'univers n'est donc infini qu'« en puissance » et c'est pourquoi de Cues parle à son égard d'infini « privatif » : Il comporte un défaut qui le prive à jamais d'être identique au maximum absolu. Ce défaut, c'est la matière. En acte, l'univers est en effet limité par la matière qui, elle, n'est pas extensible à l'infini sans qu'on puisse, pour autant, attribuer à l'univers des limites déterminées et définitives, celles-ci pouvant être indéfiniment repoussées. Et c'est pourquoi de Cues dit de l'Univers qu'il est « interminé » (*interminatum*). En ce sens l'univers n'est qu'un maximum relatif puisqu'il peut être augmenté ou diminué à proportion de la matière qu'il contient. Il s'agit bien toutefois d'un maximum parce que Dieu l'a fait aussi grand qu'il le pouvait. C'est donc prioritairement par la distinction, empruntée à la scolastique, de l'acte et de la puissance que l'infinité de l'univers se sépare de celle de Dieu tout en lui étant analogiquement liée. Mais comment passer de l'une à l'autre ? Par l'idée de « contraction », concept clé de la théorie du Cusain. La contraction désigne en effet le processus de réduction de l'absolu au relatif. Elle est un développement (*explicatio*) extérieur de l'Être maximum lequel est l'enveloppement (*complicatio*) de tout ce qui existe, ce par quoi tout est en Dieu. L'univers est ainsi le développement de Dieu dans la multiplicité et l'inégalité. Pour illustrer ce couple de concepts, Nicolas de Cues donne fréquemment des exemples géométriques.

Le point est la *complicatio* de tous les objets géométriques. Il se développe (*explicatio*) dans la ligne, laquelle se développe dans la surface, et la surface dans les corps. Le Créateur les a unis afin de constituer un point unique. L'enveloppement de l'univers a eu lieu dans ce point unique qui est donc, contre-intuitivement, infini.

Si pour Nicolas de Cues le monde ne peut pas « être conçu comme fini », c'est en outre parce qu'il n'a pas de centre. On ne peut en effet par la pensée ralentir jusqu'au repos le cours des astres car « dans le mouvement, on n'arrive pas à un minimum absolu, c'est-à-dire à un centre fixe ». Certes De Cues n'est pas Galilée et il ne théorise pas le relativisme qui veut que tout corps soit en mouvement mais il a le mérite de voir que la théorie aristotélicienne du repos est problématique. Ici la pensée doit avouer son ignorance : « le monde, dont le centre et la circonférence sont Dieu, ne se laisse pas comprendre » ou, dit autrement : « la machine du monde a son centre partout et sa circonférence nulle part ». Si la cosmologie de Nicolas de Cues est donc fondamentalement métaphysique (puisque l'univers, comme Dieu, n'a ni centre, ni circonférence), ses implications pour la physique à venir sont particulièrement fertiles : le cercle n'y apparaît plus comme la figure parfaite de l'astronomie, la terre comme le soleil sont désormais « en mouvement », etc. On le voit : par la seule conjugaison de la spéculation métaphysique et des mathématiques de l'infini, Nicolas de Cues ouvre une première brèche dans la cosmologie des Anciens.

Giordano Bruno : vers la pluralité des mondes

C'est en fait à Giordano Bruno que l'on doit, un siècle plus tard, l'affirmation claire de l'infinité de l'univers mais aussi celle de son enrichissement. En effet, par un curieux syncrétisme qui allie rejet de l'imagination, interprétation des découvertes de Copernic et redécouverte de la pensée épicurienne, ce moine dominicain plein d'audace (que l'Église condamnera au bûcher en 1600 pour sorcellerie !) ouvre de nouvelles perspectives à la cosmologie de la Renaissance en soutenant que l'univers contient une multitude de mondes habités. Mais selon quelle argumentation ? Pour le savoir, il convient d'ouvrir *Le banquet des cendres* (l'un des trois grands dialogues métaphysiques avec *Cause, principe et unité* et *De l'infini, l'univers et les mondes* que Bruno publie à Londres en 1584), banquet prétendument donné en son honneur par des docteurs anglais le 14 février 1584, mercredi des cendres.

Bruno y condamne d'abord vivement l'imagination géométrique. Pour lui, représenter le monde dans un jeu d'emboîtement sphérique, « à la façon de pelures d'oignons », est illégitime car l'imagination est limitée donc inadaptée à son objet. Seule la raison permet une véritable ouverture de l'homme face à l'univers car pour penser l'infini il faut aller au-delà des sens. Relatant un souvenir d'enfance, Bruno soutient que ce sont effet les sens qui sont à l'origine de la croyance en la finitude du monde : « je croyais qu'il n'y avait plus rien au-delà du Vésuve, car il m'était impossible d'apercevoir quelque chose par-delà » (*De immenso et innumerabilibus*, 1591). Avec la raison, sont ainsi évincées les sphères, produit de l'imagination finie, ce qui a pour effet d'ouvrir l'esprit humain sur l'infini de l'univers.

Conséquemment, Bruno approuve Copernic. Il sait gré au chanoine polonais d'avoir compris que le mouvement de la terre subvertit l'apparence sensible. Toutefois il lui reproche d'avoir seulement agrandi le cosmos aristotélicien, et donc d'en maintenir le caractère fini : au « sommet » des cercles des planètes tournant désormais autour du soleil se trouve toujours dans sa représentation du monde la sphère des étoiles fixes, sphère devenue maintenant immobile. Si Bruno conserve le modèle héliocentriste de Copernic, c'est pour l'adapter à sa conception de l'espace : il multiplie ce schéma (une étoile autour de laquelle gravitent des planètes) à l'infini dans un espace infini et homogène : « c'est dans une même région éthérée que se trouvent comme dans un grand espace ou champ » les corps naturels.

Bruno soutient donc l'idée, inspirée de Lucrèce, de la pluralité des mondes. Celle-ci s'explique par la pluralité des centres de gravité. La pesanteur d'un corps ne dépend pas de sa position relativement à une région de l'espace (comme le voulait la théorie des « lieux propres » d'Aristote) mais relativement à un corps principal, centre de l'organisme dont il est une partie. Quant au vide, on pourrait penser qu'en tant qu'adepte de Lucrèce, Bruno l'admet. Mais l'espace homogène n'est pas réellement vide : il est partout rempli d'être. Un vacuum que rien ne remplirait ruinerait l'action créatrice de Dieu ainsi que le principe de raison suffisante selon lequel Dieu ne peut traiter une partie de l'espace de manière différente de toutes les autres.

Avec Bruno donc l'univers est positivement infini (quoique son infinité n'est pas celle de Dieu, comme chez de Cues), éthéré, et ainsi homogène (mais pas au sens mathématique). Il est aussi rempli de mondes vivants donc animé. C'est qu'en affirmant que « pour contenir ses innombrables individus, il faut un espace infini » (*De l'infini, de l'univers et des mondes*, dialogue I), Bruno cède à la tentation animiste : l'univers est certes pour lui infini mais il reste un « grand vivant » dont les mondes innombrables sont les membres. Cette conception est, à ses yeux, conforme aux Écritures (notamment au livre de Job). « On ne saurait dénombrer les ministres du Très haut, qui l'assistent par milliers de milliers et le servent par centaines de myriades. Ce sont là les très grands animaux dont un grand nombre nous est entièrement visible, grâce à la claire lumière que diffusent leur corps ».

Il n'y a qu'un univers, car il n'y a qu'un principe (Bruno est moniste comme le montre son *Cause, principe et unité*), mais il est infini et infiniment diversifié, toujours changeant (un univers immuable serait un univers mort). Point capital : la perfection se signale par l'infini et non par le fini. En justifiant sa théorie théologiquement, Bruno met en avant deux principes : une cause infinie doit nécessairement produire un effet infini ; Dieu doit nécessairement créer un monde infini plein de mondes. Mais, comme Nicolas de Cues, Bruno conserve lui aussi sans cesse la différence entre l'infinité réelle de Dieu, et l'impossibilité pour la raison d'assigner des limites au monde : « Je dis que l'Univers est tout infini parce qu'il n'a ni borne, ni limite, ni surface ; je dis que l'Univers n'est pas totalement infini parce que chacune de ses parties que nous pouvons prendre est finie, et que des mondes innombrables qu'il contient chacun est fini. Je dis que Dieu est tout infini, parce qu'il exclut de lui toute limite et que chacun de ses attributs est un et infini… ».

C. La révolution du XVIIe siècle : des cosmologies inédites

Géométrisation et mécanisation du Monde

Galilée et la nouvelle visibilité des étoiles

Jusqu'à Galilée, la conception de l'infinité de l'univers est purement métaphysique. Ceux dont le travail est résolument scientifique contestent cette infinité : on a vu que Copernic ne fait pas de l'héliocentrisme l'occasion d'un éclatement du dernier ciel. Il en est de même pour Johannes Kepler, à qui l'on doit la découverte que les planètes ont une trajectoire non pas circulaire mais elliptique, qui écrit peu avant l'invention de la lunette astronomique. Adversaire de « l'infortuné Bruno » en qui il voit le tenant d'une secte, l'infinité lui apparaît non seulement comme un critère de disharmonie dans la Création mais surtout comme contradictoire avec l'observation : « L'astronomie n'enseigne qu'une chose, à savoir qu'aussi loin qu'on voit des étoiles, si petites soient-elles, l'espace est fini », écrit-il. Que faudra-t-il alors pour que la science finisse par admettre que la bulle du monde doit éclater ? Deux choses : la conjonction d'une invention : la lunette astronomique (en 1608) et d'une découverte : l'application possible des mathématiques à la cosmologie pour expliquer les observations. Or c'est à Galilée que l'on doit cette double initiative.

L'invention de la lunette dont il est le premier, en 1609, à faire un usage astronomique, permet au savant italien de montrer qu'il y a des corps cachés derrière le dernier ciel : « leur nombre dépasse de presque dix fois celui des étoiles anciennement connues » (*Siderius nuncius*, 1610). Mais c'est surtout le calcul appliqué aux relevés astronomiques qui l'amène à réfuter magistralement le système cosmologique d'Aristote. Voici comment : en 1572 était apparu dans la constellation de Cassiopée un corps lumineux jusque-là jamais observé. Une douzaine d'astronomes le relèvent sur leurs tables astronomiques. Le problème est alors de savoir si ce corps se trouve sous l'orbite de la lune comme l'exige le système aristotélicien (puisque seul le monde sublunaire est sujet à la génération et à la corruption) ou au-delà. Dans la 3e journée du *Dialogue sur les 2 grands systèmes du monde* (1632), Galilée montre que le corps en question est très éloigné et donc au-delà de la lune. Pour cela, il s'appuie sur les relevés des astronomes (en particulier ceux de Tycho Brahé à Uraniborg et ceux de Munoz à Valence), discute 12 couples d'observation et calcule la parallaxe (angle formé par 2 droites menées du corps observé à 2 points d'observation). Le résultat montre que l'angle cherché est très aigu. Le corps observé est donc une nova et non une comète qui aurait frôlé la terre ou un phénomène météorologique. On voit d'une part que si Galilée ici ne réalise pas les observations, il les rend cohérentes par le calcul. C'est la rigueur des mathématiques qui informe l'expérience. D'autre part, en généralisant la possibilité que la génération et la corruption concernent tous les corps célestes, Galilée annule la théorie des lieux propres et des sphères (la découverte en 1610 des satellites de Jupiter avait déjà ruiné la thèse selon laquelle tous les corps tournent autour de la terre) : l'espace devient homogène. Galilée est donc bien celui qui ruine scientifiquement la finitude de l'espace, du moins telle qu'elle était pensée depuis Aristote. Comme l'écrit Koyré, dans *Du monde clos à l'univers infini*, Galilée substitue à l'ancienne conception du monde, un univers « ne comportant plus aucune hiérarchie naturelle et uni seulement par l'identité des lois qui le régissent dans toutes ses parties, ainsi que par celle de ses composants ultimes placés, tous, au même niveau ontologique ». Bref, avec Galilée l'univers devient lisible, offert au calcul. Encore faut-il préciser qu'il s'agit là d'une idéalisation volontaire car Galilée n'ignore pas l'existence des taches solaires (qu'il observe dès 1610) ou des cratères de la lune, dont il étudie la lumière cendrée. Mais précisément, ces imperfections contribuent à unifier le ciel qu'Aristote avait divisé en distinguant le monde supra-lunaire, incorruptible, parfait et le monde infra-lunaire, imprévisible et imparfait. Désormais les lois de l'univers sont bien les mêmes partout : « La nature ne transgresse jamais les limites des lois qui lui sont imposées » (*Lettre à Castelli* du 21 décembre

1613). Ce qui est physique peut donc être envisagé comme un complexe mathématique. D'où la fameuse phrase : « La philosophie est écrite dans ce vaste livre constamment ouvert devant nos yeux (je veux dire l'univers), et on ne peut le comprendre si d'abord on n'apprend à connaître la langue et les caractères dans lesquels il est écrit. Or il est écrit en langue mathématique, et ses caractères sont le triangle et le cercle et autres figures géométriques, sans lesquelles il est humainement impossible d'en comprendre un mot. » (*Il Saggiatore*, 1623). Ainsi rapportées aux mathématiques, les lois de la cosmologie semblent pouvoir s'expliquer sans recours à la croyance religieuse. C'est cette conséquence métaphysique qui explique la réaction de l'Inquisition qui conduira au procès de Galilée et en 1633 à sa condamnation, après sa rétractation, à la résidence surveillée sans droit de visite : c'est que, pour l'Église, la mort du Cosmos pourrait bien être le prélude de la mort de Dieu…

Descartes et la machine du monde

Mais avant même que la nouvelle cosmologie de Galilée ne soit censurée, ses idées ont passé les frontières et reçu des développements nouveaux. Le fait est bien connu : Descartes (1596-1650) qui partage les convictions scientifiques de Galilée, renonce à publier son *Traité du monde et de la lumière*, pourtant sous presse, lorsqu'il apprend en novembre 1633, à Deventer en Hollande où il s'est exilé, que le grand savant italien a été condamné par l'Église. De fait la géométrisation et la mécanisation du monde sont bien, elles aussi, les caractéristiques du système de Descartes. Mais son projet est beaucoup plus ambitieux que celui de Galilée : « au lieu d'expliquer un phénomène seulement, je me suis résolu d'expliquer tous les phénomènes de la nature, c'est-à-dire toute la Physique » (*Lettre à Mersenne* du 13 novembre 1629). Autrement dit, la science nouvelle doit se faire holiste. À partir de nouveaux principes, elle doit pouvoir rendre compte de tous les phénomènes cosmologiques. Résumons brièvement les positions de Descartes : la matière est selon lui homogène et intelligible. Parce que son essence est l'étendue, elle n'est plus que de la géométrie réifiée. L'identification de la matière à l'étendue implique qu'il n'y a pas d'espace vide (« la même étendue qui constitue la nature du corps, constitue aussi la nature de l'espace », *Principes de la philosophie*, II, 11) et l'étendue étant divisible à l'infini, il faut affirmer qu'il n'y a pas d'atomes. Les corps, qui ne sont que des quantités d'étendues, n'ont aucune force propre. Le mouvement qui les anime procède d'un mécanisme du choc. Ce mouvement est constant, le repos n'étant comme chez Galilée que relatif. C'est Descartes et non Galilée qui, le premier formule la loi d'inertie : « Que chaque chose, pour autant qu'il est en elle, persévère toujours dans le même état ; et ainsi ce qui a commencé une fois de se mouvoir, s'efforcera toujours de se mouvoir » (II, 37), loi que reprendra Newton. Puisque le vide n'existe pas, que tout est en mouvement et que ce mouvement un naturellement rectiligne, le mécanisme de l'univers ne peut s'expliquer que si l'on fait l'hypothèse que la matière se meut circulairement et tourne autour de certains centres. C'est la fameuse « théorie des tourbillons » (ou *vortex*) dont se moquera Molière et que ruinera la découverte par Newton des lois de la gravitation.

Mais qu'en est-il alors de la métaphysique ? N'est-elle pas sinon abolie du moins si marginale pour expliquer le monde qu'il faudrait donner raison à Pascal lorsque celui-ci affirmait que le Dieu de Descartes ne sert qu'à donner une « chiquenaude » pour mettre en branle tout l'univers (celui-ci fonctionnant tout seul par les seules lois de la mécanique) et qu'« après cela il n'a plus que faire de Dieu » (*Pensées*, 1001) ? Interprétation assez contestable car sans la métaphysique, il n'y a pas de physique possible pour Descartes qui, rappelons-le, ne doute pas que le monde est une création divine (raison pour laquelle d'ailleurs il le décrit comme « indéfini », « afin de réserver à Dieu seul le nom d'infini » (*Principes de la philosophie* I, 27)). C'est que non seulement « Dieu est la première cause du mouvement » (II, 36) mais il est aussi la cause de ce à quoi le mouvement s'applique car le monde ne se soutient pas lui-même : il suppose une « création continuée ». Pour Descartes en effet, les lois de la mécanique ne font pas exister la matière qu'elles mettent en mouvement. Celle-ci est créée en permanence par Dieu si bien que le monde s'effondrerait instantanément si la volonté divine décidait d'interrompre son action génératrice : « la conservation et la création ne diffèrent qu'au regard de notre façon de penser, et non point en effet » (*Méditations Métaphysiques*, III). Loin donc de n'être, comme le reproche Pascal à Descartes, qu'un simple déclencheur de cette immense machine qu'est le monde, Dieu est là perpétuellement pour le faire exister. Sans doute Descartes a-t-il perçu, au fur et à mesure de ses découvertes, que la rationalisation totale du cosmos par les lois de la physique mécanique risquait d'« avaler » Dieu dans sa propre création. Et c'est pourquoi Descartes a voulu que la liberté de Dieu reste intacte à l'égard du monde créé. Celui-ci demeure donc contingent quant à son existence (Dieu aurait pu ne pas le créer) tout en étant nécessaire quant à son essence (l'immutabilité divine expliquant la permanence de ses lois). Car « dès lors qu'il [Dieu] continue ainsi de la conserver, il suit de nécessité qu'il doit y avoir plusieurs changements en ses parties, lesquels ne pouvant, ce me semble, être proprement attribués à l'action de Dieu, parce qu'elle ne change point, je les attribue à la Nature ; et les règles suivant lesquelles se font ces changements, je les nomme les lois de la Nature » (*Traité du monde*, VII). Toute l'habileté de Descartes tient dans ce souci de juxtaposer une physique rigoureuse à une métaphysique irréductible. On le voit bien dans la célèbre formule du dernier chapitre, le chapitre VI, du *Discours de la méthode*, intitulé : « Choses requises pour aller plus avant en la recherche de la nature ». Descartes y écrit que grâce aux connaissances nouvelles permises par l'usage de sa méthode (comme la découverte des lois de la réfraction qu'il expose dans la *Dioptrique*, l'un des trois traités scientifiques auxquels le *Discours de la méthode* sert de préface), nous pourrons nous rendre « comme maîtres et possesseurs de la nature ». On a voulu voir dans cette phrase l'annonce de la révolution industrielle. Descartes pensait davantage aux progrès utiles « à la conservation de la santé », c'est-à-dire à l'amélioration de notre rapport au monde par une meilleure maîtrise de la partie mécanique de notre être lorsque celui-ci tombe malade ou est accidenté. Mais surtout, en disant qu'il s'agit de se rendre *comme* maître de la nature, on peut penser que Descartes voulait limiter notre pouvoir sur le monde dont le seul maître devait rester Dieu et Lui seul. Ceci explique qu'à plusieurs reprises, Descartes présente sa vision du monde et de l'homme comme une fable, « un roman » (Lettre-Préface aux *Principes de la philosophie*). Pour certains, il s'agit là de prudence à l'égard de l'Église, pour d'autres d'un souci sincère de ne pas égaler l'homme à Dieu. Quoi qu'il en soit, le problème majeur pour les penseurs rationalistes postcartésiens sera de trouver un point d'articulation entre la science nouvelle du monde et la métaphysique.

Le Monde et Dieu, un défi pour la pensée

Rendre le monde et Dieu compatibles devient de plus en plus un enjeu majeur pour les penseurs de la deuxième moitié du XVIIe siècle. Et ce d'autant plus que les inventions (celle du microscope, du télescope…) et les découvertes (celle de la gravitation, du calcul infinitésimal…) se multiplient ce qui oblige à de nouvelles spéculations pour « sauver » Dieu de la « pression » que la nouvelle cosmologie exerce sur Lui.

Pascal et la critique de la nouvelle cosmologie

Contre les outrances du rationalisme, Pascal adopte la voie de l'humilité en refusant d'accorder à la cosmologie nouvelle le pouvoir de rendre le monde parfaitement lisible. Sous sa plume, l'univers est constamment présenté comme angoissant : « le silence éternel de ces espaces infinis m'effraie » (*Pensées* § 206). Appréhendé par le cœur et non par la raison, il est l'objet du texte le plus célèbre de Pascal intitulé « disproportion de l'homme » (*Pensées* § 72). Ce texte peut s'analyser comme une invitation à voyager par la pensée, aussi loin qu'il est humainement possible de le faire, dans les espaces de l'infiniment grand et de l'infiniment petit (grâce à l'invention récente du microscope) afin de prendre conscience que notre place dans l'univers ne peut tirer sens d'aucun référentiel satisfaisant dès lors que nous nous détournons de Dieu. En affirmant qu'en raison de sa vertigineuse profondeur, l'homme ne peut que se perdre dans le monde invisible (« Nous avons beau enfler nos conceptions au-delà des espaces imaginables, nous n'enfantons que des atomes, au prix de la réalité des choses »), Pascal veut démontrer que le propos de la nouvelle physique est « inutile et incertain et pénible » (*Pensée* § 184). Certes on objectera que Pascal est lui-même un grand savant et qu'il participe à l'élaboration de cette nouvelle physique. N'a-t-il pas formulé les lois de l'hydrostatique grâce à ses recherches sur le vide ? Mais précisément, en contestant l'idée que la nature a « horreur du vide », idée aristotélicienne mais encore défendue par Descartes pour qui le monde est « plein », Pascal veut ruiner tout « système » du monde, qu'il soit ancien ou moderne. Précisons ici que sa démarche est négative : l'existence du vide est pour Pascal une hypothèse probable parce qu'elle n'est pas démentie par les faits. L'assurance des « plénistes » est donc infondée puisque pour contester l'expérience fameuse du Puy de Dôme, ils doivent imaginer sans que cela ne soit vérifiable que ce qu'ils appellent « la matière subtile » prend la place du mercure descendu dans le tube. La cosmologie, par ses découvertes récentes, révèle donc bien, paradoxalement, l'insignifiance de son projet : parce que son envergure semble infinie, parce qu'il contient probablement du vide, l'univers nous condamne à l'ignorance.

Mais cette humiliation ressentie face à l'incommensurable et l'insondable a son utilité. Elle permet de donner au monde terrestre, aux espaces qui nous avoisinent (royaumes, villes) et finalement à nous-mêmes leur véritable valeur : elle est dérisoire. L'immensité de l'univers rendue davantage perceptible par le progrès de la science instrumentale est ainsi interprétée par Pascal comme une opportunité pour discréditer les espaces géographiques investis par l'homme afin qu'il se tourne par la foi vers l'invisible : le Dieu caché (*Deus absconditus*) qu'enseignent les Écritures saintes. Car dans ce monde obscur et confus où l'homme, égaré, loge comme dans un « petit cachot », seule la foi en un Dieu qui « est toujours mais ne paraît jamais » (*Pensées* § 559) peut donner sens au tragique de l'existence. En effet, livré à lui-même, « qu'est-ce que l'homme dans la nature ? Un néant à l'égard de l'infini, un tout à l'égard du néant, un milieu entre rien et tout. Infiniment éloigné de comprendre les extrêmes, la fin des choses et leur principe sont pour lui invinciblement cachés dans un secret impénétrable, également incapable de voir le néant d'où il est tiré, et l'infini où il est englouti » (*Pensées* § 72). Ainsi s'explique la « misère de l'homme sans Dieu » et, aux yeux de Pascal, la nécessité de parier que Dieu existe pour donner sens à notre passage sur la terre, sens qu'aucune cosmologie prétendument rationnelle ne pourrait lui offrir.

Spinoza et l'identification du Monde à Dieu

Face au fidéisme de Pascal, le rationalisme surenchérit. On le voit chez Spinoza qui propose sans doute la solution la plus radicale pour résoudre le problème du rapport entre physique et métaphysique. Avec lui, rien ne distingue plus les deux disciplines car elles ont un même objet : Dieu et le monde, plus souvent appelé Nature ici, sont identiques. Spinoza le dit explicitement dans la préface du livre IV de son *Éthique* : « Cet Être éternel que nous appelons Dieu ou la Nature (*Deus sive Natura*), agit avec la même nécessité qu'il existe ». Cette affirmation modifie radicalement la compréhension du monde sur plusieurs points. Retenons en trois.

En premier lieu, elle implique que le monde ne doit plus être pensé comme une création : il n'est pas séparé de Dieu. C'est pourquoi Spinoza écrit que « Dieu est cause immanente, mais non transitive, de toute chose » (*Éthique* I, prop. 18). En second lieu, elle ruine définitivement tout finalisme puisqu'étant semblable à Dieu, le monde ne manque de rien : il ne peut viser ni une fin qui lui serait extérieure (puisqu'il n'a pas d'altérité), ni une fin interne (puisque Dieu est immédiatement Tout Puissant). Ce rejet du finalisme donne lieu à une célèbre analyse dans l'appendice du Livre I de l'*Éthique*. Spinoza y raille le manque de distance que les hommes ont à l'égard d'eux-mêmes dans la compréhension du monde : « les hommes supposent communément que toutes les choses naturelles agissent comme eux-mêmes, en vue d'une fin [...]. Mais en voulant montrer que la Nature ne fait rien en vain (c'est-à-dire qui ne soit à l'usage des hommes), ils semblent avoir uniquement montré que la nature et les Dieux délirent aussi bien que les hommes ». Il est clair en effet pour Spinoza que « cette doctrine [le finalisme] détruit la perfection de Dieu : car si Dieu agit en vue d'une fin, il désire nécessairement quelque chose dont il est privé ». Du même coup, le finalisme contredit aussi la perfection de la Nature. Parce qu'il est semblable à Dieu, le monde en exprime l'infinie puissance. Autrement dit, les effets qu'elle produit sont eux-mêmes infinis. L'être du monde est toujours actif, productif, causal : « Rien n'existe dans la nature de quoi ne suive quelque effet » (I, prop. 36). Seulement pour le comprendre, il faut faire usage de son entendement et non de son imagination parce que celle-ci tend à anthropomorphiser le monde par préjugé et donc à retomber dans l'illusion téléologique. Or pour l'entendement, la Nature, tout en restant l'unique substance, se révèle sous deux aspects : « Nature naturante » et « Nature naturée » (distinction que Spinoza reprend aux médiévaux mais en l'immanentisant puisque pour lui la Nature n'est pas créée). Que signifie cette distinction ? Spinoza répond : « par Nature naturante, il faut entendre ce qui est en soi et est conçu par soi, autrement dit les attributs de la substance qui expriment une essence éternelle et infinie, c'est-à-dire Dieu en tant qu'il est considéré comme cause libre. Par Nature Naturée, j'entends tout ce qui suit de la nature de Dieu, autrement dit de la nécessité de chacun des attributs de Dieu, c'est-à-dire tous les modes des attributs de Dieu en tant qu'ils sont considérés comme des choses qui sont en Dieu, et qui ne peuvent ni être, ni être conçus sans Dieu » (*Éthique* I, scolie de la prop. 29). On pourrait donc dire, pour simplifier, que la Nature naturante exprime Dieu comme causalité ; la Nature naturée comme effet. Cette dernière comporte des degrés car autant la Nature est *une* comme activité, autant ses effets sont *multiples*. Mais, explique Spinoza, nous ne connaissons que deux effets ou plus exactement deux modes qui touchent à l'universel (alors que les phénomènes nous donnent à voir quantité de modes particuliers de la nature) : le mouvement et l'entendement. Arrêtons-nous sur l'entendement : dire qu'« il doit être rapporté à la Nature Naturée, et non à la Naturante » (I, prop. 31), c'est dire contre Descartes que notre entendement n'est qu'un mode de la Nature. Et il en va de même pour la volonté (qui est d'ailleurs identifiée à l'entendement dans la proposition 49 du livre II de l'*Éthique*). D'où l'on voit que pour Spinoza, tout est nécessaire et déterminé. En conséquence, et c'est là le troisième point décisif de sa philosophie moniste, il n'y a pas de libre-arbitre possible dans le monde. Ceci est vrai pour Dieu (« la volonté n'appartient pas plus à la nature de Dieu que le reste des choses naturelles », I, prop. 32, corollaire 2) et *a fortiori* pour l'homme (« ils conçoivent l'homme dans la Nature comme un empire dans un empire. Ils croient, en effet, que l'homme trouble l'ordre de la Nature plutôt qu'il ne la suit, qu'il a sur ses propres actions un pouvoir absolu et ne tire que de lui-même sa détermination », préface du livre III de l'*Éthique*).

Résumons-nous : pour Spinoza, le monde est un tout indivisible, sans cause, substantiel. En dehors du monde, il n'y a rien, et tout ce qui existe est une partie du monde. Ce monde unique, unifié et nécessaire est Dieu Lui-même. En raison de la nécessité inhérente à la nature, il n'y a pas de téléologie dans l'univers : rien n'a de fin. L'ordre des choses ne fait que suivre Dieu selon un déterminisme strict. Par son radicalisme (qui valut à Spinoza d'être rejeté définitivement par la communauté juive d'Amsterdam), une telle philosophie du monde ouvrira la voie à deux courants de pensée opposés selon que l'on veuille ou non que le monde prime sur Dieu dans leur identification : le matérialisme (comme celui de d'Holbach) et le panthéisme (comme celui de Schelling).

Retour à la transcendance : le monde optimisé de Leibniz

Autre approche d'importance pour relier la nouvelle cosmologie et la métaphysique : celle de Leibniz (1646-1716). Diplomate, animé d'un esprit syncrétique, le célèbre penseur de Hanovre propose une conception du monde qui parvient à synthétiser les idées anciennes avec les nouvelles. Contrairement à Spinoza, Leibniz ne doute pas que le monde soit créé par Dieu. Et, à la différence de Descartes, il ne juge pas nécessaire que Dieu soutienne en permanence le monde pour le faire exister et y imprimer ses lois. Il y a deux raisons à cela : le calcul et le psychisme.

D'une part en effet Dieu est conçu par Leibniz comme une raison calculatrice parfaite de sorte que tout ce qui arrive dans l'univers obéit à une « harmonie préétablie ». Plus précisément, parmi tous les mondes possibles, Dieu en raison de sa bonté qui est l'un de ses attributs essentiels, ne fait exister que le meilleur. On pourrait alors dire que, par le seul fait qu'il existe, le monde réel est nécessairement ce qu'il y a de plus harmonieux : il est à la fois bon puisque c'est la bienveillance divine qui le fait exister et « riche » parce qu'en lui tout est différencié (conformément au principe des indiscernables qui veut que Dieu ne crée pas deux fois la même chose), parce qu'il contient le maximum de compossibilités (c'est le critère de son élection parmi tous les mondes possibles) et surtout parce que rien ne lui manque, aucun intermédiaire n'étant omis en son sein (conformément au principe de continuité selon lequel, comme le disaient les anciens : *Natura non facit saltus*, la Nature ne fait pas de saut). Contre Spinoza, Leibniz réhabilite donc le finalisme et même le providentialisme. Tout ce qui arrive dans le monde actualise ce que Dieu a prévu qu'il arrivera.

D'autre part, ce qui compose la matière du monde ne se réduit pas à l'étendue comme le croit Descartes. Le mécanisme qui pense pouvoir expliquer tous les mouvements sans tenir compte de la nature des corps est défaillant (et c'est pourquoi Descartes, négligeant de tenir compte de l'élasticité des corps quand ils se rencontrent, ne découvre que deux des huit lois du choc mises en évidence par Leibniz). Au mécanisme, il faut donc substituer le dynamisme, science plus complète qui fait reposer la nouvelle cosmologie non plus sur l'étude de la quantité de mouvement (mv) mais sur celle de la force (mv^2). Or celle-ci introduit dans le corps un élément non géométrique et pour tout dire métaphysique : « je m'aperçus que la seule considération d'une masse étendue ne suffisait pas, et qu'il fallait encore employer la notion de la force qui est très intelligible, quoiqu'elle soit du ressort de la métaphysique » (*Système nouveau de la nature et de la communication des substances*, 1695). Phrase décisive car tout en disant que la force est « très intelligible » (de fait, elle est bien l'objet d'un calcul : le calcul différentiel ou encore infinitésimal que Leibniz invente en même temps que Newton), elle la présente aussi comme relevant « du ressort de la métaphysique ». Aux yeux de Leibniz, l'unité de la matière ne serait pas assurée si le jeu des forces imprimées dans ses parties ne cherchait à la « coaguler », si tout n'était pas « conspirant ». Aussi pour assurer cette liaison au sein des parties infimes du monde, « il fallut rappeler et comme réhabiliter les *formes substantielles*, si décriées aujourd'hui, mais d'une manière qui les rendit intelligibles ». Le génie de Leibniz consiste ici à reprendre un concept proposé par Aristote pour améliorer un progrès réalisé par Descartes. Il ne s'agit pas, bien sûr, de restaurer les qualités occultes qui obscurcissent l'intelligibilité du monde, ce qui remettrait en cause les acquis du mécanisme. Ces « formes substantielles » ne doivent pas être utilisées « pour expliquer les problèmes particuliers de la nature » mais pour trouver un lien satisfaisant entre la physique et la métaphysique. Pensée analogiquement avec le désir, la force permet d'introduire dans le monde un élément qualitatif pour l'animer. La matière est comme subjectivée. On comprend alors pourquoi Dieu n'a plus besoin de « soutenir » le monde pour qu'il fonctionne : il a délégué en chacune de ses parties un principe d'animation savamment harmonisé avec tous les autres ce qui assure le bon fonctionnement du Tout. Le monde de Leibniz sera ainsi un panpsychisme.

Cette théorie de l'animisme universel trouve sa formulation ultime dans l'idée difficile de monade, sorte d'« automate spirituel », de « point immatériel » qui permet d'affiner la jonction entre la métaphysique et la physique. Tout l'univers se résout en monades, chacune reflétant, suivant le degré de perception qui lui est propre, toutes les autres ; chacune agissant comme une intensité inétendue localisée. On voit que le mécanisme est ici dépassé. Quant au modèle si fécond de la machine, il est lui aussi remis en cause : Leibniz réhabilite l'idée du *Timée* selon laquelle le cosmos est un tout vivant. Car là où Descartes ne voyait qu'une différence de proportion entre les œuvres de la nature et celles de l'homme, Leibniz (éclairé par l'invention du microscope attribuée au savant hollandais Antoni van Leeuwenhoek et la découverte que celui-ci fit en 1674 des protozoaires et des spermatozoïdes) repère deux différences principielles entre ce que produit la nature et les artifices humains. Le vivant est composé de vivants à l'infini (alors que les pièces ultimes d'une machine, les rouages, ne sont pas des machines) et pour cette raison ne peut jamais mourir dans ses parties ultimes (alors que toute machine est destructible) : « Les Machines de la nature ont un nombre d'organes véritablement infini et sont si bien munies et à l'épreuve de tous les accidents, qu'il n'est pas possible de les détruire. Une machine naturelle demeure encore machine dans ses moindres parties, et qui plus est, elle demeure toujours cette même machine qu'elle a été, n'étant transformée que par les différents plis qu'elle reçoit, et tantôt étendue, tantôt resserrée et comme concentrée lorsqu'on croit qu'elle est perdue » (*Système nouveau de la nature*, 1695). L'univers de Leibniz, partout animé et indestructible, est donc bien un univers panvitaliste.

En conclusion, on pourrait dire que la conception leibnizienne du monde trouve un lien original et cohérent avec la métaphysique dont il est certes séparé (Dieu demeure transcendant à la création : le panpsychisme n'est pas un panthéisme) mais à laquelle il reste intimement lié (puisque le dynamisme du monde est finalisé par Dieu). En outre si Leibniz reste fidèle au paradigme mathématique pour penser l'univers, il ouvre la voie par sa critique du modèle mécanique appliqué au vivant à un autre paradigme possible, celui de la biologie auquel la pensée écologique contemporaine a aujourd'hui recours, lorsque par exemple, elle conçoit notre planète comme un tout vivant. Quoi qu'il en soit, le paradigme mathématique, à la fin du XVIIe siècle, se révèle encore d'une grande fécondité comme le prouve une nouvelle modélisation du monde qui s'imposera jusqu'à Einstein, celle de Newton.

Newton et les forces de l'univers

La cosmologie de Newton (1642-1727) se trouve essentiellement exposée dans son *De Philosophiae Naturalis Principia Mathematica*, paru en 1687, œuvre qui par son titre même parachève le triomphe de la physique mathématique. Écrit à la manière des *Éléments* d'Euclide, ce livre est décisif pour l'histoire des sciences parce qu'il contient la découverte de la gravitation universelle comme loi fondamentale de l'univers. Pour rendre compte du mouvement général des astres, Newton propose une nouvelle définition de l'espace. Il estime en effet que les erreurs commises par ses prédécesseurs, en particulier Descartes, proviennent d'une confusion entre le relatif et l'absolu : « il faut, écrit-il, distinguer le temps, l'espace, le lieu et le mouvement en *absolus* et *relatifs*, *vrais* et *apparents*, *mathématiques* et *vulgaires* » (Scholie III). C'est l'introduction de la distinction entre absolu et relatif qui constitue ici une innovation majeure. L'espace absolu est défini comme ce qui « sans relation aux choses externes, demeure toujours similaire et immobile » tandis que l'espace relatif est « cette partie ou dimension mobile de l'espace » qui « tombe sous nos sens par la relation aux corps ». Autrement dit, l'espace absolu se conçoit indépendamment des corps qu'il contient tandis que l'espace relatif se déduit de l'observation du mouvement d'un corps par rapport à un autre. Attaché au corps, l'espace relatif se déplace avec celui-ci dans l'espace absolu. Mais pourquoi, dira-t-on, la considération de l'espace relatif ne suffit pas à expliquer scientifiquement le mouvement des corps ? Pourquoi recourir à un espace absolu, qui n'étant pourtant pas observable, s'avère nécessaire ? Parce que la loi d'inertie, découverte par Galilée et formulée par Newton dans son premier axiome, loi selon laquelle tout corps se meut « de manière uniforme en ligne droite », ne parvient pas à rendre compte, à elle seule, des mouvements observables, comme par exemple ceux des corps célestes. En effet, ayant rejeté comme l'avait fait Galilée avant lui, l'hypothèse aristotélicienne d'une puissance occulte pour expliquer les altérations du mouvement (changements de vitesse et déviations de trajectoire), Newton pose comme second axiome de son système que « le changement de mouvement est proportionnel à la force motrice imprimée et se produit dans la direction de la ligne droite selon laquelle cette force est exercée ». La force est ainsi nécessaire pour expliquer de manière causale les altérations du mouvement, l'inertie n'étant alors que la résistance à ces altérations. Du coup la cinématique ou science du mouvement doit être complétée par une dynamique ou science des forces. Mais, demandera-t-on, d'où viennent ces forces si elles ne sont pas contenues dans les corps, si ceux-ci sont dépourvus de toute spontanéité par laquelle les aristotéliciens voulaient expliquer les modifications du mouvement ?

Faut-il croire à une « action à distance », idée toujours rejetée jusqu'à Newton parce que jugée scientifiquement impossible, toute mise en mouvement d'un corps supposant un contact ?

C'est ici que se justifie l'hypothèse de l'espace absolu. Car pour Newton, c'est uniquement dans l'espace absolu que peuvent s'exercer les forces. C'est l'espace absolu qui, par l'intermédiaire des forces qu'il génère, agit sur les corps et les met en mouvement. C'est lui qui permet d'expliquer que les corps se déplacent en ligne droite selon un mouvement uniforme (force d'inertie) ou tournent sur eux-mêmes selon un mouvement dirigé vers l'extérieur (force centrifuge). Mais comment le prouver ? On sait que Newton prétendait ne pas feindre d'hypothèses (« *hypotheses non fingo* »), d'être un inductiviste. Affirmer l'existence d'un espace absolu, défini comme inobservable, ne contredit-il pas la méthode du grand savant anglais ? Non, car dans « les matières philosophiques », distinguées de celles de « la vie civile », poursuit le *scholie*, il est légitime de « faire abstraction des sens » et il n'y a pas « à désespérer » de connaître les mouvements absolus parce qu'on « peut se servir, pour y parvenir, des forces qui sont les causes et les effets des mouvements vrais ». Autrement dit, il est possible d'inférer l'existence d'un espace absolu à partir des forces parce que celles-ci ont des effets observables, en particulier pour le mouvement rotatif : « Les effets par lesquels on peut distinguer le mouvement absolu du mouvement relatif sont les forces qu'ont les corps qui tournent pour s'éloigner de l'axe de leur mouvement ». Pour le démontrer, Newton propose de faire une expérience de pensée, expérience qu'il décrit dans le *scholie* et qu'on peut résumer ainsi : un seau rempli d'eau est placé au bout d'une corde qu'on tourne un grand nombre de fois sur elle-même. Lorsqu'on relâche la corde et qu'on lui donne la liberté de se détortiller, l'eau contenue dans le seau, sous l'effet de la force centrifuge, tend à se creuser et à monter le long des parois. Or aucun corps matériel ne peut servir de système de référence par rapport auquel la concavité de l'eau puisse être expliquée : ni le seau, ni la terre, ni aucune étoile. Donc la concavité de la surface de l'eau est due à des forces qui ont leur source dans un mouvement de rotation par rapport à l'espace absolu. Autrement dit, il n'est pas besoin pour comprendre le mouvement rotatif d'un corps de le référer à un autre corps. Ce n'est pas un mouvement relatif : « le mouvement vrai circulaire de tout corps qui tourne est unique et il répond à un seul effort qui est sa mesure naturelle et exacte ». La mise en évidence, par l'expérience du seau, du caractère absolu de la rotation permet ainsi de confirmer empiriquement l'hypothèse de l'espace absolu.

On voit toute l'originalité de la pensée de Newton : reprenant à Galilée sa conception d'un espace homogène, isotrope et dépourvu de matière, il conserve l'acquis fondamental que l'espace est mathématisable, ouvert au calcul. Mais en même temps, par sa découverte des forces, il donne à l'espace des propriétés physiques qui le distinguent du simple espace géométrique : l'espace influence les corps en étant à la fois le garant de l'inertie et le lieu des mouvements vrais, synthèse géniale des découvertes de Kepler et de Galilée qui permet d'expliquer le mouvement des corps célestes.

Newton réalise bien ici, comme le suggère le titre de son ouvrage, une œuvre physico-mathématique qui servira de base au réalisme scientifique moderne. C'est là tout l'apport de l'espace absolu.

Pourtant l'adjectif « absolu » sera rejeté par la science ultérieure, en particulier par Ernst Mach (1838-1916) qui n'y verra qu'une monstruosité.

Jugé trop métaphysique, le choix de ce qualificatif fut déjà vivement reproché à Newton de son vivant. C'est qu'en l'utilisant, Newton débordait le champ de la science pour s'aventurer aux yeux de ses adversaires dans des considérations théologiques contestables. De ce point de vue, Newton appartient bien à une époque où science et métaphysique restent inséparables. Mais jusqu'à quel point Newton est-il, relativement à la question de l'espace, métaphysicien ? En qualifiant l'espace d'absolu veut-il le diviniser comme l'avaient fait avant lui Henri More et, en un sens, Spinoza ? S'agit-il de spatialiser Dieu ? On peut répondre que Newton a été tenté de diviniser l'espace mais qu'il a opté pour une position relativement prudente. En 1692, dans une lettre au révérend docteur Bentley, Newton estimait que la gravité suppose « un agent agissant constamment selon certaines lois » mais qu'on ne peut décider « si cet agent est matériel ou immatériel ». Lorsque paraît en 1706 l'édition augmentée de son *Optique*, Newton, résumant son système du monde, se risque à conjecturer de l'observation des phénomènes qu'il y a « un Être Incorporel, Vivant, Intelligent, Omniprésent qui, dans l'espace infini, comme si c'était dans son *sensorium*, voit intimement les choses elles-mêmes et les perçoit parfaitement et les comprend entièrement par leur présence immédiate à lui-même ». L'espace absolu n'est donc pas Dieu mais ce par quoi Dieu connaît toutes les choses, agit sur elles et les domine par l'attraction universelle. Il est une propriété de Dieu et non une de ses créations car si Dieu précédait l'espace, il ne serait nulle part. Son existence est donc autant nécessaire que l'est celle de Dieu et la tâche du physicien est de trouver les lois de Dieu dans l'espace de la création divine.

Protestant fervent, soucieux de rattacher Dieu à son système cosmologique, Newton n'en n'ouvre pas moins la possibilité de s'en passer pour expliquer l'intégralité du scénario de l'Univers. C'est ce que révélera un siècle plus tard « le démon de Laplace ». Mathématicien, newtonien convaincu, auteur d'un vaste *Traité de mécanique céleste* (1805) ayant permis de mieux comprendre la stabilité du système solaire, Laplace proposait une expérience de pensée qui le rendra célèbre : « Nous devons envisager l'état présent de l'Univers comme l'effet de son état antérieur et comme la cause de celui qui va suivre. Une intelligence qui, à un instant donné, connaîtrait toutes les forces dont la nature est animée et la situation respective des êtres qui la composent, si d'ailleurs elle était suffisamment vaste pour soumettre ces données à l'analyse, embrasserait dans la même formule les mouvements des plus grands corps de l'univers et ceux du plus léger atome ; rien ne serait incertain pour elle, et l'avenir, comme le passé, serait présent à ses yeux » (*Essai philosophique sur les probabilités*, 1814). Aussi comprend-on qu'à Napoléon qui lui demandait où était Dieu dans son système, il répondit : « Citoyen premier Consul, je n'ai pas eu besoin de cette hypothèse ».

D. Un monde sans métaphysique ?

Kant : les antinomies de la cosmologie rationnelle

C'est sans doute à Kant que l'on doit l'attaque la plus célèbre menée contre la cosmologie rationnelle, cette branche de la métaphysique spéciale qui avec la psychologie rationnelle et la théologie rationnelle prétend décliner scientifiquement la métaphysique générale dont l'objet est l'être. Pour cela, il a fallu que Kant, de son propre aveu, se réveille de son « sommeil dogmatique » (*Prolégomènes à toute métaphysique future qui voudra se présenter comme science*, 1783) et remette en cause ses croyances relatives au monde. De fait, newtonien convaincu, ayant longtemps enseigné la géographie, Kant s'était très tôt intéressé à la cosmologie. Dans sa jeunesse il avait écrit un article sur le vieillissement de la terre et surtout une *Histoire générale de la nature et théorie du ciel* (1755), livre dont la préface contenait cette phrase pleine de certitude sur la puissance d'organisation des lois de la physique et que Laplace quarante plus tard aurait pu faire sienne : « Donnez-moi de la matière, je vous en ferai un monde ». Mais la méthode critique, qui consiste à interroger le pouvoir de connaissance de la raison et ses limites, révèle qu'il n'y a pas de science métaphysique possible. Opérant, comme l'explique la préface de la seconde édition de la *Critique de la raison pure* (1787), une véritable révolution copernicienne, Kant établit que c'est en partant de l'observation du sujet et non du monde qu'on peut comprendre comment il en construit l'idée et… s'y perd.

En effet lorsque la raison s'aventure dans le domaine de la métaphysique toutes ses propositions deviennent problématiques. Pour illustrer cette thèse, Kant prend l'exemple d'une colombe :

« La colombe légère, lorsque, dans son libre vol, elle fend l'air dont elle sent la résistance, pourrait s'imaginer qu'elle réussirait bien mieux encore dans le vide. C'est justement ainsi que Platon quitta le monde sensible parce que ce monde oppose à l'entendement trop d'obstacles divers, et se risqua au-delà de ce monde, sur les ailes des idées, dans le vide de l'entendement pur ». Mais de même que la colombe a besoin d'appuyer ses ailes sur l'air pour pouvoir voler, de même l'homme a besoin de s'appuyer sur l'expérience pour pouvoir prétendre progresser dans la connaissance scientifique. Ainsi les propositions apodictiques des mathématiques (comme 2 + 2 = 4) et les propositions assertoriques de la physique (comme « la terre tourne autour du soleil ») ne tirent leur certitude que du lien irréductible qu'elles entretiennent avec l'intuition sensible. Il n'y a de science que des phénomènes. Quel sera, dans ces conditions, le statut du monde ?

Le monde est une idée de la raison (et non un concept ou une catégorie de l'entendement). Il relève de ce que Kant appelle « la dialectique transcendantale », c'est-à-dire d'une logique de l'apparence et non de la vérité (objet, elle, de l'analytique transcendantale). C'est une illusion naturelle qui fait que l'homme ne peut s'empêcher de vouloir « l'inconditionné » en transportant dans le domaine de l'invérifiable les catégories de l'entendement. La cosmologie rationnelle, à laquelle Kant consacre plus de cent pages dans la *Critique de la raison pure*, part donc du raisonnement suivant : « si le conditionné est donné, la somme entière des conditions l'est aussi, et, par conséquent, l'inconditionné absolu, qui seul rendait possible le conditionné ». Or en procédant ainsi elle aboutit à des thèses contradictoires que Kant nomme « antinomies de la raison » et qu'il analyse en leur appliquant les catégories de la quantité, de la qualité, de la relation et de la modalité pour prouver que ce qui est fertile pour la connaissance des phénomènes est stérile pour celle de la prétendue connaissance scientifique du monde.

En effet, du point de vue de la quantité, la thèse qui affirme que « le monde a un commencement dans le temps et [qu']il est aussi limité dans l'espace » n'est pas plus démontrable que l'antithèse qui soutient que le monde est « infini dans le temps comme dans l'espace », aucune expérience ne permettant de trancher le débat. De même, du point de vue de la qualité, la thèse qui veut que la matière du monde soit composée de « parties simples », c'est-à-dire d'atomes se heurte à l'antithèse tout aussi indémontrable que l'espace étant divisible à l'infini, la matière qui l'occupe l'est aussi. Du point de vue de la relation, ceux qui soutiennent l'idée qu'il faut un premier moteur au monde et donc qu'une causalité libre est à son origine se heurtent à ceux qui affirment dogmatiquement qu' « il n'y a pas de liberté et que tout dans le monde arrive suivant des lois naturelles ». Enfin, selon la modalité, il est impossible de départager la thèse selon laquelle le monde serait nécessaire de l'antithèse qui soutient qu'il est contingent. Kant se demande alors quel est « l'intérêt de la raison » à produire l'idée de monde suivant l'option choisit. Il soutient que ceux qui adhèrent à la thèse, « les dogmatiques », satisfont l'esprit de système, révélant par là que « la raison humaine est de sa nature architectonique, c'est-à-dire qu'elle envisage toutes les connaissances comme appartenant à un système possible ». Ceux qui défendent l'antithèse, « les empiristes », prétendent s'en tenir à la connaissance objective mais ne peuvent s'empêcher d'extrapoler en opposant leur conception du monde à celle des dogmatiques. Dans les deux cas, la raison est humiliée par les antinomies qu'elle produit : « Supposez que le monde n'ait pas de commencement, il est alors *trop grand* pour votre concept

[...]. Supposez au contraire qu'il ait un commencement ; il est alors *trop petit* pour votre concept ». Entre l'entendement et la raison, la disproportion est irréductible.

Kant envisage cependant une solution à ces antinomies en distinguant les facultés : la thèse est vraie par rapport à la raison et l'antithèse est vraie par rapport à l'entendement. La méthode critique, parce qu'elle n'est pas un scepticisme, se veut éclairante. Kant estime en effet que si l'idée de monde ne peut être fondée scientifiquement, elle nous permet néanmoins de distinguer dans l'homme un caractère empirique et un caractère intelligible. Elle autorise alors à conjoindre liberté et nature (que la troisième antinomie semblait exclure mutuellement), l'homme appartenant à la fois au monde conçu comme strict enchaînement causal de phénomènes et au monde comme lieu d'exercice d'une causalité libre. Encore faut-il pour cela ne pas céder à l'apparence dialectique de la cosmologie rationnelle car « si les phénomènes sont des choses en soi, la liberté est perdue sans retour ».

L'idée de monde, parce qu'elle est métaphysique, reste donc essentiellement problématique pour la connaissance. Elle tend à enfermer le sujet dans ses illusions, c'est-à-dire dans son désir de totaliser les phénomènes dans un système produit par la raison elle-même. Est-ce à dire que le monde n'est qu'une représentation ? Mais si tel est le cas, quelle valeur lui assigner ?

Schopenhauer : L'inconsistance du monde

D'abord admirateur de Kant, Schopenhauer en vient à le critiquer sévèrement en particulier pour sa conception du monde. Comme il l'explique dans sa « critique de la philosophie kantienne », mise en appendice du *Monde comme volonté et comme représentation* (1818), les antinomies de la raison ne sont qu'une « feinte, un simulacre de conflit » car, pour Schopenhauer, les thèses sont des erreurs de l'individu, seules les antithèses ont un fondement objectif donc il n'y a pas véritablement antinomie. Est-ce à dire que le monde est pour Schopenhauer éternel, infini, sans cause et contingent ? Non pas, car toute l'originalité de sa réflexion repose sur le double point de vue qu'il adopte sur le monde pour démontrer qu'il n'est d'un côté qu'une illusion et d'un autre côté que l'expression d'une dynamique irrationnelle.

« Le monde est ma représentation ». La phrase inaugurale du livre situe d'emblée le propos de Schopenhauer dans la filiation de l'idéalisme subjectif qui, de Berkeley à Fichte, réduit le monde au moi. Croire qu'il existe un monde objectif en dehors de ma représentation ne mènerait qu'à un redoublement inutile parce que, si un tel monde existait, il faudrait pour l'appréhender y introduire un cerveau dans lequel il se répéterait « exactement de la même façon qu'il était auparavant à l'extérieur ». Autrement dit, s'il y avait un autre monde en dehors de ma représentation du monde, aucune causalité ne pourrait les relier car il faudrait alors que cette loi causale soit valide ; or l'origine de cette causalité « sera ou *objective* ou *subjective* mais dans les deux cas, elle se trouve sur une rive ou sur l'autre et ne peut donc servir de pont ». Pour préciser qu'aucune certitude ontologique ne peut donc être attachée au monde, Schopenhauer, inspiré par la pensée indienne, recourt à l'image du « voile de Mâyâ » : « C'est la Mâyâ, c'est le voile de l'Illusion, qui, recouvrant les yeux des mortels, leur fait voir un monde dont on ne peut dire s'il est ou s'il n'est pas » (I, 3). Mais cette déréalisation du monde n'est pas une invitation à s'en tenir au phénoménisme car le monde peut être appréhendé par un autre point de vue…

Par son titre même, le livre de Schopenhauer suggère que le monde est aussi « volonté ». Mais comment puis-je assigner au monde une telle définition si celle-ci ne relève pas de la « représentation » ? Schopenhauer répond qu'« il serait impossible de trouver [...] le passage de ce monde, en tant que simple représentation du sujet connaissant, à ce qu'il peut être en dehors de la représentation, si le philosophe lui-même n'était rien de plus que le pur sujet connaissant (une tête d'ange ailée, sans corps) » (II, 18). C'est donc par le corps, en tant qu'il est « pris » dans le monde, qu'il s'y meut, que l'individu découvre qu'il appartient à la fois au monde de la représentation et au monde de la volonté. Mais que lui apprend cette double appartenance ? Le corps, véritable sésame métaphysique, est-il un moyen de redonner au monde sa densité ontologique ? Non. Car ce que le corps éprouve dans le monde, c'est qu'il est surdéterminé par une force. Il n'est donc que l'expression individualisée de ce qui anime le monde : le Vouloir-Vivre (*Wille zum Leben*), autre nom de la Volonté. Or la Volonté n'est ni le principe, ni la cause, ni l'âme du monde, ni même Dieu. Elle est une force immanente aveugle qui ne veut rien, sinon imprimer un « caractère » dans les individus qui composent le monde, caractère que leur corps exprime en se mettant inconsciemment au service du Vouloir-Vivre. Mais dans l'échelle des êtres, qui va de la plante au génie artistique et au mystique, la Volonté peu à peu se révèle à elle-même, c'est-à-dire dévoile à ceux qui parviennent à s'affranchir du désir, cause permanente de souffrance et d'ennui, l'inanité du cours du monde. Ainsi comme le dit le sous-titre de la quatrième et dernière partie du livre : « Arrivant à se connaître elle-même, la Volonté s'affirme puis se nie ». Qu'en résulte-t-il alors pour le monde ? Il disparaît dans le néant. Allant plus loin que « la résorption en Brahma » ou encore « le nirvâna des bouddhistes », Schopenhauer estime en effet qu'au stade ultime atteint par les ascètes et les saints, « il n'y a plus ni volonté, ni représentation, ni monde » (*Kein Wille, keine Vortsellung, keine Welt*) (IV, 71). Si le néant (*das Nichts*) est le dernier mot du livre, ce serait toutefois un contre-sens que de faire de Schopenhauer un nihiliste. Sa réflexion sur le monde ne vise pas sa destruction (ce qui présupposerait qu'il possède une réalité substantielle) mais l'adoption d'une attitude lucide et apaisée à l'égard des illusions et des désirs qu'il provoque en nous. Si Schopenhauer n'hésite pas à affirmer contre l'optimisme de Leibniz que « nous vivons dans le pire des mondes possibles », son pessimisme a ceci de singulier qu'il se présente aussi comme une forme de sagesse non angoissée à l'égard du monde.

Nietzsche : La fin des arrières-monde

La critique de la cosmologie obéit à d'autres enjeux chez Nietzsche : ce n'est plus seulement la dimension métaphysique du monde qui est ici visée mais l'intention morale qui se cache derrière l'élaboration philosophico-religieuse de ce qu'il appelle « l'arrière monde » (*Hinterwelt*). Dans *Humain, trop humain* (1878), au paragraphe I, 9 intitulé « Monde métaphysique », Nietzsche reconnaît qu'« il pourrait y avoir un monde métaphysique » mais c'est pour aussitôt constater que nous ne pourrions en parler que de manière négative car il nous serait « inaccessible, incompréhensible » et surtout « indifférent » comme « doit l'être au navigateur dans la tempête la connaissance de l'analyse chimique de l'eau ». Pourtant, force est d'admettre que l'homme n'a jamais cessé de croire à l'existence d'un tel monde et de s'y soumettre. D'où vient alors l'attrait pour cet autre monde ? Nietzsche répond : du refus d'accepter le nôtre avec son exigence de vitalité : « Séparer le monde en un monde « vrai » et « un monde des apparences », soit à la façon du christianisme, soit à la façon de Kant (un chrétien *perfide*, en fin de compte), ce n'est là qu'une suggestion de la décadence, un symptôme de la vie déclinante » (*Crépuscule des idoles*, 1888). Irréel, l'arrière-monde est donc surtout trompeur : « les sens ne mentent pas en tant qu'ils montrent le devenir, la disparition, le changement. Le monde des apparences est le seul réel : le « monde-vérité » est seulement ajouté par le mensonge » (*id.*). Dans *Ainsi parlait Zarathoustra* (1885), ce monde prétendu « vrai », « beau » et « bon » mais qui n'est que fabulé, Nietzsche s'amuse à l'investir par la pensée lorsqu'il y fait pénétrer Zarathoustra dans le chapitre « les hallucinés de l'arrière-monde ». Du point de vue de cet « autre monde », le nôtre apparaît alors au prophète iranien, comme « l'œuvre d'un dieu souffrant et tourmenté ». Par un subtil renversement de perspective, l'imperfection de notre monde est d'abord comme réhabilitée : « Ce monde éternellement imparfait, image, et image imparfaite, d'une éternelle contradiction – une joie enivrante pour son créateur imparfait : tel me parut un jour le monde ». Mais, revenu de son hallucination volontaire, Zarathoustra destitue ce Dieu créateur qui n'est qu'un « fantôme » et rappelle que : « Ce furent des malades et des décrépits qui méprisèrent le corps et la terre, qui inventèrent les choses célestes ».

Reste que pour Nietzsche, s'il faut congédier l'arrière-monde, ce n'est pas pour lui substituer le monde des apparences tel quel : « le monde-vérité » nous l'avons aboli : quel monde nous est resté ? Le monde des apparences peut-être ? Mais non ! Avec « le monde-vérité », nous avons aussi aboli « le monde des apparences ! » (*Crépuscule des idoles*). C'est que ce monde-ci doit lui aussi être transformé, à partir de ce qu'il nous offre à voir : « ce que nous nommons actuellement le monde est le résultat d'une foule d'erreurs et de fantaisies, qui sont nées peu à peu dans l'évolution d'ensemble des êtres organisés, se sont entrelacées dans leur croissance, et nous arrivent maintenant par héritage comme un trésor accumulé de tout le passé, — comme un trésor : car la valeur de notre humanité repose là-dessus » (*Humain, trop humain*, aphorisme 16). Si le monde nous apparaît comme infiniment riche, chatoyant, bigarré, ce n'est qu'à nous qu'il le doit car c'est nous qui en sommes les coloristes : « Tout ce qui a quelque valeur dans le monde actuel n'en a pas par soi-même [...]. C'est seulement nous qui avons créé le monde qui intéresse l'homme ! (*Le gai savoir*, § 301).

Nietzsche, on le sait, annonce l'avènement d'un monde nouveau, celui où vivra le surhomme, « l'homme du grand-midi », c'est-à-dire celui qui ne traîne aucune ombre derrière lui parce qu'il affirme ses propres valeurs à partir de son propre point de vue. Un tel homme, libérant les « forces inouïes » qui sont en lui a le pouvoir de « jouer avec les astres » (*La Volonté de Puissance* II, 38). En détruisant l'arrière monde, c'est donc aussi le monde comme système que Nietzsche rejette. D'où son choix d'écrire par aphorisme, par fragment : « Il faut émietter l'univers, perdre le respect du Tout » (*La Volonté de Puissance* II, 153). Parce qu'il est aussi composé de chaos, le monde n'est plus ce qui peut se comprendre mais seulement s'interpréter et toute interprétation est plurielle.

III. Phénoménologies du monde

La phénoménologie est l'une des écoles les plus importantes de la philosophie du XXe siècle. Son projet, très ambitieux, est de refonder la science elle-même en décrivant avec rigueur la manière dont les objets apparaissent à la conscience qui les vise. C'est pourquoi, les phénomènes, définis comme vécus de l'objet, sont pour elle la manifestation parfaite de l'essence en quoi la chose même est révélée. Relativement à la question du monde, la méthode phénoménologique interroge la capacité de la conscience à le « constituer » : À quelle visée intentionnelle pourrait bien correspondre le monde ? Comment s'ouvrir à lui sans projeter en lui une « conception du monde » (*Weltanschauung*) préconstituée ? Que m'apprend mon corps sur le monde ? Autant de questions auxquelles Husserl, Heidegger et Merleau-Ponty ont tenté de répondre.

A. Du « monde naturel » au « monde de la vie » : Husserl

Pour Husserl (1859-1938), inventeur de la méthode phénoménologique, le monde est d'abord le « monde naturel », c'est-à-dire ce qui apparaît à « l'attitude naturelle » comme un espace, rempli d'objets, qui s'étend autour de moi. Ce monde est défini, dans les *Idées directrices pour une phénoménologie* (1913), comme un « corrélat de la conscience » (I, § 47) parce qu'en un sens, il dépend de la conscience qui le vise. Si par hypothèse le monde était anéanti, l'être de la conscience serait certes modifié mais il « ne serait pas atteint dans sa propre existence » (I, § 49). Alors que ma conscience est « nécessaire », le monde est « contingent » :

« la réalité du monde dans son ensemble ne comporte aucune autonomie » (I, § 50). Ainsi le monde est-il d'abord pour Husserl une dimension de la conscience : il n'existe que par elle et que pour elle puisque c'est elle qui lui donne son sens. Une phénoménologie du monde aura donc pour tâche de « traiter la constitution du monde naturel dans la conscience absolue » (I, § 55). On le voit, en première analyse, Husserl n'hésite pas à adopter le point de vue de l'idéalisme subjectif mais il se défend de faire du monde une pure illusion. Simplement, le monde désigne « certaines unités de sens [...] se rapportant à certains enchaînements au sein de la conscience » (*id.*) : il confère aux flux de ma conscience une certaine stabilité qui assure leur cohérence. Pourtant, bien vite, Husserl se rend compte que le monde est difficile à « constituer ». Il lui apparaît comme « un problème égologique à caractère universel » (*Méditations cartésiennes*, II § 21). Retenons ici deux obstacles à la constitution du monde que Husserl ne manque pas de repérer : autrui et l'espace.

Un monde subjectif

Dans ses *Méditations cartésiennes* (1929), Husserl reprend les acquis de ses recherches précédentes et précise sa pensée. S'il reconnaît que « l'être du monde est nécessairement "transcendant" à la conscience, même dans l'évidence originaire [...] cela ne change rien au fait que toute transcendance se constitue uniquement dans la vie de la conscience [...] et que cette vie de la conscience porte en elle-même l'unité de sens constituant ce "monde" » (III § 28). Le monde est bien pour la conscience une idée particulière, « une idée infinie, se rapportant à des infinités d'expériences concordantes » ou encore à une « synthèse complète d'expériences possibles » mais il n'en reste pas moins que le monde n'est pas extérieur au moi.

Synthétisant le geste par lequel la phénoménologie appréhende le monde, Husserl écrit : « Il faut d'abord perdre le monde par l'*épochê* [suspension de toute évidence], pour le retrouver ensuite dans une prise de conscience universelle de soi-même » (V § 64). Cependant dans le monde ainsi conçu à partir de la visée de *ma* conscience apparaissent d'autres sujets, c'est-à-dire d'autres consciences intentionnelles qui ont aussi *leur* monde, leur expérience de ce qui les environne. D'où la question : s'agit-il d'un autre monde ou du même monde que le mien ? « L'étranger » est-il inclus dans ma « sphère d'appartenance » de manière telle qu'il contribue à constituer un monde commun, c'est-à-dire un horizon de tous les horizons ? Husserl, reprenant le vocabulaire de Leibniz, tranche la question en soutenant qu'il ne peut y avoir « *qu'une seule communauté de monades, celle de toutes les monades coexistantes ; par conséquent un seul monde objectif* » ce qui suppose que « je porte en moi des structures qui impliquent la coexistence d'autres monades » (V, 60). L'objectivité du monde est ainsi génétiquement fondée sur l'intersubjectivité qui elle-même est produite par l'intégration de l'altérité dans l'intentionnalité du sujet. Mais alors le monde commun ne serait jamais que *mon* monde commun puisque tout part dans la constitution du monde de mon expérience primordiale. N'y a-t-il pas là une contradiction ?

Le sol originaire

Autre difficulté : l'espace. Dans *La Terre ne se meut pas* (écrit en 1934 et publié en 1940), long article au titre provocateur, la Terre est interrogée dans la relation qu'elle entretient avec l'espace vécu. Or l'analyse phénoménologique permet d'établir que la Terre n'est pas une partie supplémentaire de l'espace qui permettrait de le penser dans une plus grande complétude. Elle est la première dimension de l'espace qui le soutient entièrement et à ce titre le fonde en étant son *archè*. En effet, en tant que fonds supportant l'espace, la Terre est spatiale et possède d'ailleurs une localisation sous l'espace, mais, en même temps, du point de vue de son essence, la Terre est a-spatiale. C'est pourquoi Husserl soutient que la Terre comme *archè* de l'espace ne se meut pas : son essence, que donne le vécu qui la constitue, est le non-mouvement. Or tout corps étudié par la physique a pour propre d'être en mouvement. Établir que la Terre ne se meut pas, que le mouvement ne l'affecte pas, signifie donc que la Terre n'est pas un corps et n'est donc pas spatiale puisque la corporéité comme tridimensionnalité est la première détermination de la spatialité et par là même de l'espace proprement dit. La Terre possède donc une dimension absolument unique qui permet – si on ose dire – de renverser la révolution copernicienne. Ce renversement a pour sens de ne pas penser la Terre comme un corps, mais comme un sol. Le but de Husserl n'est évidemment pas de remettre en cause l'héliocentrisme découvert par Copernic mais de penser autrement notre rapport à la Terre. Son immobilité n'est pas donnée par nos impressions, et ne provient pas du simple fait que nous ne sentons pas la Terre bouger. Elle provient bien plutôt des recherches sur la constitution opérées par le phénoménologue qui veut refonder la science à partir de l'objectivation du monde par la conscience. Or la Terre est effectivement immobile pour l'ego constituant qui la fait apparaître comme son nécessaire appui et ainsi comme sa propre origine. Ceci signifie que pour penser l'espace et donc le monde, il faut que la conscience s'adosse sur quelque chose de fixe. L'espace tel qu'il était constitué par ce que Husserl appelait dans *Chose et espace* (1907) les « synthèses kinesthésiques » à partir du mouvement de la marche a pour condition la Terre et l'immobilité du sol. Ainsi doit-on affirmer que la conscience constituante est toujours précédée par la Terre, ce qui rend problématique l'idée que le monde (qui contient la Terre) puisse s'appréhender entièrement par l'égologie transcendantale.

Le monde de la vie

Dans l'un de ses derniers ouvrages : *La crise des sciences européennes et la phénoménologie transcendantale* (1936 mais publié seulement en 1954), Husserl cherche à montrer que si la science est en crise, c'est parce qu'elle a mésinterprété ou oublié le sol sur lequel elle s'est fondée. Le monde objectif, galiléen, doit donc être repensé à partir de ce que Husserl appelle le « monde de la vie » (*Lebenswelt*). Celui-ci est en apparence « le plus familier » (§ 34) : c'est un « domaine d'évidences originaires » qui se différencie du monde objectif en ce que celui-ci « ne peut pas être éprouvé ». Mais il ne s'agit pas du monde tel que l'appréhende l'attitude naturelle. Le *Lebenswelt* suppose la réduction phénoménologique, c'est-à-dire non pas une épure de ce qui apparaît mais son enrichissement par les flux de conscience qui le vise. Ce monde dans lequel je suis moi-même incorporé, n'est donc pas un simple monde des choses, mais il est tout à la fois, en arrière-plan, un monde de valeurs, de biens et un monde pratique. Cette redécouverte du monde vécu comme sol de toute connaissance objective pose évidemment de redoutables problèmes pour la phénoménologie en tant que celle-ci se veut une science des essences. Comment en effet décrire scientifiquement le monde de la vie sans en faire prématurément un monde objectif ? Husserl croit pourtant possible de produire « une ontologie du monde de la vie » (§ 51) en passant d'une vie située « dans un monde » à une vie « vivant le monde » lui-même, et qui façonne celui-ci tout autant qu'elle est façonnée par lui. C'est finalement l'argument de l'intersubjectivité que Husserl retrouve pour décrire ce monde mû par le sens : le *Lebenswelt* est un monde commun intersubjectif où « chacun peut avoir part à la vie des autres ». Le monde quotidien s'offrant à chacun comme ce qu'il est pour tous, l'évidence s'y donne toujours comme point de départ d'un approfondissement indéfini, à partir de la chose immédiatement donnée et à travers les approches, les reprises, les dires et les redires possibles de tous et de chacun. Lieu de partage d'une tradition vivante, il permet la transmission incessante du sens et la réactivation de son origine. Avec « le monde de la vie » Husserl estime être parvenu au sol le plus originaire de toute institution de sens et de toute pratique scientifique en général.

B. Heidegger et l'être-au-monde

Élève de Husserl, Heidegger (1889-1976) reprend pour l'approfondir le projet phénoménologique inauguré par son maître en le recentrant sur le problème d'une possible science de l'être (ou ontologie). Pour Heidegger, le phénomène est ce qui vient vers nous à partir de quelque chose de caché, de recouvert, d'oublié : l'être. Or l'étude de l'être proposée dans le livre le plus célèbre de Heidegger *Être et temps* (1927), livre paru dans la revue de Husserl « *Jahrbuch für Phänomenologie und phänomenologische Forschung* », accorde au monde une place prépondérante dont bien des livres ultérieurs reprendront et prolongeront l'analyse. Au fur et à mesure qu'il approfondit sa réflexion, et qu'il distingue le « monde ambiant » (*Umwelt*), le « monde de l'être avec autrui » (*Mitwelt*) et le « monde du Soi » (*Selbstwelt*), Heidegger remanie sa définition du monde : d'abord conçu comme « ouverture » et « horizon de compréhension », il devient « éclaircie » et finalement

« uniquadrité », terme mystérieux. Au cours de cette évolution, Heidegger s'attache à éviter toute confusion du terme avec l'idée de Nature et à congédier l'idée datée à ses yeux de *Weltanschauung*.

Le monde ambiant (*Umwelt*) et le monde commun (*Mitwelt*)

S'interroger sur l'être est le propre du *Dasein* (mot-à-mot : « être-là »). Ce terme se substitue au « je » husserlien pour désigner le simple fait qu'il y a un être dont le propre est de s'interroger sur son être, sur son existence, sur ses possibles. Cet être est « jeté dans le monde » de sorte que « l'être-au-monde » (*In-der-Welt-sein*) est une « constitution fondamentale du Dasein » (*Être et temps*, § 12 et 13), aussi appelé « existential », c'est-à-dire structure *a priori* de l'existence humaine. Quant au monde lui-même, sa « mondanité » (*Weltlichkeit*) se caractérise par le fait qu'il se donne d'abord comme proche et signifiant parce que le Dasein s'y affaire, y agit (*handeln*). La proximité s'explique en effet par la préoccupation du *Dasein*, préoccupation qui fait qu'il rencontre autour de lui des « outils » (*Zeuge*). Relativement au *Dasein* et du point de vue ontologique, l'outil se détermine comme « être-à-portée-de-la-main » (*Zuhandenheit*) et le *Dasein* entouré d'« outils » diversifie son monde ambiant (*Umwelt*) en « contrées » (*Gegend*) où chaque « outil » a sa place. Heidegger nomme « être-devant-la-main » (*Vorhandenheit*) cette réalité quotidienne qui fait face au *Dasein* et qui caractérise son monde ambiant. On voit donc que le rapport primordial au monde n'a rien de contemplatif. Disciple de Husserl, Heidegger lui reprend l'idée que le monde objectif présuppose un monde vécu, familier, appréhendé suivant les besoins du Dasein : L'« au-dessus » est « au plafond », l'« au-dessous » est « par terre », ce qui est « derrière » est « près de la porte » (§ 22) ; tous les « où » sont déterminés par « l'usage préoccupé, et non point constatés et consignés par une mesure » abstraite de l'espace. Ainsi la spatialité quotidienne n'est-elle pas homogène car la totalité des places ne peut être assimilée à l'espace nivelé de la géométrie. Aussi faut-il reconnaître que, dans la préoccupation, « le simple espace demeure encore voilé. L'espace a éclaté en places ». Mais comment les places et les contrées peuvent-elles s'unifier en *un* espace ? L'unité de l'espace ne peut que dériver de celle du monde car « le monde ambiant ne s'insère pas dans un espace donné auparavant [...] c'est au monde qu'il revient chaque fois de dévoiler en sa spatialité spécifique l'espace qui lui appartient » (*id.*). C'est donc le monde qui caractérise la spatialité de l'être-au-monde car « *pas plus que l'espace n'est dans le sujet, pas plus le monde n'est dans l'espace* » (§ 24). Et cette caractérisation est double : elle est constituée par « l'éloignement » et « l'orientation ». Heidegger donne au premier de ces deux concepts un sens original : « É-loignement » (*Ent-fernung*) désigne pour lui exactement le contraire de ce qu'il signifie pour le sens commun : non pas mettre à distance mais rapprocher en abolissant ce qui est au loin. Son sens est actif et transitif et révèle la tendance fondamentale du *Dasein* à rapprocher ce qui l'entoure : le *Dasein* « laisse à chaque fois, comme l'étant qu'il est, de l'étant venir à l'encontre dans la proximité » (§ 23). Quant à l'orientation, indépendamment de toute incarnation, elle est aussi constitutive de la spatialité du *Dasein* car où qu'il aille le *Dasein* emporte avec lui ses directions. Toutefois, il ne s'agit pas de confondre ici la pensée de Heidegger avec celle de Kant : l'orientation n'est pas relative au sujet mais à l'être-au-monde, un peu comme des gants sont *en soi* orientés à gauche ou à droite (et non pas *pour soi* comme l'exigerait Kant) tandis que les outils n'ont pas d'orientation propre (il n'y a pas de marteau gauche ou droit). On peut donc bien parler d'une spatialité propre au *Dasein* en tant qu'il dévoile un monde sur le mode de l'é-loignement et de l'orientation. Le Dasein est ainsi caractérisé par son « ouverture » (*Erschlossenheit*) au monde. Encore faut-il préciser que pour Heidegger, ce dévoilement présuppose que le monde autorise une telle ouverture, c'est-à-dire qu'il constitue pour le Dasein un horizon de sens. La « significativité » (*Bedeutsamkeit*) désigne alors la structure ontologique du monde en tant que tel : le monde n'est pas pour Heidegger la totalité des étants mais la totalité des significations déjà présentes à partir de laquelle tout étant va pouvoir prendre sens. Autrement dit, il y a d'abord un complexe de significativités saisi immédiatement, à partir duquel « quelque chose » apparaît ensuite comme ce qui se donne dans un espace singularisé.

Cependant le monde ambiant ne se réduit pas à sa disponibilité. Comme l'avait vu Husserl, il contient aussi autrui qui ne se laisse pas saisir comme n'importe quel objet du monde. Pour Heidegger autrui n'est pas problématiquement « constitué » à partir d'un ego transcendantal : il est d'emblée présent au monde dont il définit l'une des composantes essentielles. Il y a en effet deux structures du Dasein « qui ne sont pas moins originales que l'être au monde : l'*être-avec* (*Mitsein*) et la *coexistence* (*Mitdasein*) ». Le monde ambiant est un monde commun parce que c'est aussi un « monde avec » (*Mitwelt*) et parce qu'autrui présente le caractère d'être doublement indisponible, ni « sous-la-main » comme un objet, ni « à-portée-de-la-main » comme un outil : ni maniable, ni manipulable, l'autre est simplement là-avec moi. Toutefois, le rapport quotidien que j'ai avec autrui tend à l'anonymiser : avant de me préoccuper d'autrui, je me préoccupe avec autrui. Les autres, je les rencontre « *au beau milieu du monde ambiant* » (§ 26) où chacun s'affaire, où chacun vit côte à côte des autres. Ainsi le « *On* » (*Man*) est-il l'expression la plus courante de l'être-avec. « L'être-au-monde » ne devient d'abord visible que dans sa quotidienneté qui fait qu'il s'affaire et son « être-dans-la moyenne » (§ 27) qui fait qu'il ne se distingue pas vraiment des autres dans son affairement : il subit la dictature du « On » dont il faudra qu'il s'affranchisse pour découvrir sa propre singularité et celle des autres. Cette ouverture à l'autre véritable dépend d'une « Résolution » (*Entchlossenheit*) qui redonne le monde au Dasein et lui permet de rencontrer authentiquement autrui. C'est ainsi, lorsqu'il comprend qu'il doit être « son propre là » (§ 27), « le là de l'être-là » (le « Da » du Dasein), que le Dasein fait du monde un « monde du Soi » (*Selbstwelt*), centre de gravité de ses expériences intimes, monde propre où il s'engage mais qui ne doit pas être confondu avec un monde intérieur du Moi. C'est seulement lorsqu'il est son propre là que le Dasein vit concrètement sa présence à lui-même et qu'il se découvre situé dans le monde. Mais que devient alors le monde pour celui qui a fait l'effort d'interroger son être-au-monde ?

Le monde comme éclaircie (*Lichtung*) et comme uniquadrité (*Geviert*)

Dans *Être et temps*, Heidegger suggère que le Dasein qui découvre son « là » est « illuminé », éclairé non pas par un autre étant mais parce qu'il est « lui-même la clairière » (§ 28). Le monde n'est plus alors une sorte de projection du Dasein mais la clairière en quoi le Dasein existe. Dans ses ouvrages ultérieurs, il creuse cette idée nouvelle, en particulier dans la *Lettre sur l'humanisme* (1946). Dans cet essai, le monde est désormais identifié à l'Être lui-même et le Dasein à l'éclaircie (*Lichtung*) de l'Être : tout s'y passe en effet comme si le monde se donnait dans la passivité du Dasein, passivité à l'écoute de l'Être. On sait qu'Heidegger, qui ne cesse de forger un vocabulaire adapté à sa philosophie, aime à créer des verbes à partir des noms communs. Ainsi de même que le néant « néantise » (*Das Nichts nichtet*), il n'hésite pas à écrire que le monde « mondéise » (*Die Welt weltet*), c'est-à-dire qu'il se donne à l'homme dont la tâche est de l'accueillir, de l'écouter, de le reconfigurer par l'art, de l'habiter en poète. On voit que chez Heidegger, le monde est le propre de l'homme. Et c'est pourquoi, il ne le confond pas avec la Nature, qui n'est jamais que ce qui reste du monde quand on lui ôte sa significativité. Dans son cours des années 1929-1930, publié sous le titre *Les concepts fondamentaux de la métaphysique : monde, finitude, solitude*, il affirmait déjà que « la pierre est sans monde (*weltlos*) », « l'animal est pauvre en monde (*weltarm*) », « l'homme est configurateur du monde (*weltbildend*) » (§ 42). Mais s'agit-il là d'un privilège ?

Assurément oui. Helléniste érudit, Heidegger se sert d'un extrait du *Gorgias* de Platon pour donner au monde une ultime définition, celle de « quadriparti » ou « uniquadrité » (*Geviert*). « À ce qu'assurent les doctes pythagoriciens, écrit Platon, le Ciel et la Terre, les Dieux et les Mortels sont liés entre eux par une communauté, faite d'amitié et de bon arrangement, de sagesse et d'esprit de justice, et c'est la raison pour laquelle, à cet univers, ils donnent, mon camarade, le nom de cosmos, d'arrangement, et non celui de dérangement non plus que de dérèglement. » (*Gorgias*, 507e-508a) : l'enlacement des quatre puissances élémentaires que seraient le Ciel, la Terre, les Dieux et les Mortels sont, pour Heidegger, la « loi primordiale » de l'être. Dans la conférence intitulée : « bâtir, habiter, penser », donnée en 1951 à Darmstadt dans un colloque consacré à « L'Homme et l'Espace », il reprend l'idée que « la terre et le ciel, les divins et les mortels, forment un tout à partir d'une Unité *originelle* » pour en déduire que l'homme doit habiter la terre avec le souci de ne pas s'en rendre maître, afin de laisser l'espace se révéler dans son être. La tâche de l'homme est d'ouvrir des espaces en les habitant. Or notre appréhension scientifique du monde néglige ce juste rapport à l'être de l'espace. La science aborde l'espace par ce qui écarte ses lieux d'apparition : elle privilégie la distance (*stadion*, en grec), l'intervalle (*spatium*, en latin), d'où elle déduit les trois dimensions de l'étendue (*extensio*) puis, par un ultime travail d'abstraction, elle réduit l'espace « à des relations analytiques à forme algébrique ». Heidegger déplore évidemment ce mode d'appréhension du monde qui déshumanise son habitation possible alors qu'« habiter est *le trait fondamental* de l'être en conformité duquel les mortels sont ».

La critique des « visions du monde » (*Weltanschauung*)

On le voit, en faisant du monde un thème essentiel de sa philosophie existentialiste, Heidegger ne peut que déplorer les interprétations précédentes parce qu'elles ont obscurci par leur schématisme tout ce qui fait la signification de cet existential qu'est le monde. Dès *Être et temps*, dans les paragraphes 19 à 21, Heidegger consacre des pages très critiques à l'égard de Descartes qui a réduit le monde à n'être qu'une sommation de choses et finalement une substance étendue, mathématiquement analysable. Dominée par la notion de « substance », héritée de la scolastique, l'ontologie cartésienne n'interroge jamais les conditions originaires de donation de sens par lesquelles le monde se donne à voir. Plus généralement. Heidegger, proche de Husserl sur ce point, estime qu'à son époque encore, en 1920-1930, le monde est appréhendé par des conceptions systématiques, par des « visions du monde » (*Weltanschauung*). Dans la conférence prononcée à Fribourg en 1938 : « L'époque des conceptions du monde » (*Die Zeit des Weltbildes*), reprise dans *Chemins qui ne mènent nulle part* (1949), Heidegger fait le constat que la « conception moderne » du monde (scientifique et technique) diffère, aussi bien du point de vue de l'étant que de l'homme, à la fois de la « conception médiévale » et de la « conception antique ». Chaque époque a ainsi son image du monde (*Weltbild*) et le propre de la modernité c'est justement d'avoir réduit le monde à n'être qu'une « image conçue », une « re-présentation » ce qui a pour effet de figer l'étant et de s'interdire de le penser : « L'étant dans sa totalité est donc pris maintenant de telle manière qu'il n'est vraiment et seulement étant que dans la mesure où il est arrêté et fixé par l'homme dans la représentation et la production ». Aussi la conception grecque du monde, selon Heidegger, était préférable parce que l'homme y était compris comme celui qui s'ouvre à l'Être : le monde n'y était pas appréhendé comme une image conçue mais reçue. Si cette interprétation est contestable (car le cosmos des Grecs n'était pas que poétique), elle permet de comprendre que pour Heidegger le monde ne peut pas être l'objet d'une totalité représentée, un système achevé : parce que l'homme se définit par son être-au-monde et non pas comme un être devant-le-monde, les différentes Weltanschauung se trouvent comme absorbée par l'immersion dans le monde vécu. Ainsi la démarche philosophique ne saurait se réduire à une Weltanschauung parce qu'elle ne peut jamais instituer une vision du monde.

C. Merleau-Ponty et la « chair du monde »

Parmi les chantiers ouverts par la phénoménologie de Husserl, celui du corps – dont les *Méditations cartésiennes* ont montré combien il était difficile à « constituer » – inaugure une autre voie dans la compréhension du monde. Comme le voit Merleau-Ponty (1908-1961), c'est par le corps que j'appartiens au monde. Mais le corps est aussi ce qui m'appartient en propre. Comment penser cette double appartenance, cette compénétration ? Que nous apprend le corps sur le monde ? Si une partie de la réponse nous est donnée dans la *Phénoménologie de la perception* (1945) dont l'avant-propos dit que l'objet du livre est de « rapprendre à voir le monde », c'est plus encore dans son livre inachevé *Le visible et l'invisible* (1960) que Merleau-Ponty ambitionne d'éclaircir l'énigme du monde.

Le corps comme « symbolique générale du monde »

Inspiré par les descriptions psychologiques, les récits des ethnologues, la pratique scientifique, ou l'expérience de l'art, Merleau-Ponty souligne d'abord l'extrême diversité des expériences qui nous lient au monde extérieur. Prenons ici l'exemple de la nuit. La nuit se perçoit comme « une spatialité sans choses » (II, 2), de sorte qu'on l'expérimente comme « une profondeur pure sans plans, sans surface, sans distance d'elle à moi », un « espace noir » très différent de l'« espace clair » du jour. Il y a là une spatialité originale parce que sans repères, propre à « l'espace nocturne ». Cet exemple singulier montre que le monde est d'abord vécu subjectivement par ce que Merleau-Ponty appelle le « corps propre », non pas le corps que *j'ai* mais le corps que *je suis*. C'est donc à partir de l'intentionnalité du corps propre et non de la conscience représentative que l'expérience primordiale de notre rapport au monde doit être pensée : « la perception du monde n'est qu'une dilatation de mon champ de présence, elle n'en transcende pas les structures essentielles, le corps y reste toujours agent et n'y devient jamais objet » (II, 3). C'est donc du corps, ou plus exactement du « schéma corporel », que le monde tire ses caractéristiques essentielles. Mais quelles sont-elles ? Le monde réel est constitué d'un nombre infini de « choses » : il est inépuisable. Or, observe Merleau-Ponty, « nous ne commençons pas par connaître les aspects perspectifs de la chose ; elle n'est pas médiatisée par nos sens, nos sensations, nos perspectives, nous allons droit à elle ». La chose n'est pas l'objet d'une synthèse perceptive. Vécue, elle est « liée à un monde dont nous portons avec nous les structures fondamentales et dont elle n'est qu'une des concrétions possibles ». Mais ces structures fondamentales n'autorisent aucune synthèse consciente : « Nous n'avons pas du monde une série de profils dont une conscience en nous opérerait la liaison ». L'expérience que nous faisons du monde le révèle ainsi comme ce qui déborde toujours notre champ perceptif. Pourtant Merleau-Ponty se distingue de Kant en ce qu'il n'interprète pas l'impossibilité à totaliser l'expérience phénoménale comme ce qui nous condamne à faire du monde une simple idée de la raison. Car ce que la conscience ne peut synthétiser, le corps, lui, d'une certaine façon le peut : « Mon point de vue est pour moi bien moins une limitation de mon expérience qu'une manière de me glisser dans le monde entier ». C'est que le corps est une intentionnalité déployée et comme dissimulée dans l'extériorité.

Au terme de cette première analyse, Merleau-Ponty voit bien que la définition du monde naturel comme « l'horizon de tous les horizons, le style de tous les styles, qui garantit à mes expériences une unité donnée et non voulue », ne va pas sans difficultés : « la croyance à la chose et au monde ne peut signifier que la présomption d'une synthèse achevée, – et cependant cet achèvement est rendu impossible par la nature même des perspectives à relier, puisque chacune d'elles renvoie indéfiniment par ses horizons à d'autres perspectives ». Refusant de choisir entre « l'inachèvement du monde et son existence », il s'en tient à dire que « le monde n'est pas un objet, il a une enveloppe de déterminations objectives, mais aussi des fissures, des lacunes par où les subjectivités se logent en lui », confirmant ce que l'avant-propos du livre affirmait déjà : « Le monde n'est pas un objet dont je possède par-devers moi la loi de constitution, il est le milieu naturel et le champ de toutes mes pensées et de toutes mes perceptions ».

La foi perceptive et le chiasme

C'est à nouveaux frais que Merleau-Ponty reprend et approfondit la question du monde dans *Le visible et l'invisible*. Désormais, c'est son être, essence et existence, qui intéresse le philosophe. C'est pourquoi il commence par le présenter comme une énigme (« Ce que saint Augustin disait du temps : qu'il est parfaitement familier à chacun, mais qu'aucun ne peut l'expliquer aux autres, il faut le dire du monde »), avant de poser la question de son existence. Comment peut-on être sûr qu'il y a bien un monde ? Le monde ne se dévoile pas au regard : son existence est assurée avant même que j'ouvre les yeux parce que notre expérience « d'habiter le monde par notre corps » est une expérience primordiale, pré-réflexive. Le monde d'emblée relève de ce que Merleau-Ponty appelle une « foi perceptive » : son existence est éprouvée avant toute autre interrogation sur lui. Alors que la conscience peut mettre en question l'existence du monde, comme on le voit chez Descartes, le corps, lui, ne peut que croire au « il y a » du monde parce qu'en éprouvant sa propre existence, il éprouve simultanément celle du monde. Mais qu'en est-il de l'être du monde ?

L'ontologie de Merleau-Ponty, diffère de celle de Heidegger en ce qu'elle se veut est une « ontologie du dedans ». Si l'être du monde est accessible au corps, c'est parce que celui-ci est fait de la même texture que lui. Pour le faire comprendre, Merleau-Ponty reprend une expérience proposée par Husserl : celle de la main touchante et de la main touchée. Lorsque mes deux mains se touchent, laquelle sent l'autre ? Dans cette expérience, mon esprit oscille d'une main à l'autre, du senti au sentant, et se heurte à une ambiguïté que ne connaît pas le corps qui, lui, éprouve immédiatement la liaison entre le subjectif et l'objectif, entre le sentiment que mes mains m'appartiennent autant qu'elles appartiennent au monde. Merleau-Ponty appelle « chiasme » (ou « entrelacs ») cet enveloppement mutuel. Le chiasme, mot emprunté à la rhétorique, lie quatre termes : ici la subjectivité percevante (la touchant), son corps (le touché), le monde comme contenant le corps, le monde comme apparaissant à ce corps. Ce chiasme permet de rendre compte de la parenté ontologique de mon corps et du monde : le mouvement par lequel ma conscience s'incarne est l'envers de celui par lequel le monde accède à la phénoménalité. On mesure ici ce que *Le visible et l'invisible* apporte de nouveau aux études de *La phénoménologie de la perception* : le corps n'est plus seulement compris comme « le véhicule de l'être-au-monde », il devient ce par quoi le monde se phénoménalise. C'est pourquoi Merleau-Ponty est amené à parler de « chair du monde », comme si les limites de mon corps étaient tout à la fois celle de ma subjectivité et celle du monde : notre corporéité « n'est que la charnière du monde », notre peau est aussi la peau du monde. Et l'on comprend que l'invisible, sur lequel spécule la pensée, n'est que du vide, que ce qui est en retrait du monde, que les dimensions qui échappent à ma perception, demeurent de l'ordre du sensible. Aussi peut-on conclure que le sensible est « le sens même de l'Être » : le propre du monde, telle est son essence, est de se rendre visible.

IV. Mondes possibles et « multivers » : métaphysiques et physiques contemporaines

La philosophie du vingtième (et vingt-et-unième) siècle ne s'intéresse pas au monde seulement par la voie phénoménologique du « monde vécu ». Un des courants majeurs, qu'on résume souvent par l'expression un peu fourre-tout de « philosophie analytique », peut se définir comme un nouveau rationalisme centré sur le développement de la logique et des mathématiques. Mais des tendances très distinctes se dessinent. Nous en distinguerons principalement trois. D'une part, nous examinerons l'idée que l'on peut donner aux concepts de la connaissance une base logique, ce qui conduit à l'idée qu'il existe essentiellement une façon de penser le monde, celle qui l'enserre dans une structure logique déterminée. Contre ce systématisme logique, ne peut-on au contraire se demander ce qui fait que ce monde-ci existe tel qu'il est, par opposition à une pluralité d'autres mondes possibles ? Enfin, un « nouvel idéalisme » envisage que l'idée même d'un monde unique n'a pas de sens, et que nous ne cessons en réalité de produire des systèmes symboliques pour « faire des mondes ». Trois noms principaux peuvent être associés à ces courants : Rudolf Carnap, David Lewis et Nelson Goodman.

A. Peut-on construire « logiquement » le monde ?

La question peut paraître étrange, elle renvoie pourtant à la plus ancienne conception de la philosophie. La métaphysique ne suppose-t-elle pas un accord entre la pensée et le monde ? Et, ce qui définit cette pensée comme « philosophique », n'est-ce pas sa dimension rigoureuse, rationnelle, « logique » ? C'est une des définitions possibles du réalisme : que la structure du réel soit en accord avec la structure de la pensée. Voilà ce qu'on trouverait chez Platon, Leibniz ou Hegel. Est-ce que cela signifie que l'idéalisme soit « déconnecté » du monde ? Certes non, mais, par un changement notable, le concept métaphysique de « monde » devient chez Kant la simple « nature », à laquelle notre pensée, c'est-à-dire nos concepts, eux-mêmes fondés sur la logique, donnent ses règles. Mais cette logique est encore, chez Kant, celle d'Aristote… Au dix-neuvième siècle on assiste à l'essor d'une science nouvelle, la logique formelle, dont l'une des ambitions majeures est de montrer que toutes les mathématiques peuvent être réécrites dans un langage purement logique. Si les bases de la pensée sont essentiellement formelles, cela change-t-il notre manière d'appréhender et de comprendre le monde ? Il est d'ailleurs remarquable que ce terme revienne en force chez les philosophes logiciens du vingtième siècle, mais dans un sens qui se veut dénué de toute référence à la métaphysique et son idée absolue de Monde en soi. Le monde, est-ce ce que pense la logique ?

Un des ouvrages majeurs du « logicisme » moderne s'intitule d'ailleurs *La construction logique du monde* (en allemand : *Der logische Aufbau der Welt*, le terme *Aufbau* pouvant aussi se traduire par « structure », « édification »). Publié en 1928, il est le premier livre important de Rudolf Carnap (1891-1970), qui a été profondément marqué par les idées du philosophe autrichien Ludwig Wittgenstein (1889-1951), et surtout par son *Tractatus logico-philosophicus* (1921), ouvrage qui a eu une influence considérable. Wittgenstein ne définit pas la logique de la même manière que ses prédécesseurs, Frege et Russell. Pour lui la logique est vide de contenu (« Les théories qui font apparaître une proposition de la logique comme ayant un contenu sont toujours fausses ») : elle est une forme *immanente* à la réalité comme au langage et sa tâche est simplement de « montrer » la structure du monde et non pas de « l'exprimer » dans une discipline à part (fût-elle la science la plus générale) qui viendrait s'ajouter au monde. Ainsi les propositions logiques « ne disent rien (car elles sont analytiques) » mais montrent ce qui peut se dire : elles sont une « image » des faits qu'elles modélisent en révélant leur « possible ». Plus précisément, les seules propositions qui trouvent leur place en logique sont des tautologies qui n'expriment rien au sujet du monde car elles sont vraies à propos de n'importe quoi. Par exemple « il pleut ou il ne pleut pas » ne me dit pas quel temps il fait mais *montre* que « il pleut » et « il ne pleut pas » se contredisent l'un l'autre. Puisque la logique sert à montrer la structure du réel, une proposition vraie sera celle qui dit « ce qui est le cas » (*was der Fall ist*).

Il faut mesurer l'immense écart entre cette conception et celle de la métaphysique traditionnelle : le monde n'est pas la totalité du réel que le philosophe doit s'efforcer de comprendre, il est seulement ce qui peut être montré logiquement. Cela exclut toutes les propositions fausses, mais surtout toutes celles qui n'ont pas de « sens », parce qu'elles ne correspondent à rien de « montrable » : c'est-à-dire, finalement, toutes les propositions métaphysiques, mais aussi toutes celles qui portent sur les valeurs : par exemple, la morale et l'esthétique sont « hors monde » parce qu'elles échappent à la logique, et donc au langage lui-même (d'où la célèbre formule conclusive du *Tractatus* : « ce dont on ne peut parler, il faut le taire »). On voit donc qu'avec Wittgenstein, c'est la tâche de la philosophie elle-même qui se trouve déterminée par la logique. La philosophie en effet n'a plus pour mission de découvrir ou d'établir des vérités sur le monde (cela, c'est la tâche des sciences de la nature) mais de clarifier des faux problèmes, « de ne rien dire de ce qui ne puisse être dit ».

Carnap radicalisera le geste wittgensteinien. Il fait partie du groupe dit du « Cercle de Vienne », défini par l'« empirisme logique », qui mène la guerre contre tout résidu de métaphysique. Mais Carnap se sépare de Wittgenstein, en ce qu'il estime possible d'établir le système fondamental des concepts qui nous permettent d'appréhender le monde. Son geste se veut donc « positif », et pas seulement « destructeur ». « Construire » logiquement le monde, c'est édifier le « système de constitution » de ses concepts : « Les présentes recherches ont pour objectif d'établir un système logique et conforme à la connaissance des objets ou des concepts, le « système de constitutions ». [...] Nous comptons donc parmi les objets non seulement les choses, mais aussi les propriétés et les rapports, les classes et les relations, les états et les processus, en outre ce qui est réel comme ce qui est fictif ». Le terme de constitution vise justement à échapper à la querelle de l'idéalisme et du réalisme. Il n'y a qu'un monde, celui de la constitution des concepts reposant sur des concepts élémentaires, eux-mêmes issus de notre expérience : mais cette expérience vécue est justement elle-même constituable, sur la base d'une formalisation géométrique, que l'on peut formuler en langage ordinaire. Par exemple : « Il existe une suite remarquable de points de monde que nous appelons les « points de vue ». Ils forment une courbe continue telle que chacune des n-1 coordonnées spatiales soit une fonction continue monovalente de la coordonnée temporelle ». Mais la formalisation suppose bien un point de départ empirique, une

« base phénoménale » constituée de vécus élémentaires unis par une relation de « ressemblance mémorielle ». C'est une des difficultés de la théorie, car qu'est-ce qui garantit la stabilité de ces « ressemblances » ?

Et, en ne voulant pas prendre parti entre réalisme et idéalisme, l'objet est défini purement et simplement comme « objet du concept », sans que l'on comprenne justement à quel monde il se rapporte. Carnap reconnaîtra d'ailleurs l'insuffisance de cette tentative. Contre cette prudence, on voit s'affirmer au contraire dans la deuxième moitié du siècle des réalismes comme des idéalismes radicaux.

B. Le réalisme des mondes possibles

Une des sources majeures de la réflexion contemporaine sur les « mondes possibles » est la pensée du philosophe Gottfried Wilhelm Leibniz (1646-1716). En effet, dans le cadre de sa métaphysique de la création, il considère que Dieu, selon une célèbre formule, a créé notre monde parmi une infinité d'autres mondes possibles. Notre monde n'est pas le meilleur dans l'absolu, mais seulement le meilleur parmi ces possibles. Que signifie ici la « possibilité » ? Toutes les réalités individuelles sont contenues dans l'entendement divin (les « essences »). Créer, c'est choisir parmi ces possibles ceux qui peuvent exister sans contradiction (ce que Leibniz nomme les « compossibles »), et constituer ainsi le monde « réel ». On peut s'appuyer par analogie sur ce que font les auteurs de fiction : quand ils imaginent un monde romanesque, il faut que les personnages et leurs actions possèdent une certaine logique, celles que la théorie classique définit comme le « vraisemblable », mais qui contient notamment comme caractéristique la non-contradiction (car, d'un point de vue esthétique, le vraisemblable englobe la capacité du lecteur à « croire » l'histoire, ce qui n'est pas un critère purement logique). Un monde tient sa cohérence non seulement de la non-contradiction, mais aussi de l'essence de chaque individu, qui fait que la totalité de chacune de mes actions est déjà contenue dans mon âme, bien qu'il ne soit pas logiquement contradictoire que j'agisse autrement : il n'est pas contradictoire que César ne franchisse pas le Rubicon avec l'existence d'un général romain, mais l'essence singulière de César telle qu'elle a été choisie par Dieu pour exister dans ce monde contenait de toute éternité le fait qu'il choisisse de franchir le Rubicon… La possibilité propre à César devient réalité dans le monde où existe César, et même nécessité, à condition de ne pas confondre cette nécessité inhérente au déploiement de notre substance (que Leibniz nomme « relative ») avec la nécessité strictement logique (celle du principe d'identité), qu'il nomme « absolue ». Notre monde, est celui dans lequel existe cet individu et son rapport avec tous les autres : d'autres mondes, une infinité d'autres mondes sont possibles, avec d'autres individus, ou les mêmes mais interagissant forcément différemment. Seul un être doté d'une capacité de calcul infinie, c'est-à-dire Dieu, peut envisager l'infinité de ces mondes et choisir le « meilleur ».

Si l'on refuse la métaphysique leibnizienne, la notion même de possibilité est riche de ressource. Le logicisme s'en servira par exemple pour définir la nécessité, comme ce qui est vrai dans tous les mondes possibles : on ne prend alors pas partie pour l'existence de ces mondes… Toute l'originalité d'un auteur comme David Kellogg Lewis (1941-2001), est d'assumer ce qu'il nomme un « réalisme modal », développé notamment dans son livre principal (et le seul traduit en français) *De la pluralité des mondes* (1986). La

« modalité » désigne les opérateurs logiques comme « possible », « réel », « nécessaire ». Comment considérer ces « mondes » ? Il existe deux positions : soit on part de notre monde, et on « imagine » ce qu'il aurait pu être à certaines conditions. On connaît l'usage que l'on peut en faire dans ces fictions historiques nommées « uchronie » : que se serait-il passé si César n'avait pas franchi le Rubicon ou si Hitler avait gagné la guerre ? Dans *Le complot contre l'Amérique*, le romancier américain Philip Roth fait ainsi l'hypothèse de la victoire aux élections américaines de l'aviateur Charles Lindbergh, ouvertement raciste et pro-hitlérien. Mais on peut aussi prendre parti pour l'existence des mondes possibles, qui « sont des entités réelles, qui existent dans des univers distants du nôtre. Selon cette dernière conception, il y a une réalité modale, composée d'objets possibles doués de propriétés nécessaires ou accidentelles » comme le commente le philosophe français Pascal Engel. C'est bien la position de Lewis, qui estime que l'idée de mondes possibles doit être prise pleinement au sérieux. Cela implique de reconsidérer notre vocabulaire. Par exemple, que veut dire « actuel » (au sens anglais d'*actual*, c'est-à-dire réel, effectif) ? Quand nous disons que notre monde est actuel, nous sous-entendons habituellement que c'est le seul qui existe effectivement. C'est ce qu'on pourrait appeler le réalisme naïf, qui est la thèse du sens commun. De manière subtile, Lewis nous invite à reconsidérer cette position, qui implique de rendre « absolu » ce qui n'est qu'une réalité, celle dans laquelle nous vivons, « la nôtre » : or, rien ne vient corroborer logiquement de faire de « notre » monde, le monde « absolu » (non pas au sens métaphysique d'un monde « en soi », mais du seul monde effectivement existant). Il faut, au contraire, assumer pleinement un relativisme qui invite à définir l'actualité comme le réel vu du point de vue de l'habitant d'un monde donné, chaque monde ayant autant de prétention à exister : « Notre monde est l'un des nombreux mondes. Notre monde est le monde actuel : les autres ne le sont pas. Pourquoi en est-il ainsi ? Ce n'est pour moi qu'une banale question de signification. J'utilise le mot « actuel » pour signifier la même chose que « de ce monde-ci ». Lorsque je l'utilise, je l'applique à mon monde et à mes co-mondains, au monde dont nous faisons partie et à toutes les parties de ce monde. Si une autre personne l'utilise, ou bien elle est co-mondaine du nôtre ou bien elle est non actualisée ; alors (à condition qu'elle est l'intention de dire la même chose que ce que nous disons) il s'applique également à son monde et à ses co-mondains » (*De la pluralité des mondes*, p. 190). Mais de quoi sont constitués ces mondes, qui sont en droit infinis ? Ils possèdent chacun leur cohérence (spatio-temporelle, causale, etc.) et leurs individus, qui peuvent être pensés comme semblables à nous à condition de n'être qu'un « homologue », c'est-à-dire qu'un individu donné n'existe que dans un monde (César dans notre monde est homologue à César dans un autre monde qui n'aurait pas franchi le Rubicon, mais il est bien individuellement unique, et il n'existe aucun contact entre les mondes et entre les individus).

Lewis estime qu'il est ainsi en mesure de répondre aux querelles constantes sur le réalisme et l'idéalisme, en intégrant en outre à la philosophie les formules modales du langage courant et de la logique : « Notre connaissance *contingente* qu'il y a des ânes dans *notre* monde requiert une connaissance causale des ânes, ou du moins de ce qui les produit. Notre connaissance *nécessaire* qu'il y a des ânes dans *certains* mondes – et même des ânes qui parlent, des ânes qui ont pour co-mondains des dragons, n'exige pas de connaissance causale, ni des ânes, ni de ce qui les produit. Elle n'exige nulle observation de notre environnement, parce qu'elle n'appartient pas au fait de connaître quel monde possible est le nôtre ni quels individus nous sommes » (*ibid.*, p. 179).

Cependant, on peut se demander ce qu'il en est de cette dite « possibilité ». Comme le souligne Jean-Michel Salanskis, ne devrait-on pas plutôt parler de mondes « parallèles », puisque le possible évoque surtout l'éventail des possibilités futures (au sens des « futurs contingents ») ? Et, objection plus grave, on peut se demander si ce prétendu « réalisme » de Lewis ne cache pas une philosophie se prêtant aux rêves les plus échevelés de notre subjectivité...

C. Peut-on « faire » des mondes ?

Qu'il y ait une infinité de mondes possibles est peut-être une question oiseuse, et l'on peut rendre hommage à Leibniz, d'en avoir limité le sens au calcul de l'entendement divin : une fois le meilleur des mondes possibles créé, il n'en existe par définition qu'un seul... Leibniz serait donc le premier adversaire de David Lewis. La question philosophiquement pertinente peut être celle de l'être-au-monde développée par la philosophie phénoménologique et existentialiste. Mais, dans la tradition analytique anglo-saxonne, ce discours apparaît comme étant lui-même vide, se prêtant à des propos plus poétiques que philosophiques. Or, si l'on refuse le questionnement métaphysique sur le monde en soi ou sur l'être-au-monde, il reste un riche domaine à explorer : celui de la façon dont nous « construisons » le monde. Cette formule doit être précisée, car elle peut s'entendre au sens de l'action, de la technique, de la politique. De quoi l'homme dispose-t-il avant tout ? De son univers symbolique. Prolongeant une tradition issue du kantisme (par exemple la philosophie des formes symboliques d'Ernst Cassirer), le philosophe américain Nelson Goodman (1906-1998) cherche à montrer que le monde n'a pas d'existence en tant que tel : il existe d'ailleurs non pas « un » monde, mais une pluralité de mondes qui sont ceux de nos opérations symboliques. Pour arriver à cette idée, il a commencé par critiquer la « neutralité » de la construction logique de Carnap, en montrant que, sur le plan logique justement, des systèmes reposant sur des théories opposées (nominalistes ou réalistes) étaient aussi valables les uns que les autres. Ce qui permet de défaire l'idée de la construction logique « du » monde, puisqu'il y a alors autant de monde que de système cohérent…

Une fois débarrassé de la croyance au logicisme unique, Goodman développe sa thèse de la pluralité notamment dans un recueil d'articles au titre significatif, *Manières de faire des mondes* (1978). Prenons un exemple, celui de deux énoncés sur le monde : « le soleil est constamment en mouvement » et « le soleil ne se meut jamais ». Décrivent-ils des mondes différents ? Nous les entendrons plutôt comme des énoncés dépendant de « cadres de références » différents. Dans ce cas, ces cadres peuvent être vrais dans le même monde. Mais, poursuit Goodman, « si je tiens à ce que vous me disiez comment est le monde en dehors de tout cadre de référence, qu'est-ce que vous pourrez me répondre ? Nous n'avons d'autres choix que d'utiliser des formes de description pour décrire tout ce qui est décrit. Plutôt qu'être un monde ou des mondes, notre univers ne consiste en quelque sorte à rien d'autre qu'à ces formes. Les différentes descriptions du mouvement, qui se font à peu près dans les mêmes termes et qui sont facilement interchangeables, ne procurent qu'un pauvre exemple de la diversité des comptes-rendus du monde. Pensons à la variété extraordinaire des versions et des visions des sciences, des œuvres des différents peintres et écrivains [...]. Ici nous n'avons plus de cadres de références précis, plus de règles transformation à notre disposition pour mettre sur le même plan la physique, la biologie et la psychologie, et aucun moyen de les transformer dans les visions de Van Gogh ou de Canaletto ». L'art est en effet un des domaines qui permet d'explorer abondamment cette théorie. Cela implique de se défaire de toute conception imitative. Dans *Langages de l'art* (1968), Goodman montre que même les arts les plus « réalistes », comme la sculpture, ne sont jamais des imitations du réel, mais des constructions symboliques : « Le bronze devrait saisir une personne en mouvement, changeante, sous différentes lumières, se présentant sur des fonds variés. Répliquer la forme de la tête à un instant donné a peu de chance de produire une représentation un tant soit peu fidèle. [...]. Le sculpteur s'engage en réalité dans un travail subtil et complexe de traduction ». D'autre part, fidèle à sa critique de l'unicité du « monde », Goodman montre que l'« art » n'existe pas en tant que tel : ou plutôt, qu'il existe une multiplicité de systèmes symboliques, qui rendent futiles la tentative de construire des esthétiques générales. Ce qui importe plutôt, c'est de décrire la façon dont chaque art a à faire avec son propre langage : quel rapport entre une œuvre matérielle « unique » que l'on va admirer dans un lieu physique, et une partition musicale, indéfiniment reproductible, constitué de notations qui supposent un apprentissage spécifique et des conditions d'interprétation à chaque fois unique ?

Il est remarquable que, contre une grande majorité des philosophes de tradition dite analytique, ces thèses conduisent Goodman à ne plus accorder de privilège exclusif à ce système de symboles qu'est la science. Reste qu'on peut trouver peu satisfaisant le critère qui permet de savoir si un système de symboles est apte à nous dire quelque chose de « son » monde. Goodman évoque la « correction », mais est-ce que l'évacuation de toute dimension « affective » de l'art ne rencontre pas aussi ses limites ? Et ne faudrait-il pas trouver d'une autre manière une façon de démarquer les sciences de la nature, qui semblent malgré tout rencontrer tout autrement le monde ?

D. Conclusion : les mondes étranges de la science moderne

La réflexion contemporaine sur le monde a donc vu la naissance de nouvelles métaphysiques. Un des symptômes de la modernité récente (disons du dernier siècle), c'est qu'elles ne sont plus en prise directe avec les développements de la physique. Non qu'elles soient indifférentes, et les philosophes analytiques sont souvent issus eux-mêmes des sciences. Mais peut-être parce qu'il est difficile au vingtième et vingt-et-unième siècles de reproduire le geste traditionnel depuis les Grecs : faire de la philosophie le fondement même de la représentation scientifique du monde. Comment expliquer cela ? C'est que ce « monde » de la science paraît justement de plus en difficile à penser. Nous pouvons retenir trois traits principaux de cette difficulté.

Le monde quantique

Pour être plus précis, il faudrait dire que la physique quantique a ébranlé nombre de certitudes concernant notre rapport au monde comme « réalité physique ». Si l'on résume très grossièrement les étapes de la représentation physique du monde, on distinguerait trois moments. Aristote, et l'ancrage de la conception physique du mouvement dans l'expérience commune (le corps plus lourd tombe plus vite que le corps plus léger, etc.). Galilée et Newton et la construction d'une représentation géométrique et corpusculaire du monde. Et la physique quantique des particules, qui repense en profondeur les notions classiques d'atomes, mais aussi de mouvement, d'espace, de localisation, etc. Une notion clé comme celle de « dualité onde-corpuscule » rompt profondément avec les modèles classiques. On doit à Gaston Bachelard d'avoir recherché sans relâche à montrer les effets conceptuels de cette nouvelle physique. Il appuie ici son analyse sur une citation du grand physicien anglais Paul Dirac : « "Les notions d'onde et de particule doivent être considérées comme deux abstractions utilisées pour décrire une seule et même réalité physique. On ne doit pas se représenter cette réalité comme quelque chose contenant à la fois des ondes et des particules qui réagissent les unes avec les autres, ni essayer de construire un mécanisme qui puisse décrire correctement leurs rapports tout en rendant compte du mouvement réel des particules". Il n'y a pas lieu d'appliquer entre ondes et corpuscules, dans un sens ou dans un autre, allant de l'onde au corpuscule ou du corpuscule à l'onde, le principe de causalité. Il faut se mettre en marge du causalisme essentiel à la mécanique classique » (Gaston Bachelard, *L'activité rationaliste de la physique contemporaine*). Si l'on prête attention aux conséquences de cette nouvelle représentation du monde, on comprend bien qu'il ne peut s'agir de construire une nouvelle « métaphysique », puisqu'au contraire ce sont les notions de base de la métaphysique qui sont ébranlées avec celles de la physique classique : la causalité, la substantialité, l'être…

Un nouvel univers

Parallèlement à l'essor de la physique des particules, la relativité générale produit un bouleversement de la représentation de l'univers classique. Pourtant, ce ne sera pas le fait d'Einstein lui-même, qui conserve un attachement à l'idée d'un univers statique. C'est le physicien russe Alexandre Friedmann qui inaugure en 1922 les hypothèses sur un univers en expansion et contraction. Comme le commente l'astrophysicien français Jean-Pierre Luminet, « Pour la première fois dans l'histoire de la cosmologie, les problèmes de début et de fin de l'univers sont ainsi posés en termes purement scientifiques ». Dans ces mêmes années vingt, se produisent des évènements majeurs. La découverte par Edwin Hubble de l'existence d'autres galaxies (l'univers s'agrandit immensément), l'observation, par le même Hubble de l'effet Doppler (les galaxies sont décalées vers le rouge, elles s'éloignent donc rapidement), et enfin la solution mathématique du problème donné par le jeune physicien belge Georges Lemaître dans un article de 1927, dont l'importance ne sera pas reconnue immédiatement. Lemaître montre notamment que ce ne sont pas les galaxies qui s'éloignent, mais l'univers qui est en expansion… C'est quelques années plus tard que le même Lemaître fait l'hypothèse d'un « atome primitif », point de départ de l'expansion de l'univers. Le langage utilisé par Lemaître pour « décrire » la naissance de l'univers n'est pas purement scientifique… « L'atome-univers s'est brisé en fragments, chaque fragment en morceaux plus petits. […] L'évolution du monde peut être comparée à un feu d'artifice qui vient de se terminer. Quelques mèches rouges, cendres et fumées. Debout sur une escarbille mieux refroidie, nous voyons s'éteindre doucement les soleils et cherchons à reconstituer l'éclat disparu de la formation des mondes. »

Jean-Pierre Luminet a montré que les travaux de Lemaître n'ont pas été reconnus en leur temps : le terme de Big-Bang est même utilisé péjorativement par un cosmologiste anglais fortement attaché à l'idée d'un univers statique. Il faudra une cinquantaine d'années pour que l'idée s'impose – sans doute parce que l'idée d'un « commencement » de l'univers est attribuée par beaucoup de savants au fait que Lemaître soit prêtre catholique… C'est sur son lit de mort en 1966 qu'il apprend la découverte expérimentale par Penzias et Wilson du rayonnement fossile des premières minutes du Big-Bang… Le modèle standard du Big-Bang peut ainsi se construire, au fur et à mesure de nouvelles observations : âge de 13,7 milliards d'années, expansion perpétuelle accélérée… Reste que sur cette base de nombreuses questions demeurent, notamment celles de la forme géométrique exacte de l'espace, ou de son caractère fini ou infini. Car là est un des grands paradoxes de la science nouvelle de l'univers. Elle « paraît » redonner crédit à de vieilles représentations : le « commencement », le caractère « fini » … Mais ce commencement n'a rien à voir avec une « création » (et le prêtre Lemaître n'a cessé de le dire…), et la « finitude » n'est évidemment pas celle du petit cosmos fini d'Aristote…

Les multivers

Parmi les réflexions plus récentes encore, et qui font beaucoup parler d'elles, parce qu'elles parlent directement à l'imagination, on trouve bien sûr l'hypothèse des « multivers ». Or, il faut prendre bien garde qu'il ne s'agit pas d'une hypothèse philosophique comparable à celle des mondes possibles de David Lewis par exemple. Mais bien d'une hypothèse physique, visant à répondre à un problème très précis, celui du caractère « improbable » des constantes cosmologiques, comme le dit Julien Grain : « Si les constantes fondamentales de la physique étaient, pour la plupart, ne serait-ce que très légèrement différentes de ce qu'elles sont aujourd'hui, la vie telle qu'on l'observe, et plus généralement la complexité, n'auraient pas pu émerger. Toute forme de vie observée actuellement se base sur la formation de structures physico-chimiques complexes ; ces macro-molécules complexes se forment par l'assemblage, *stable*, d'atomes (*e.g.* carbone, oxygène) ; ces atomes, eux-mêmes *stables*, se forment au cœur des étoiles, si ces dernières vivent assez longtemps, etc. Chacune de ces étapes dépend des lois physiques et des constantes fondamentales impliquées, des grandeurs fixes ne variant ni dans le temps ni dans l'espace, intervenant dans les équations physiques et dont les valeurs ne peuvent être déterminées par la théorie. Or, l'architecture actuelle de notre univers, dont l'évolution passée est déterminée sur 13,7 milliards d'années grâce à de nombreuses observations et à une base théorique solide, est extrêmement sensible aux constantes fondamentales présentes dans ces théories : tout au long de son histoire, notre univers semble avoir été sujet à un grand nombre de troublantes coïncidences. Il suffirait par exemple que l'interaction forte, qui lie les nucléons entre eux, soit légèrement plus intense (d'environ un pourcent) pour que les étoiles ne vivent pas plus d'une seconde, au lieu des quelques milliards d'années observées dans le cosmos ».

Ce sont ces données qui conduisent certains physiciens à y voir une « preuve » d'une intelligence à l'origine de l'univers... La théorie des multivers est une des façons de répondre de manière théorique à cette donnée, en refusant justement de basculer dans une prétendue « preuve » d'une création divine. Mais l'on voit que l'état des sciences les plus modernes conduit à retrouver un débat très ancien. Les Grecs considéraient l'ordre observable du réel (ordre du ciel et ordre des êtres vivant) comme relevant de deux types d'explication : la finalité (une « intelligence ») ou le hasard. Parmi les réponses possibles aujourd'hui, celle du hasard est toujours disponible, mais le caractère extraordinairement précis des constantes le rend pour beaucoup d'astrophysiciens trop improbable statistiquement. Or, comme il est tout aussi peu pensable que la vie puisse émerger dans n'importe quelle condition, une autre hypothèse consiste à dire que ce qui nous paraît si extraordinaire dans ces constantes est un effet anthropomorphique : nous voyons « notre univers », qui n'est qu'un cas parmi une multitude voire une infinité d'autres qui nous sont physiquement inaccessibles. Dans ce cas, si toutes les valeurs physiques sont possibles dans les multivers, nous habitons celui qui possède ces valeurs-là... Reste qu'on peut légitimement s'interroger sur ce qui rend possible la production de ces multiples univers. Les théories sont complexes et spéculatives. Elles relèvent de difficultés liées à la physique quantique (chaque observation se ferait dans un univers différent : le chat de Schrödinger est vivant dans un univers et mort dans un autre), dans des théories liées à la singularité des trous noirs... La « théorie des cordes », elle-même très spéculative, offre aussi son modèle de multivers : « Lorsque l'inflation éternelle est pensée dans le cadre du paysage de la théorie des cordes, c'est naturellement un multivers d'une fascinante diversité qui se dessine. Chaque univers-bulle présente alors ses propres lois, qui réapparaissent comme de simples phénomènes, et l'inflation fournit un mécanisme dynamique pour que ces bulles d'univers puissent croître. Ce deuxième niveau de multivers englobe le premier niveau, puisque chaque univers-bulle présentant ses propres lois physiques peut alors contenir une infinité de sous-univers-bulles, chacun correspondant à une sphère de Hubble »... On voit que nous sommes très loin d'une représentation commune, notamment donnée par la philosophie (celle où l'on trouve des ânes qui parlent) ou la science-fiction. Ces univers sont définis par des lois physiques, non par notre imagination, ce qui rend leur maniement par la philosophie particulièrement délicat, tant qu'aucune théorie consensuelle ne se dégagera. D'autre part, leur statut scientifique est particulier : ils ne sont pas « testables », ou « réfutables ». Ils représentent les conséquences d'une théorie physique, non la théorie elle-même.

V. Le monde intérieur

Il faut prendre garde à l'arbitraire. Certes, il existe de nombreux « mondes », au sens d'espaces ou de domaines. Mais l'intériorité relève effectivement d'une quête spécifique. En effet, on peut ouvrir les yeux, et constater l'existence du monde, au sens du milieu extérieur, qui se diviserait en monde concret, monde social, monde naturel, voire monde « cosmique ». Va-t-il autant de soi que nous avons une « intériorité », c'est-à-dire un espace interne ? En un sens oui : la pensée intérieure, l'imaginaire, les rêves ne sont-ils pas autant de preuves de l'existence d'un monde intérieur ? Mais, là encore, pour éviter l'arbitraire de la métaphore, il faut dégager des propriétés spécifiques à cet espace interne. Nous rêvons, c'est un fait : cela autorise-t-il à considérer les phénomènes du rêve comme appartenant à un monde propre ? Ainsi, il faut aller plus loin, et montrer avec Freud que l'inconscient obéit à des lois spécifiques et ainsi qu'il constitue bien une « région » spécifique, ce que l'on pourrait appeler le monde des désirs. On voit que l'enjeu n'est pas tant de définir des lieux ou des mondes que de mesurer la pertinence même de l'idée de monde intérieur, ce qui conduira, tout aussi logiquement, à interroger les critiques faites à l'idée même d'intériorité.

A. « Avant » le monde intérieur ?

Ce sous-titre doit évidemment être clarifié. Plutôt que de considérer que le monde intérieur serait un « fait », on peut faire l'hypothèse qu'il est « découvert », ou « construit », et donc qu'il ne va pas de soi. On peut l'attester par la difficulté de tracer l'existence précise d'une « intériorité » dans la pensée grecque. Cela peut paraître surprenant. Cela ne signifie pas qu'il n'existe pas de complexité psychologique, et un rapport de soi-même à soi-même. Ainsi, un passage célèbre de l'*Odyssée* donne lieu à s'interroger sur l'existence d'un « discours intérieur » chez les héros homériques (c'est-à-dire, rappelons-le, dans le premier écrit de la littérature occidentale, datant de la fin du VIIIe ou du début du VIIe siècle avant notre ère). Dans ce passage, non seulement Ulysse s'adresse à lui-même, mais ce « lui-même » est dénommé par des noms de diverses facultés, tout en renvoyant par la mémoire à une situation antérieure, attestant donc aussi d'une forme d'intériorité mémorielle. Il s'agit du début du chant XX, où, transformé en mendiant par Athéna, il loge dans son palais en préparant l'heure de révéler son identité et de combattre les prétendants : « Ulysse donc, méditant le malheur des prétendants, était couché les yeux ouverts ; et du palais sortaient les femmes qui avaient commerce avec les prétendants, riant entre elles et plaisantant toutes ensemble. Le cœur d'Ulysse se leva dans sa poitrine, et il se demandait dans son âme et dans son cœur s'il allait s'élancer et les tuer l'une après l'autre, ou s'il les laisserait se donner à ces insolents pour la toute dernière fois ; son cœur en lui grondait. […] Mais il le semonça, tout en se frappant la poitrine : "Patience, mon cœur ! Tu supportas chiennerie pire le jour que le Cyclope à l'âme emportée dévora tes vaillants compagnons… » (*Odyssée*, XX, v 5-20). Les traductions sont confrontées à un vocabulaire psycho-physiologique dont les équivalents dans les langues modernes ne vont pas de soi. « Cœur » rend d'une part « *thumós* », terme rendu célèbre par Platon dans la tripartition de l'âme au livre IV de la *République*, pour désigner la partie des passions « viriles », le courage et la colère. « Cœur » prend bien ce sens dans la langue classique française (dans *l'Horace* de Corneille : « Sire, c'est rarement qu'il s'offre une matière/À montrer d'un grand cœur la vertu toute entière »). Mais on voit qu'Homère le conçoit dans un sens plus large, comme lieu d'une certaine intériorité de la pensée, comme l'atteste la formule revenant plusieurs fois dans l'épopée : « Ulysse méditant dans son cœur (*phronéon éni thumô*) le malheur des prétendants ». D'autre part, le même terme français rend à deux reprises dans l'extrait – notamment dans le célèbre « patience mon cœur ! » – le grec *kradiè* (forme épique de *kardía*), terme désignant l'organe du cœur, mais prenant dès Homère un sens « moral » d'inclination, désir, pensée... Une certaine indécision entre les parties du corps et leur interprétation psychologique fait donc partie du texte, comme si s'attestait que nous voyons notre pensée « dans » notre corps, comme dans un monde familier, et qui lui échappe en même temps : comment, en effet, désigner ce monde « autre » que celui de la pensée et des sentiments, alors que nous vivons aussi physiquement leurs effets (pour les affects, cela va de soi, mais on remarque aussi des changements physiologiques si notre pensée est agréable ou pénible, forte ou faible, calme ou agitée...). « Poitrine » traduit enfin un terme physiologique (*stèthos*) dont l'emploi au pluriel chez Homère correspond toujours à un sens métaphorique comme « lieu des pensées et des sentiments ». Peut-on parler des prémisses d'un monde intérieur, ou au contraire, l'abondance des termes physiologiques marque l'ancrage dans ce monde encore extérieur qu'est le corps, au sens où il appartient à une certaine objectivité ? Jean-Pierre Vernant va dans ce sens, en pointant l'absence dans le monde grec des genres littéraires spécifiques du « moi » : les confessions et les journaux intimes « où la vie intérieure, la personne singulière du sujet, dans sa complexité et sa richesse psychologique, sa relative incommunicabilité, forment la matière de l'écrit. En revanche, l'expérience du « moi » est « orientée vers le dehors, non vers le dedans. [...] Le sujet est extraverti. [...] Sa conscience de soi n'est pas réflexive, repli sur soi, enfermement intérieur, face à face avec sa propre personne : elle est existentielle. [...]. Ma conscience est toujours accrochée à l'extérieur » (« L'individu dans la cité », in *L'individu, la mort, l'amour. Soi-même et l'autre en Grèce ancienne*).

Ces remarques iraient donc dans le sens que l'idée même d'un monde intérieur ne va pas de soi, et qu'elle demande une élaboration spécifique. On pourrait cependant objecter que dans la pensée grecque, à travers la notion de « réminiscence », la pensée platonicienne s'est attachée à l'exploration du monde intérieur de l'âme accédant aux idées. S'agit-il bien de cela en réalité ?

B. « Vraie » et « fausse » mémoire : Platon, Plotin et Augustin

L'âme comme « intermédiaire » entre les mondes : Platon et Plotin

En effet, on peut là encore montrer que la pensée grecque, même quand on passe de l'épopée à la philosophie, ne se construit pas sur l'idée d'un « monde intérieur », mais plutôt sur ce que l'on pourrait appeler un « monde de l'âme ». Chez Platon, l'âme est à la fois centre d'animation des êtres vivants et structure immortelle survivant à la mort du corps, ce que l'on trouve déjà chez Homère. Mais, à la différence de ce dernier et de la tradition, la vision platonicienne de l'âme s'inscrit dans une conception où notre « monde » sensible est défini comme l'image, l'imitation du « monde » intelligible. Les guillemets traduisent le fait que l'on ne trouve jamais ces termes sous la plume de Platon. Il faut attendre le platonisme tardif pour que se formule nettement l'expression de « *kosmos noètos* », d'abord chez le penseur juif Philon d'Alexandrie (premier siècle de notre ère), dans son traité sur la *Création du monde* : « quand il voulut fabriquer le monde visible d'ici-bas, Dieu forma d'abord le monde intelligible, afin qu'en utilisant un modèle incorporel et tout à la ressemblance divine, il réalisât le monde corporel », et surtout chez Plotin (205-270), dont la pensée se veut une fidèle « interprétation » de celle de Platon : « Puisque ce monde (*kósmou toudè*) est un vivant qui contient tous les vivants, et qu'il reçoit son être et sa façon d'être d'autre chose, de ce qui remonte jusqu'à l'Intellect, il est nécessaire que l'archétype du tout soit aussi dans l'Intellect, et que cet Intellect soit un monde intelligible (*kósmon noèton*) » (*Ennéades*, V, 9).

On peut cependant admettre que l'idée de la distinction des deux mondes est présente chez Platon, même si le vocabulaire se spécifiera tardivement. Or, l'âme constitue-t-elle une forme de monde à part entière ? Il semble que non. Elle est plutôt cet aspect de l'homme qui a pour fonction de faire le lien entre les deux mondes. En tant qu'elle est inscrite profondément dans notre corps, elle devient même « mortelle », et correspond alors aux parties inférieures, le *thúmos*, déjà rencontré chez Homère, et l'*épithumia* (les désirs sensibles). Et la pensée n'est pas tant le repli sur un monde intérieur que le fait de retrouver en soi des structures intelligibles, des « idées » déjà contemplées. À ce titre, la « mémoire » n'est pas une fonction psychologique, mais une façon de rendre compte de la coappartenance de l'âme à la connaissance. Il ne s'agit pas de plonger dans notre monde intérieur, mais de nous rediriger vers le monde supérieur. Plotin, réinterprétant là encore Platon, considère qu'il faut se dégager du caractère « mythique » de la réminiscence, et penser la mémoire intellective comme une réactivation de traces : « Faut-il en conclure que l'âme ne possédait pas cette image, qu'elle n'en avait pas de réminiscence ? Elle la possédait sans doute, mais inactive, latente, obscure. Pour la rendre claire, pour connaître ce qu'elle possède, l'âme a besoin de s'approcher de la source de toute clarté. Or, comme elle ne possède que les images des intelligibles sans posséder les intelligibles mêmes, il est nécessaire qu'elle compare avec eux les images qu'elle en a. Il est facile à l'âme de contempler les intelligibles, parce que l'intelligence ne lui est pas étrangère ; il suffit à l'âme, pour entrer en commerce avec elle, de tourner vers elle ses regards » (*Ennéades*, I, 2).

Découverte du « monde intérieur » ? Augustin

Dans cette perspective, doit-on à Augustin l'élaboration d'un véritable « monde intérieur » de l'âme ? Le terme « intérieur » est en tout cas présent dans son œuvre, pour des raisons qui tiennent à sa double inspiration, celle du thème du « retour en soi-même » de la conversion plotinienne, et celle de l'« homme intérieur » des *Épîtres* de Paul (par exemple, en *Romains*, VII, 22 : « Je consonne à la loi de Dieu selon l'homme intérieur »). Augustin reprend souvent l'opposition paulinienne entre les deux « hommes », celui de l'intérieur et celui de l'extérieur, que l'on trouve par exemple en 2 *Corinthiens*, 4, 16 : « C'est pourquoi nous ne nous chagrinons pas si notre homme extérieur se corrompt et que notre [homme] intérieur se renouvelle de jour en jour… ». On remarquera d'abord, pour faire écho à Jean-Pierre Vernant, que c'est dans un texte de « confessions » qu'Augustin explore la « profondeur » de l'âme, dans un détachement progressif de cette intériorité par rapport à diverses extériorités : « Alors je me suis tourné vers moi-même, et je me suis dit : « mais toi, qui es-tu ? » Et j'ai répondu : « un homme ». Pour me servir j'ai un corps et une âme *(anima in me)*, l'un appartient au monde extérieur et l'autre est au-dedans de moi » (*Confessions*, X, 6, 9). La « conquête » du monde intérieur reprend une certaine logique platonicienne, dans la mesure où l'opposition entre l'intérieur et l'extérieur ne correspond pas simplement à celle de l'âme et du corps, mais à ce qu'il y a de plus intérieur en l'âme, par exemple la raison, qui reçoit les informations de la partie « extérieure » de l'âme, centrée sur les images sensibles : « L'homme intérieur connaît ces choses par le ministère de l'homme extérieur ; moi, l'homme intérieur, moi l'esprit, je les ai connues par les sens de mon corps. [...] [Les choses créées] parlent à tous, mais ne sont comprises que de ceux qui comparent leur voix du dehors avec la vérité qui est en eux » (*ibid.*, X, 6, 9-10).

Mais c'est avec la « faculté » suivante, la « mémoire », qu'une étape va être franchie. On voit comment Augustin conserve l'idée néo-platonicienne de la conversion en soi-même (la vérité est « à l'intérieur »), mais accorde à la mémoire le sens d'une « profondeur », d'un espace mental, d'un lieu, d'un véritable « monde intérieur » qui n'existait pas dans le platonisme : « Je dépasserai donc cette faculté de ma nature, et me hausserai par degrés jusqu'à Celui qui m'a créé. Et j'arrive aux plaines, aux vastes palais de la mémoire, là où se trouvent les trésors des images innombrables véhiculées par les perceptions de toutes sortes. Là sont gardées toutes les pensées que nous formons, en augmentant, en diminuant, en modifiant d'une manière quelconque les acquisitions de nos sens, et tout ce que nous avons pu y mettre en dépôt et en réserve, si l'oubli ne l'a pas encore dévoré et enseveli » (*Ibid.*, X, 8). La mémoire est donc un lieu paradoxal : sa richesse, sa puissance s'avèrent en effet incapables d'atteindre l'infini divin. On est bien loin ici de la réminiscence platonicienne. Dieu n'est pas une image, mais il n'est pas non plus une idée. Son infinité le fait déborder de toute part mon esprit. Selon la célèbre formule, il est *interior intimo meo et superior summo meo* (« plus intérieur que mon intériorité, plus haut que ma grandeur »). Sous une autre forme, on retrouve la limitation de la mémoire décrite dans son rapport au temps : la mémoire est en quelque sorte « spatio-temporelle », alors que Dieu relève d'un immémorial. On peut donc parler d'un « monde intérieur », dans la mesure où nous sommes bien dans une logique spatiale. D'autre part, cette image est consonante avec le fait que, au cours de son autobiographie, Augustin explore ses pensées et ses affects intimes, par exemple ses péchés les plus douloureux (péché de chair, ou erreur qui lui a fait choisir le Manichéisme). Mais il faut insister sur deux points importants. D'une part, ce monde n'est pas un espace qui serait livré librement à mon exploration. Toutes sortes d'opacités, liées notamment à l'oubli, mais aussi à l'immensité de ce monde, font que je ne peux m'identifier strictement à cette profondeur qui me dépasse. D'autre part, ce monde n'est pas tant intellectuel que « moral ». La fonction de la confession n'est pas tant de se « connaître » au sens d'explorer librement un monde, que de témoigner à celui qui nous connaît par définition : « Au reste, pour toi, Seigneur, dont les yeux dénudent l'abîme de la conscience humaine, qu'y aurait-il de caché en moi, lors même que je ne voudrais pas te le confesser ? » (*Ibid.*, X, 2). Le terme latin *conscientia* peut prendre un sens moral autant que cognitif. Au fond, nous dit Augustin, le monde intérieur ne prend sens que par l'acte de parole qui le fait exister pour nous. N'est-ce pas ce que reprendra la psychanalyse ?

C. Un monde spatial et dynamique : l'inconscient freudien

Le psychisme est pleinement un « monde » pour Freud, au sens où on peut en distinguer à la fois des lieux spécifiques et des modalités de fonctionnement. Nous pouvons distinguer deux grands types de mondes en psychanalyse. D'une part, l'opposition entre l'intérieur et l'extérieur (le désir et la « réalité »), d'autre part, la représentation de ce monde interne du psychisme à travers des « lieux », ce que Freud appelle la représentation « topique ».

Si Freud n'utilise évidemment pas le terme « monde », ce qui lui correspond en un sens est celui de « réalité ». Une de ses affirmations les plus constantes est en effet que l'opposition de l'imaginaire et du réel n'a pas le même sens en psychologie qu'en philosophie. La première réalité est celle du psychisme, qui ne se définit pas tant par des « images » qui lui seraient propres que par sa modalité de fonctionnement, qui est le « désir », qu'il faut entendre précisément comme la recherche la plus directe du plaisir et la fuite du déplaisir. Ce sont ces désirs infantiles, de nature libidinale, qui constituent le fond de l'inconscient. Précisons d'abord la nature du désir, à partir de la définition donnée dans l'*Interprétation des rêves* : « … l'image mnésique d'une certaine perception reste associée avec la trace mnésique de l'excitation résultant du besoin. Dès que ce besoin survient à nouveau, il se produira, grâce à la liaison qui a été établie, une motion psychique qui cherchera à réinvestir l'image mnésique de cette perception et même à évoquer cette perception, c'est-à-dire à rétablir la situation de la première satisfaction : une telle motion est ce que nous nommerons désir ; la réapparition de la perception est l'"accomplissement de désir" ». Ce qui importe, c'est que se construit ainsi dans le psychisme un

« mécanisme » qui va rechercher constamment la satisfaction par la voie la plus courte, et sous forme hallucinatoire. Les rêves sont des exemples visibles dans la vie adulte de ce mécanisme très ancien. Les rêves montrent que l'homme ne cesse de désirer, et d'essayer de réaliser des désirs infantiles. La tâche du moi est d'éviter la réalisation de ces désirs interdits sous une forme consciente : d'où le travail de la censure qui modifie la forme des rêves, qui les déforment pour les rendre acceptables. Cette réalité psychique, première, primitive presque, rencontre le deuxième monde, celui de la réalité « externe », obéissant au « principe de réalité ». Apparaît alors la nécessité de différer la recherche du plaisir, c'est-à-dire de construire un appareil, le « moi réalité », qui a pour fonction de refouler les désirs inconscients les plus « dangereux » et de tenir compte des exigences de la nature et de la culture. Mais, attention : dans l'inconscient, c'est toujours le principe de plaisir qui règne en maître… On le voit dans de multiples cas, qui ne sont pas que pathologiques : le rêve, la vie fantasmatique sont l'exemple type de la force de cette vie psychique dominée par le plaisir. Comment se « représenter » plus précisément cette organisation complexe du monde intérieur du psychisme ? Il faut commencer par préciser que la conscience est un produit tard venu de l'évolution biologique et de la vie humaine, dont le rôle est essentiellement d'essayer de réguler le rapport entre l'intérieur et l'extérieur. La conscience est essentiellement une « surface », ce que Freud reprend à une grande partie de la philosophie et de la psychologie du dix-neuvième siècle. (Schopenhauer, Nietzsche…). En revanche, la construction du monde intérieur comme lieux en rapport dynamiques lui est propre. Il faut toujours s'interroger : qu'est-ce qui peut conduire un auteur à construire un tel modèle de « localisations » ? Dans le cas de Freud, il s'agit d'un procédé commode qui permet de rendre compte d'un des aspects fondamentaux du psychisme :

les rapports entre « systèmes » ou entre « instances ». Le terme de « systèmes » renvoie à la différence de fonctionnement (de circulation d'énergie notamment) se déroulant d'un côté dans le préconscient et la conscience (système « préconscient-conscient »), de l'autre dans l'inconscient. C'est ce qu'on appelle la « première topique ». Le terme instance est employé pour distinguer les trois grandes parties du psychisme que sont le « moi », le « ça » et le « surmoi », ce découpage datant essentiellement des années 1920. Si on peut parler d'un « monde intérieur », c'est bien parce que le psychisme possède des modes de fonctionnement différenciés, et qu'à ce titre, comme Freud le reconnaît lui-même volontiers, la représentation « spatiale » doit être prise avec prudence, car elle risque justement de figer le dynamisme foncier de ce monde des désirs : « Au nombre des remarques sur la théorie du rêve que l'on peut trouver chez les auteurs, il en est une dont je voudrais souligner ici l'intérêt comme point de départ. Le grand Fechner dans sa *Psychophysique* (2e partie, p. 520), émet, après quelques considérations sur le rêve, l'hypothèse que *la scène où le rêve se meut est peut-être bien autre que celle de la vie de représentation éveillée* ; nulle autre supposition ne permet de comprendre les particularités du rêve. L'idée qui nous est ainsi offerte est celle d'un *lieu psychique.* Écartons aussitôt la notion de localisation anatomique. Restons sur le terrain psychologique et essayons seulement de nous représenter l'instrument qui sert aux productions psychiques comme une sorte de microscope compliqué, d'appareil photographique, etc. Le lieu psychique correspondra à un point de cet appareil où se forme l'image. Dans le microscope et le télescope, on sait que ce sont là des points idéaux auxquels ne correspond aucune partie tangible de l'appareil. Il me paraît inutile de m'excuser de ce que ma comparaison peut avoir d'imparfait. Je ne l'emploie que pour faire comprendre l'agencement du mécanisme psychique en le décomposant et en déterminant la fonction de chacune de ses parties. Je ne crois pas que personne ait encore jamais tenté de reconstruire ainsi l'appareil psychique. L'essai est sans risque. Je veux dire que nous pouvons laisser libre cours à nos hypothèses, pourvu que nous gardions notre jugement critique et que nous n'allions pas prendre l'échafaudage pour le bâtiment lui-même. Nous n'avons besoin que de représentations auxiliaires pour nous approcher d'un fait inconnu, les plus simples et les plus tangibles seront les meilleurs. Représentons-nous donc l'appareil psychique comme un instrument, dont nous appellerons les parties composantes : « instances » ou, pour plus de clarté, « systèmes ». Imaginons ensuite que ces systèmes ont une orientation spatiale constante les unes à l'égard des autres, un peu comme les lentilles du télescope. Nous n'avons d'ailleurs même pas besoin d'imaginer un ordre spatial véritable. Il nous suffit qu'une succession constante soit établie grâce au fait que lors de certains processus psychiques, l'excitation parcourt les systèmes psychiques, selon un ordre temporel déterminé » (*L'interprétation des rêves*).

Faut-il en tirer comme conclusion que la représentation « topique », telle que Freud la nommera plus tard, n'est qu'une simple commodité de langage, ou une facilité de représentation schématique ? Freud ne cessera de dire que sa conception du psychisme se distingue de la psychologie « descriptive » par le fait de tenir compte de trois dimensions : une dynamique (direction des énergies), une topique (dans quels « lieux » se déplacent ces énergies), et une « économique » (la répartition des énergies). La topique renvoie donc à un aspect essentiel de la psychanalyse : le fait qu'une représentation, par exemple, n'est pas du tout la même signification, ne remplit pas le même rôle, selon qu'elle est consciente ou refoulée… Ainsi, toute la démarche même de la psychanalyse en dépend, puisqu'il s'agit finalement d'essayer de rendre conscient l'inconscient (ou, pour être plus exact, de permettre à certaines représentations refoulées de trouver une élaboration consciente). On peut formuler les choses encore autrement. L'inconscient, pour Freud, n'est pas un simple « subconscient », c'est-à-dire une zone d'affaiblissement de la conscience. L'inconscient est véritablement un autre « lieu », puisqu'il s'y déroule des processus inconnus du système préconscient-conscient : dans l'inconscient, par exemple, ne règne pas les lois de la logique, de la causalité, du déroulement temporel, etc. L'énergie y circule « librement » entre les représentations. Mais si les conceptions freudiennes restent très fécondes, certains de ses successeurs ont considéré qu'il restait trop attaché à une vision « naturaliste » du psychisme qui rend difficile de donner sa pleine mesure à l'idée que le moi a son propre milieu, ou comme le dit par exemple Winnicott, sa propre « aire ».

D. Le monde intérieur comme « aire » : Winnicott

En effet, le dualisme freudien conduit à une vision très systématique de l'opposition entre le « plaisir » et la « réalité », ou la réalité « extérieure » et la réalité « psychique ». Mais comment s'élabore notre monde intérieur ? Ne faut-il pas qu'il passe par des objets « du » monde, auquel va être conférée une place qui permettra le passage d'un monde à l'autre ? C'est tout l'enjeu de l'idée d'« aire transitionnelle ». Le psychanalyste anglais D. W. Winnicott (1896-1971) a toujours regretté la façon dont ses notions subtiles d'objet et d'aire transitionnels ont été réduites au « doudou » du petit enfant. En 1951, il avait publié *Objets transitionnels et phénomènes transitionnels* (in *De la pédiatrie à la psychanalyse*, p. 109-125), sans doute son article le plus célèbre. Il part de la succion du poing, des doigts ou du pouce par le nourrisson, de la satisfaction et l'apaisement qu'elle procure, et en voit un prolongement dans l'attachement addictif des très jeunes enfants à un objet privilégié qu'il définit comme la « première possession non-moi » : bout de tissu, ours en peluche, objet doux ou dur. Cet objet occupe une place *intermédiaire* à plusieurs titres : il est à la fois au-dehors et au-dedans ou à la limite entre les deux. D'un point de vue extérieur « … il vient du dehors. Ce n'est pas le point de vue du bébé. Pour lui, l'objet ne vient pas non plus du dedans ; ce n'est pas une hallucination ». L'objet transitionnel n'est donc pas l'objet de la réalité intérieure. Il est pourtant investi pulsionnellement « affectueusement choyé, il est… aussi aimé avec excitation et mutilé » et doit survivre aussi bien à l'amour qu'à la haine ou « à l'agressivité pure ». Il doit être immuable, sauf si l'enfant le modifie. Il doit pourtant aussi être animé par l'enfant. Sa possession est acceptée par les adultes, mais elle n'est pas complètement omnipotente.

Conséquence importante du caractère transitionnel de l'objet : il n'y a pas à en faire le deuil : « L'objet est voué à un désinvestissement progressif et, les années passant, il n'est pas tant oublié que relégué dans les limbes. Je veux dire par là que, dans un développement normal, l'objet "ne va pas à l'intérieur" et que le sentiment qu'il suscite ne sera pas nécessairement soumis au refoulement. Il n'est pas oublié et on n'a pas non plus à en faire le deuil. S'il perd sa signification, c'est que les phénomènes transitionnels deviennent diffus et se répandent dans la zone intermédiaire qui se situe entre la "réalité psychique interne" et "le monde externe tel qu'il est perçu par deux personnes en commun" ; autrement dit, ils se répandent dans le domaine culturel tout entier », qui constitue ce que l'on pourrait appeler, en dépassant la lettre de Winnicott, un troisième monde.

Winnicott débouche alors tant sur le jeu, la création artistique ou le sentiment religieux que sur le fétichisme, l'obsessionnalité et des composantes de la tendance antisociale. L'aire intermédiaire se fonde sur une continuité dans le temps de l'environnement extérieur et de certains objets physiques tels que les objets transitionnels. Winnicott pense profondément que l'accès à l'*aire transitionnelle* est un fondement essentiel de la bonne santé psychique. Il est de plus convaincu que cette expérience ouvre aux véritables richesses de l'être humain : art, culture et créativité.

E. Le « mythe » du monde intérieur

Mais ces points de vue philosophique et psychologique ne reposent-ils pas sur un « mythe », une « illusion » ? On peut, pourquoi pas, produire des « modèles », représenter des « lieux », essayer de montrer comment nous élaborons des « aires ». Mais est-ce qu'on ne laisse pas alors échapper l'essentiel : qu'est-ce qui autorise à affirmer l'existence d'une intériorité irréductible, celle de mon « moi » propre ? Depuis Augustin jusqu'à la psychanalyse, la pensée occidentale ne tend-elle pas à réifier des expressions (moi, je pense, je pense le monde, mon monde, etc.) qui ne garantissent en rien la réalité même d'une « intériorité » et d'un monde propre qui me définirait essentiellement. Pris sous sa forme la plus classique, c'est l'idée cartésienne d'une métaphysique du sujet pensant. La possibilité même du doute radical, dans les *Méditations métaphysiques*, suppose en effet que je puisse suspendre toute croyance en un monde extérieur, et même en mon propre corps (mais ce-dernier relève bien de l'extériorité), pour ne conserver que mon pouvoir pur de penser, et mon monde absolument propre, celui de mes « idées », dont je vais faire l'analyse soigneuse, jusqu'à en découvrir une dont l'origine ne peut être « en moi » : celle de Dieu, dont la véracité permettra à l'*ego cogito* de retrouver le monde extérieur, d'abord comme essence des corps, puis comme corps « réels ». Jamais on n'avait poussé plus loin l'idée que la philosophie tout entière se construit sur la solitude du monde des pensées du moi. Avant Descartes, Augustin découvre déjà par le doute le primat de la pensée de l'âme sur toute réalité « mondaine », et à l'autre extrémité, la psychologie moderne ne cesserait de vouloir explorer notre intériorité la plus propre, la plus profonde, ou bien encore la plus « privée ».

Ce dernier terme est celui qui va faire l'objet d'une critique patiente par le philosophe logicien Ludwig Wittgenstein (1889-1951), au point que l'on réduit parfois sa dernière philosophie à cette lutte contre l'« intériorité », selon l'ouvrage d'un de ses commentateurs français, Jacques Bouveresse, intitulé justement *Le mythe de l'intériorité*. L'auteur y résume par exemple ainsi le sens de l'expression anglaise « Egocentric Predicament » (impasse de l'égocentrisme), utilisée par des commentateurs anglo-saxons de Wittgenstein, comme le fait de « prétendre que l'on peut dire quelque chose sur le monde d'un point de vue qui est extérieur au monde dans lequel on se trouve soi-même », Wittgenstein faisant lui-même cette remarque : « Ici cependant le solipsisme nous donne une leçon : il est cette pensée qui est *en voie* de détruire cette erreur. Car si le *monde* est une idee, il n'est l'idée de personne. (C'est ce que le solipsisme ne va pas jusqu'à dire ; il tourne court et dit que le monde est mon idée) ».

Mais que veut dire dénoncer le mythe de l'intériorité ? En réalité, Wittgenstein va s'intéresser à un point précis, celui de la possibilité de délimiter une sphère « privé ». En effet, une des façons courantes de prouver l'existence d'un monde intérieur n'est-il pas d'affirmer l'existence d'un domaine qui nous est propre, celui des sensations, des sentiments, des affects ? Mais la question est alors la suivante : pour justifier de l'existence de ce monde, ne faut-il pas en parler ? Et, s'il s'agit bien de mon intériorité absolue, ne faudrait-il pas alors que je possède un langage particulier, lui-même désigné comme « privé », qui me permettrait de me signifier à moi-même ce qu'il y a d'absolument spécifique en moi-même ? Cette analyse critique est surtout menée dans les *Recherches philosophiques*, ouvrage rédigé entre 1936 et 1946 et publié après sa mort en 1953. S'intéressant dans cet ouvrage à la question du langage, et définissant le langage par ses multiples usages (les « jeux de langage »), il montre ainsi l'impossibilité de définir un « jeu » qui soit adéquat à l'existence de sensations privées. Voici, par exemple, ce que l'on pourrait répondre à quelqu'un qui estimerait que dire « le ciel est bleu » ne contient aucune référence à une sensation privée : « § 276. "Mais ne *voulons*-nous pas *dire* quelque chose de bien déterminé lorsque nous regardons une couleur et que nous donnons un nom à notre impression de couleur ?" C'est littéralement comme si nous détachions l'*impression* de couleur de l'objet vu, à la manière d'une pellicule. (Cela devrait éveiller nos soupçons) ». Faire porter le soupçon, voilà qui traduit bien l'entreprise wittgensteinienne. Il n'affirme pas de thèses *contre* le langage privé ou l'intériorité, il montre par petite touche à quelle bizarrerie le langage nous conduit quand nous essayons de formuler l'existence même de cette sphère. Quel est, par exemple, le sens de l'expression « processus interne » pour désigner le mécanisme de la mémoire ? Wittgenstein pense peut-être aux analyses augustiniennes, ou à Freud. Ce paragraphe montre qu'il ne s'agit pas de « nier » l'existence d'une « réalité interne », mais de s'interroger sur le « sens » qu'il y a à utiliser le vocabulaire de l'intériorité, qui finalement n'ajoute rien à ce que nous constatons : « § 305. "Mais tu ne peux pourtant pas nier qu'il y a, par exemple, dans le souvenir, un processus interne". – Pourquoi cela donne-t-il l'impression que nous avons voulu nier quelque chose ? Quand on dit : "Il y a effectivement ici un processus interne" –, on veut poursuivre ainsi : "D'ailleurs, tu le *vois* bien." Et c'est ce processus interne que l'on vise par l'expression "se souvenir". – Si nous donnons l'impression d'avoir voulu nier quelque chose, c'est parce que nous nous opposons à l'image du "processus interne" ? Nous nions que l'image du processus interne nous donne l'idée correcte de l'emploi de l'expression "se souvenir". Nous affirmons que cette image et ses ramifications nous empêchent de voir l'emploi du mot tel qu'il est ». Ces remarques sont importantes, car elle montre bien que Wittgenstein ne veut pas substituer au « mythe de l'intériorité » une autre construction métaphysique. Sa démarche est « thérapeutique », elle vise à nous défaire de nos mauvaises habitudes de langage, de nos « fictions *grammaticales* ».

Mais n'est-ce pas aussi les limites d'une telle démarche ? Plotin, Augustin, Descartes ou Freud nous demandent-ils de croire à la lettre à l'existence d'un « monde intérieur », comme d'une réalité à part entière ? En un sens oui : l'âme augustinienne ou l'inconscient freudien « existent ». Mais, ce que néglige peut-être la critique wittgensteinienne, c'est que ces auteurs cherchent avant tout à donner un sens à ce monde : peu importe qu'il « existe » au sens métaphysique, ce qui compte c'est ce que nous en faisons : nous référer à nos actes passés comme « péchés », ou nous adresser à un psychanalyste qui nous permette de « comprendre » ce monde intérieur. Si ce sont des « fictions », elles ne sont certainement pas dépourvues de sens, et au fond, on peut aussi estimer qu'Augustin ou Freud sont bien conscients de l'aspect métaphorique des images de la « profondeur », de l'« intériorité » ou de l'« espace ». C'est la question que ne pose peut-être pas suffisamment Wittgenstein : peut-on se passer de ces métaphores ?

VI. Politisation du monde

Si le monde n'est pas qu'affaire de contemplation savante ou de perception subjective, c'est à l'évidence parce qu'en l'habitant, les hommes sont amenés à l'administrer et à le transformer. Le monde, sol commun où vivent tous les hommes, a donc aussi un sens politique…

A. Occuper le monde : le cosmopolitisme et sa critique

Habiter le monde, cela peut vouloir dire se sentir partout chez soi, indépendamment des frontières et des cultures. Ainsi naît l'idée de cosmopolitisme que l'on oppose au nationalisme et à laquelle on attache les notions d'universalisme ou d'humanisme. « *Ubi bene, ibi patria* » (« Là où je suis bien, là est ma patrie ») : cette locution latine, Erasme, surnommé « le prince des humanistes », la faisait sienne. Grand voyageur, il ajoutait : « Je voudrais être citoyen du monde, compatriote de tous ou plutôt étranger à tous ». Mais le cosmopolitisme est-il viable ? N'est-il pas, davantage qu'un sentiment d'appartenance au monde, un refus d'appartenance ?

Le cosmopolitisme antique : de la Nature à l'empire

À la question de quel pays êtes-vous le citoyen, Socrate aurait répondu : « du monde ». Cette réponse, rapportée par Cicéron dans les *Tusculanes*, est sans doute apocryphe. Car on sait que Socrate avait choisi de se suicider plutôt que de quitter Athènes pour enseigner la philosophie ailleurs. Son attachement à sa cité pour laquelle il s'était courageusement battu était viscéral. Ce n'est donc pas avec Socrate mais avec le cynique Diogène qu'apparaît le cosmopolitisme. Originaire de Sinope, Diogène avait en effet été condamné à l'exil et vivant tantôt à Athènes, tantôt à Corinthe, il se disait « sans cité » : le cosmopolitisme est donc originellement un apolitisme qui se justifie par le souci d'être en accord avec la nature et d'échapper à la corruption de toute cité. Renouvelant la figure du philosophe-roi, ne reconnaissant aucune hiérarchie, prétendant descendre d'Héraclès, Diogène n'avait besoin de rien pour exercer sa souveraineté et c'est peut-être pourquoi Alexandre le Grand aurait confié : « si je n'avais pas été Alexandre, j'aurais voulu être Diogène » (Diogène Laërce, *Vies et doctrines des philosophes illustres*, VI, 32). Pourtant, vivant de mendicité, Diogène ne pouvait se réfugier dans la nature. Rebelle aux mœurs de la cité, il n'en demeurait pas moins attaché à son espace : à Athènes, il dormait dans une jarre. À l'égard du politique, il restait donc fidèle à Antisthène, fondateur du cynisme, qui définissait la juste distance qu'il convient d'adopter par rapport aux affaires publiques par la comparaison suivante : « comme on s'approche du feu ; trop loin vous auriez froid ; trop près, vous vous brûleriez » (Stobée, *Florilège*, XV, 28). Est-ce à dire que le cosmopolitisme est factuellement compatible avec l'idée d'une citoyenneté plus localisée ?

Oui si l'on en croit le stoïcisme qui naît à Athènes et atteint son apogée à Rome, villes largement ouvertes aux influences étrangères et donc cosmopolites au sens moderne du terme. À la différence du cosmopolitisme cynique, l'originalité du stoïcisme latin est de soutenir que le monde lui-même est une cité parce qu'il est ordonné et que c'est de lui que les cités justes tirent les règles qui permettent leur bonne organisation. Cicéron écrit à cet égard dans son *De finibus* : « Le monde suivant la doctrine des Stoïciens est régi par la volonté des dieux, il est comme la résidence commune, comme la cité des dieux et des hommes, et chacun de nous est une partie de ce monde, d'où il suit par une conséquence naturelle, que nous devons faire passer l'intérêt de la communauté avant le nôtre. Car, de même que les lois font passer le salut de tous avant celui des individus, de même le bon citoyen, qui est sage, soumis aux lois et qui n'ignore pas son devoir civique songe plus à l'intérêt de tous qu'à celui de tel ou tel ou même au sien » (III, 19, 64). La « sympathie universelle » est donc une loi naturelle qui doit inspirer toute juridiction, chacun étant en tant que membre de l'espèce humaine, citoyen du monde. Il est clair cependant que cette doctrine philosophique qui ne cessera de se développer à l'époque impériale n'était pas dénuée d'intérêts. L'élargissement de la domination romaine impliquait en effet une modification du civisme : il fallait accepter l'autre, l'intégrer dans la Pax Romana, surtout après l'édit de Caracalla qui en 212 donnait la citoyenneté à tout habitant libre de l'empire. L'idée de cosmopolitisme était donc davantage latine que grecque parce qu'en passant de l'échelle de la cité à celle de l'empire, elle pouvait servir les intérêts des césars. Ce que ne manqua pas d'observer ironiquement Plutarque dans son *Contradiction des stoïciens* : « Les disciples du Portique ne peuvent traiter de politique sans affirmer que le monde est unique, qu'il est fini et qu'une seule puissance les gouverne ». Le cosmopolitisme n'est-il alors qu'une idéologie masquée ? Ceci justifierait la critique de saint Augustin qui dans sa *Cité de Dieu* estimait que le cosmos n'est pas une polis car jamais l'unification du monde par la conquête n'apporte une paix véritable. L'expression tirée d'une poésie d'Ovide : *urbi et orbi* (à la ville et au monde) témoigne de ce romano-centrisme qui ruine la pertinence du cosmopolitisme des stoïciens.

Le cosmopolitisme moderne : du fédéralisme au « Tout-monde »

Si le cosmopolitisme avait dû se confondre avec l'expansion à l'échelle de tout l'œcoumène d'un pouvoir impérial, son idée, difficilement défendable, aurait peut-être disparue. Elle renaît pourtant sous la plume de Kant mais au prix de deux transformations majeures : historique et juridique. Quand il écrit son *Idée d'une Histoire universelle d'un point de vue cosmopolitique* (1784), Kant fait du cosmopolitisme (*Weltbürgerlichkeit*) non plus un moyen pour justifier une mainmise sur le monde mais un point de vue ou une intention (*Absicht*) pour penser le mouvement même de l'Histoire. À ses yeux, le destin de l'humanité est de progresser dialectiquement vers son unité politique, c'est-à-dire vers la paix perpétuelle. L'humanité ne fait certes que tendre vers cet idéal mais, croit Kant, il est possible d'en favoriser la réalisation en œuvrant à la mise en place d'un droit international qui reposerait sur la convergence des États ayant adopté une constitution républicaine. Par cette fédération des États que Kant appelle, en référence aux alliances des cités antiques, *Foedus Amphictyonum*, serait rendue possible une « grande société des nations » (septième proposition). Mais le droit international n'est pas pour Kant l'équivalent du droit cosmopolitique qu'il définit dans le troisième article de son *Projet de paix perpétuelle* (1795) comme le droit qui « doit se borner aux conditions d'une hospitalité universelle » et qui permet que l'étranger ne soit pas traité en ennemi dans le pays où il arrive. L'intérêt de l'analyse optimiste de Kant est de montrer que si un cosmopolitisme est possible, il doit reposer sur un fédéralisme des États. Autrement dit : le cosmopolitisme ne serait qu'un despotisme s'il devait faire la promotion d'un « État mondial », idée que

Montesquieu avait déjà combattue. Mais que pourrait être alors un tel cosmopolitisme pour que chacun puisse se sentir citoyen du monde ?

L'échec de la SDN et les critiques récurrentes contre l'ONU invitent à repenser le cosmopolitisme d'une manière qui ne soit pas exclusivement juridique. C'est là aujourd'hui, par exemple, le projet du sociologue allemand Ulrich Beck (né en 1944) qui, tout en appelant de ses vœux la création d'un Parlement mondial, voit dans le cosmopolitisme une prise de conscience du destin commun qui lie désormais toutes les parties du monde dans le partage des mêmes risques : « dans un monde de crises globales et de dangers produits par la civilisation, les anciennes distinctions entre le dedans et le dehors, entre le national et l'international, entre nous et les autres, perdent leur validité et nous avons besoin pour survivre d'un nouveau réalisme, cosmopolitique », écrit Beck dans *Qu'est-ce que le cosmopolitisme ?* (2004). Terrorisme, crises financières, bombe climatique sont des menaces qui ignorent les frontières et légitiment un « point de vue » (*Blick*) nouveau sur l'avenir. Le cosmopolitisme opposé ici à la mondialisation acquiert avec Beck une dimension sociétale. S'il est politique, c'est essentiellement comme contre-pouvoir qu'il prétend avoir droit de cité. Il se décline aujourd'hui dans la pensée écologique ou encore dans les études postcoloniales. On le retrouve par exemple chez le poète-philosophe martiniquais Édouard Glissant (1908-2011) qui avançait le concept de « Tout-monde » pour signifier l'irréversibilité et l'accélération du mouvement par lequel les cultures communiquent et se rapprochent selon une dynamique de « créolisation » qui n'est pas un melting-pot ou un multiculturalisme mais une ouverture à la diversité : « J'appelle Tout-monde notre univers tel qu'il change et perdure en échangeant et, en même temps, la

« vision » que nous en avons. La totalité-monde dans sa diversité physique et dans les représentations qu'elle nous inspire » (*Traité du Tout-monde*, 1997).

Le cosmopolitisme, on le voit, est un concept riche de mutations qui le font sortir de la seule sphère du politique. Mais pourquoi est-il si difficile de se sentir citoyen du monde alors que tout homme est originellement « jeté » dans le monde ?

B. S'approprier le monde : conquête, globalisation et partage

Il s'en faut de beaucoup que les faits corroborent l'idéal cosmopolitique. Ce que montre l'Histoire des hommes, c'est que le monde a bien plutôt été appréhendé comme un objet de conquêtes et de luttes acharnées pour conserver les espaces acquis, le plus souvent par la force. Mais comment l'appropriation des parties du monde peut-elle être justifiée ? Le monde n'est-il pas ce qui doit rester disponible pour tous les hommes et ce à chaque génération ?

La prise de terre selon Schmitt

C'est peut-être à Carl Schmitt (1888-1985) – juriste théologien à la réputation sulfureuse en raison de sa compromission incontestable avec le régime nazi – que l'on doit l'une des formulations les plus originales du problème que pose l'appropriation du monde. Dans *Le nomos de la terre* (1950) Schmitt soutient en effet que ce n'est pas le droit qui précède l'acquisition d'un territoire pour en justifier l'appropriation mais c'est au contraire la « prise de terre » (*Landnahme*), acte pré-juridique, qui donne immédiatement naissance à un « nomos ». C'est pourquoi la terre est « la mère du droit ». Le terme « nomos », que l'on retrouve dans le titre du livre, ne désigne donc pas tant une loi qu'un phénomène premier de division spatiale et de distribution territoriale d'où découle la légitimité d'un ordre juridique. Cette liaison fondamentale entre appropriation de territoire et ordre juridique explique pourquoi la conquête de « nouveaux mondes » n'a pas eu pour motivation profonde l'exploration scientifique de *terra incognita*, ou même l'exploitation économique de nouveaux sols mais la légitimation juridique de la puissance politique qui commandait les expéditions. Ainsi, par exemple, à la Renaissance, avec les premières circumnavigations, la prise de conscience que la terre est un globe et que ce globe est mesurable a engendré un découpage des territoires à partir de l'Europe qui, du fait de sa puissance, a imposé son ordre juridique au reste du monde en se situant elle-même « au centre de la terre ». Les cartographies du globe sont donc « d'emblée politiques », comme en témoigne la lutte que se livrèrent les pays européens pour déterminer « le méridien initial » du système cartographique. Le méridien de Greenwich (situé dans la banlieue sud de Londres où se trouve l'observatoire royal), finalement adopté lors de la conférence de Washington en 1884, ne fut reconnu par les Français, qui, eux, faisaient partir le méridien initial de l'observatoire de Paris, qu'en 1911. Cette reconnaissance tardive entérinait le fait que l'empire britannique s'était indéniablement rendu maître des mers durant les siècles précédents. Car si tout part d'une possession de la terre (qui va de la simple propriété privée aux territoires immenses détenus par les empires), si toutes les disciplines du droit peuvent s'originer dans un certain rapport au sol (de l'usufruit aux échanges inter-étatiques), on ne saurait expliquer l'histoire juridique et en particulier l'histoire du droit publique européen en se référant au seul espace terrestre. En effet la « prise de mer » joue un rôle décisif dans l'histoire du droit international.

À partir du XVIe siècle, la conquête de l'espace océanique (espace distingué de celui des mers intérieures possédées, par exemple, par Athènes ou Venise) a généré une opposition planétaire entre l'ordre terrien du Continent et l'ordre marin tenu par l'Angleterre. Mais, selon Schmitt, la conquête de l'espace aérien, naissante lors de la première guerre mondiale et décisive dans l'issue de la seconde, laisse augurer que les partages frontaliers jusque-là en vigueur ne peuvent plus conserver leur effectivité juridique. Du reste, cette effectivité avait déjà été très affaiblie, sinon détruite, par le Traité de Versailles qui n'avait fait qu'engendrer un désordre spatial et laissé sans réponse la question d'un nouveau nomos de la terre. Inquiet du désarrimage de l'ordre juridique par rapport à son fondement terrien, puis maritime, Schmitt en appelle avec une certaine nostalgie aux conditions qui avaient permis au droit public européen d'instaurer, du XVIIe au XIXe siècle, un ordre juridique relativement stable entre les nations ou du moins susceptible de ne connaître que des guerres « justes », c'est-à-dire conformes au droit de la guerre. Ainsi, selon Schmitt, les manières d'occuper le monde affectent l'ordre juridique qui en découle et peuvent fragiliser la stabilité des relations entre les hommes.

La globalisation pensée par Sloterdijk

Si Schmitt nous éclaire sur la dimension juridique de l'appropriation du monde, le philosophe allemand contemporain Peter Sloterdijk (né en 1947) propose dans *Le Palais de cristal (à l'intérieur du capitalisme planétaire)* (2005) une analyse stimulante pour comprendre comment la globalisation (ou mondialisation), produit d'une longue maturation complexe commencée dès l'Antiquité, reconfigure le monde en le condensant. Nous sommes passés d'une « globalisation cosmico-uranique » (celle des Anciens qui plaçaient la Terre sous un « Ciel » métaphysique), à une « globalisation terrestre » (celle accomplie par les navigateurs de la Renaissance qui, ayant fait le tour du globe, entraînèrent avec eux une nouvelle forme d'économie fondée sur l'investissement et le bien nommé « revenu », celle du « christiano-capitalisme ») et, depuis peu, à une « globalisation électronique » qui, avec ses satellites de télécommunication, entoure la terre d'une « deuxième atmosphère » pour synchroniser toutes les activités humaines. Désormais le monde « est privé de nuit » car « dans l'espace global exploré et représenté, il n'existe plus de temps mort ». S'il n'y a pas d'État mondial, il y a bien un marché mondial auquel nul ne peut échapper. On comprend alors pourquoi Dostoïevski dans la nouvelle : *Mémoires écrits dans un souterrain* (1864) compare la civilisation occidentale à un « palais de cristal » : ayant visité, lors d'un séjour à Londres en 1862, l'immense palais de l'Exposition universelle, dont les dimensions dépassaient celles du Crystal-Palace de 1851, Dostoïevski avait été l'un des premiers à comprendre que la transposition du « monde extérieur [...] dans une immanence magique, transfigurée par le luxe et le cosmopolitisme » n'était qu'un leurre pour nous enfermer dans « un espace intérieur calculé de part en part ». La métaphore du « palais de cristal » est ainsi l'emblème du passage à un monde dominé par le consumérisme cosmopolite dans lequel l'individu perd tout sens critique en prenant pour liberté ce qui n'est que choix entre les objets consommables : dans le palais de cristal qui aujourd'hui fait du monde un « parc d'attractions », « les personnes deviennent plus pâles, les objets plus colorés ».

Pourtant la globalisation n'est pas pour Sloterdijk un processus destructeur parce qu'il restera toujours de « l'incompressible » malgré l'abolition des distances engendrée par la densification des échanges voulus par le mode de vie capitaliste : « il est faux de dire que tout ce qui est étendu disparaît par compression ». Croyant à une « culture de la présence », à une possible « extension locale », couplée avec la « redécouverte de la lenteur », couplage compris comme « insurrection contre le monde rétréci », Sloterdijk rejoint Heidegger et Merleau-Ponty en soutenant que le rapport à l'espace propre à l'homme reste fondamentalement celui d'un « habiter-dans ». Ce que l'homme abandonne à la globalisation, c'est seulement « ce en quoi il ne peut lui-même être présent ». Y échappent donc « la reproduction biologique, la croissance et l'éducation des enfants, la transmission culturelle » qui constituent « les paradigmes les plus puissants de l'incompressible ».

En somme, si la mondialisation est un processus irréversible, sa logique qui fait que le globe semble tourner sur lui-même de plus en plus vite et se condenser toujours davantage, ne tend pas vers un point zéro où le monde engloutirait l'homme en uniformisant toutes ses conduites et ce en dépit du triomphe du consumérisme sous toutes les latitudes. La globalisation révélerait ainsi, et malgré elle, ce grâce à quoi l'homme conserve sa liberté : la singularité de son attachement au monde.

Arendt et le nécessaire partage du monde

La notion de monde prend, chez Hannah Arendt, des acceptions très différentes qui vont de la foule au cosmos. Mais pour la politologue américaine d'origine allemande, cette notion interroge surtout notre capacité au partage. On peut ainsi estimer que son analyse du monde a pour clé l'exclusion ou ce qu'elle appelle la « privation-de-monde » (*worldlessness*). Phénoménologue, son projet est de décrire ce qui peut faire du monde un « monde commun » qui accueille la diversité des hommes et les met en dialogue tout en respectant leur intimité.

On peut soutenir que c'est dans *Les origines du totalitarisme* (1951) qu'Hannah Arendt propose une première approche, négative, de l'idée de monde. Deux figures de l'exclusion y apparaissent. D'abord celle de « l'homme de masse » sur lequel s'appuie le futur chef totalitaire pour accéder au pouvoir. Incapable de « s'intégrer dans aucune organisation fondée sur l'intérêt commun », il constitue avec tous ceux qui, comme lui, se sentent isolés, déracinés, superflus la « masse atomisée ». Mais la masse n'est pas seulement ce qui fait advenir le totalitarisme, c'est aussi ce qui le maintient au pouvoir. D'où la nécessité dans les États totalitaires d'entretenir « l'effet de masse » en multipliant les défilés, les spectacles où prime l'unité du peuple, sa compacité. Dépourvue d'esprit critique, cette foule endoctrinée accrédite la politique de ce « fonctionnaire des masses » qu'est le chef totalitaire. Cette politique se concrétise pleinement dans le camp de concentration, « institution centrale » du totalitarisme. Monde à part, le camp de concentration devient un camp d'extermination qu'Hannah Arendt décrit comme la réalisation de « l'Enfer » sans qu'il soit besoin que « le ciel tombe ou que la terre s'ouvre ». Cet Enfer terrestre est l'ultime espace créé par le totalitarisme après « l'Hadès », où l'on parque les apatrides en les mélangeant avec des opposants politiques et des criminels de droit commun et le « Purgatoire » où l'on condamne aux travaux forcés un nombre croissant de déportés qui bien souvent y meurent d'épuisement. Se réalise donc dans les camps l'éradication de la diversité humaine, autrement dit : le refus du partage du monde. Pourquoi un tel refus ? Hannah Arendt suggère que le refus de partager le monde avec d'autres exprimerait le ressentiment de l'homme contre « le fait qu'il n'est pas le créateur de l'univers, ni de lui-même ».

Mais cette première approche, négative, n'offre de la notion de monde qu'une esquisse. Affinant ses analyses dans *La condition de l'homme moderne* (1958), Hannah Arendt montre d'abord que le monde est ce qui est *artificiel* : « le monde où nous naissons n'existerait pas sans l'activité humaine qui l'a produit ». Il est aussi *durable*. Hannah Arendt distingue en effet trois formes de la vie active : le travail, l'œuvre, l'action. Or l'œuvre, par sa solidité, offre aux hommes « un séjour plus durable et plus stable sur la terre » alors que le travail ne fait que servir le cycle de la vie et donc consomme tout ce qu'il produit. Si le monde est durable, il n'est pas éternel car « les objets du monde finiront par se corrompre, par retourner au processus naturel global d'où ils furent tirés ». Reste que, parce que « l'œuvre de nos mains » nous survit, elle contribue à ériger un « monde commun ». C'est particulièrement vrai des œuvres d'art qui sont « de tous les objets tangibles les plus intensément mondains ». Mais ce monde commun ne se parachève que dans la troisième forme de la vie active : l'action. Celle-ci désigne notre engagement dans le « domaine public » où nous confrontons par la parole nos opinions politiques. Fragile par essence, la parole qui décide de l'action politique n'est légitime que là où il y a débat, c'est-à-dire expression de la diversité des opinions. Le monde commun suppose donc à la fois un « espace d'apparition » et une distance entre les hommes (ce que les Romains appelaient : *inter homines esse*). Ce qu'il exclut, ce n'est pas la diversité mais ce qui, par essence, relève du privé et qui est lié à notre corps : « ce qui a besoin du secret, c'est la part corporelle de l'existence, ses aspects liés à la nécessité du processus vital qui, avant les temps modernes, comprenaient toutes les activités mises au service de la subsistance de l'individu et de la survie de l'espèce. On cachait les travailleurs qui avec leurs corps pourvoient aux besoins [corporels] de la vie, on cachait les femmes qui, avec leurs corps, assurent la perpétuation de l'espèce. Les femmes et les esclaves appartenaient à la même catégorie ; on ne les cachait pas parce qu'ils étaient la propriété de quelqu'un, mais parce qu'ils menaient une vie « laborieuse », vouée aux fonctions corporelles ». Pour Hannah Arendt, contrairement à ce que suggère Merleau-Ponty, ce n'est pas le corps qui fait notre appartenance au monde. Le corps est seulement ce qui nous lie à la nature. Mais cette liaison n'est pas à déprécier. Paradoxalement ce que le monde commun exclut a une valeur essentielle : « Ces quatre murs à l'abri desquels se déroule la vie de famille constituent un rempart contre le monde et en particulier contre l'aspect public du monde. Ils délimitent un endroit sûr sans lequel aucune chose vivante ne peut prospérer. [...] Dans le monde public, commun à tous, les personnes comptent, et aussi l'œuvre, c'est-à-dire l'œuvre de nos mains par laquelle chacun de nous contribue à notre monde commun, mais là, la vie en tant que vie ne compte pas : le monde ne peut pas s'y intéresser et elle doit s'en cacher et s'en protéger ». Ce que déplore Hannah Arendt, c'est que dans le monde moderne la frontière entre privé et public s'estompe parce que désormais « la vie, et non pas le monde, est pour l'homme le souverain bien ». Le monde commun doit donc être défendu aujourd'hui contre l'intrusion de l'intime, car ce monde reste fondamentalement *fragile*, toujours à réaliser : « Partout où les hommes se rassemblent, il est là en puissance, mais seulement en puissance, non pas nécessairement ni pour toujours. Si les civilisations naissent et meurent, si de puissants empires et de grandes cultures déclinent et sombrent sans catastrophes extérieures [...] c'est en raison de cette particularité du domaine public qui, reposant finalement sur l'action et la parole, ne perd jamais complètement son caractère potentiel ».

Quoi qu'il en soit, Hannah Arendt en désignant ce qu'il est légitime d'exclure du monde commun (la vie intime), et d'inclure en lui (la diversité humaine), nous montre de manière originale qu'il n'y a de monde que partagé. Longtemps apatride, Hannah Arendt confiera avoir cru tardivement à l'*amor mundi*. S'il faut aimer le monde, c'est parce que l'histoire révèle qu'il reste inappropriable.

C. Révolutionner le monde : difficile changement

Avec l'apparition au XVIIIe siècle de la notion d'histoire et surtout de progrès, le monde acquiert un sens temporel qui accentue sa dimension politique : agir dans le monde, c'est aussi vouloir le changer, parfois radicalement. Mais peut-on révolutionner le monde ? Sa réalité n'offre-t-elle pas une résistance irréductible à l'encontre de ceux qui veulent, au nom du bien commun, le métamorphoser ? Si l'organisation du monde change est-ce grâce à la volonté des hommes ou malgré eux ?

Hegel et « l'Esprit du monde »

La prise de conscience de l'idée de progrès incite à penser que le monde évolue selon un processus de rationalisation croissante. Spéculant sur la cause de cette rationalisation, Hegel postule qu'un « Esprit » est à l'œuvre dans l'Histoire du monde et qu'en se réalisant il affranchit progressivement les hommes de leur dépendance à la nature, de leur ignorance, de leur individualisme. Comme il l'écrit dans son *Encyclopédie des sciences philosophiques* (1817) : « Le mouvement de l'Histoire est le chemin qui conduit à la liberté universelle de l'Esprit ; c'est l'activité par laquelle se réalise la liberté, le but absolu et final du monde [...] l'Esprit du monde (*Weltgeist*) est Histoire » (§ 548). La tâche du philosophe est donc pour Hegel de faire la phénoménologie des étapes (*Stufengang*) par lesquelles l'Esprit se réalise dans le monde. Dans ses cours sur la philosophie de l'Histoire, dispensés à l'Université de Berlin de 1822 à 1831, il estime ainsi que c'est d'abord en Orient que l'Esprit s'est éveillé, se contemplant lui-même dans le soleil levant. Puis, quittant les grands empires orientaux, il s'est réalisé dans le monde grec en s'individualisant dans une multitude de cités, avant de se rassembler dans le monde romain où émerge progressivement l'idée d'État universel, idée reprise par l'avènement du christianisme et que parachèvera, pense Hegel, le monde germanique en synthétisant dans l'idée de nation le particularisme du peuple allemand et sa quête d'un humanisme qui éclairera les autres nations. Certes ce découpage de l'Histoire universelle qui fait se succéder quatre mondes (*Reich*) en allant de l'Est vers l'Ouest peut faire sourire tant il semble ethnocentrique. Mais il a au moins le mérite de chercher à montrer que le monde ne change pas par hasard et que ses turbulences ont un sens. C'est que pour Hegel l'Histoire du monde est dialectique et violente. Impitoyable, elle est un « Tribunal » qui décide du cours du monde en ne conservant que ce qui le fait avancer : « constituée par la naissance et la mort de l'esprit des peuples particuliers ; cette Histoire est donc en même temps leur *juge* » (Ency. § 548).

D'un point de vue plus politique, Hegel montre qu'une étape décisive de cette Histoire a lieu avec la Révolution française parce que celle-ci se fait au nom de la raison et de la liberté. Mais convaincu que « le monde est uniquement sa volonté » (*Phénoménologie de l'Esprit*, VI, c), le révolutionnaire s'enferme dans un universalisme abstrait, symbolisé par « le vide de l'Être suprême » que Robespierre demandait d'adorer, et finit par s'opposer à toute particularité concrète en décrétant la Terreur : « La liberté universelle ne peut donc produire ni une œuvre positive ni une opération positive ; il ne lui reste que l'opération négative ; elle est seulement la *furie* de la destruction ». Ce que la Révolution révèle, c'est donc que l'Esprit se réalise dialectiquement en rusant avec la raison. Il utilise l'ambition personnelle des grands hommes pour faire advenir un monde nouveau. Tel est le sens de la fameuse phrase : « Rien de grand ne s'est accompli dans le monde sans passion » (*Cours sur la philosophie de l'histoire* II, 2 – La Ruse de la raison) qui signifie que « la raison laisse agir les passions *à sa place* ». Phrase qu'illustre remarquablement le destin de Napoléon : mégalomane qui se fait sacrer empereur, il trahit moins les idées révolutionnaires qu'il ne les diffuse dans toute l'Europe en l'envahissant. Sans en avoir pleinement conscience, obsédé par sa propre gloire, il n'en actualise pas moins l'esprit de son peuple (*Volksgeist*) dont il est l'instrument et cet esprit n'est lui-même que l'instrument de la Raison suivant son cours dans l'Histoire. Ainsi s'explique le mot de Hegel présent à Iéna lors de la reddition de la ville en 1806 : « J'ai vu l'Empereur – cette âme du monde – sortir de la ville pour aller en reconnaissance ; c'est effectivement une sensation merveilleuse de voir pareil individu qui, concentré en un point, assis sur un cheval, s'étend sur le monde et le domine ».

Marx et Lénine : la transformation radicale du monde

« Les philosophes n'ont fait qu'interpréter diversement le monde, ce qui importe, c'est de le transformer », écrit Marx dans sa « onzième thèse sur Feuerbach », thèse reprise dans *L'idéologie allemande* (1845). Que reproche-t-il à ce disciple de Hegel ? D'être comme lui un idéaliste, c'est-à-dire, comme le disait lui-même Hegel du philosophe : un simple « secrétaire de l'Esprit du monde ». Pour Marx, le cours du monde n'est pas l'œuvre d'un mystérieux Esprit qui le rationaliserait en utilisant de manière rusée le désir de gloire des grands hommes. Il dépend bien plutôt des rapports économiques, c'est-à-dire de la lutte pour la détention des moyens de production : « L'histoire de toute société jusqu'à nos jours n'a été que l'histoire des luttes de classes », soutient-il dans le *Manifeste du parti communiste* (1848). Si l'histoire est dialectique comme l'a bien vu Hegel, elle s'articule sur les besoins concrets des peuples : sa base est matérialiste et non pas idéaliste. Et si elle se rationalise, c'est parce que le temps est venu pour les opprimés d'acquérir une conscience de classe, condition de la réussite de leur soulèvement contre leurs oppresseurs et de la mise en place d'un système qui abolira toutes les classes en supprimant l'appropriation privée des moyens de production : le communisme. Ce changement radical appelle une théorisation de la révolution qui après 1850 mènera Marx à se séparer de la « Société universelle des Communistes révolutionnaires » qui appelait à « la révolution permanente » et dont les représentants principaux, Willich et Gottschalk, seront traités par Marx « d'alchimistes de la Révolution ». C'est que, pour lui, le concept de révolution est indissociable de celui de totalité car la révolution ne serait pas opérante si elle ne se faisait qu'à moitié. C'est pourquoi elle se veut un ébranlement cosmique : avec elle, il faut que le monde existant s'écroule afin de laisser place à un autre monde. Pour instaurer un changement radical, la révolution doit donc agir avec la rapidité et la brutalité qui appartient aux grands événements et elle ne peut le faire que si certaines conditions sont réunies. Or du vivant de Marx ces conditions ne sont pas suffisantes. Pour changer de monde, il faut de la patience. Il y a à cet égard une réelle ambiguïté dans la pensée de Marx entre évolution et révolution. L'avènement du communisme est pour lui à la fois une nécessité historique du fait des contradictions internes du capitalisme mais c'est en même temps une évolution qu'on peut provoquer. Cette ambiguïté de Marx est perceptible dans ses commentaires à propos de l'insurrection de la Commune. Il se prononce d'abord contre l'initiative des insurgés parisiens parce qu'il craint un nouveau 1848, une révolution partielle qui, échouant, renforcerait la répression contre les ouvriers, et maintiendrait l'impérialisme du système capitaliste sur le monde. Puis il se ravise : « Peut-être la Commune de Paris tombera-t-elle, mais la révolution sociale qu'elle a entreprise triomphera », commente-t-il dans *La guerre civile en France* (1871), peu avant la fin des événements.

La révolution communiste aura bien lieu comme on le sait, sous l'impulsion de Lénine qui a su tirer les leçons pratiques de l'enseignement de Marx dont il voulait faire « un bloc d'acier ». Dans *Que faire ?* (1902), il estime que six conditions sont nécessaires pour réussir le renversement du pouvoir, comme celle du développement de l'impérialisme qui prépare le caractère mondial de la révolution. Mais, contrairement à Marx, Lénine ne croit pas, comme il l'explique dans *L'État et la révolution* (1917) que l'État bourgeois tombera « comme un fruit mûr ». Il faut provoquer sa chute par la force et s'assurer qu'il ne reviendra pas car « l'affranchissement de la classe opprimée est impossible, non seulement sans une révolution violente, mais aussi sans la suppression de l'appareil du pouvoir d'État qui a été créé par la classe dominante ». L'ambition ultime du communisme jusqu'à Lénine a donc été de faire advenir un monde sans État par la médiation dialectique de la « dictature du prolétariat ». Mais la pertinence de la thèse du dépérissement de l'État est démentie par l'Histoire politique du XXe siècle : la révolution, si elle a bien été violente, n'a pas été mondiale, elle a plutôt clivé le monde entre États socialistes et États libéraux. Doit-on en déduire qu'une révolution mondiale est impossible ? Est-elle seulement souhaitable ? Mais le monde peut-il vraiment changer et devenir meilleur si l'on opte pour la réforme plutôt que pour la révolution ?

D. Inventer des mondes : utopies et dystopies

Aussi violentes qu'elles puissent être, les grandes Révolutions politiques (comme celle de 1776 aux États-Unis, de 1789 en France ou de 1917 en Russie) tirent leur justification du fait qu'elles ne cherchent pas seulement à renverser l'ordre existant mais à produire un monde nouveau. Parce qu'elles ne sont pas nihilistes, l'ontologie du monde qu'elles veulent faire advenir doit donc s'appuyer sur un projet préalablement établi. Telle est la fonction de ces mondes fictifs que sont les utopies : inspirer les acteurs du politique pour réenchanter le monde.

L'utopie paradigmatique de Thomas More

L'utopie, néologisme inventé par Thomas More (1478-1535), désigne un lieu qui n'existe pas (*ou-topos*) mais aussi un lieu où il est bon de vivre (*eu-topos*). C'est donc un espace à la fois imaginaire et idéal. Les spéculations philosophiques sur ce que doit être la cité parfaite remontent à la callipolis de Platon. Mais avec son *Utopia*, parue en 1516, More propose une approche nouvelle de l'idéal de gouvernance. Le livre est en effet divisé en deux parties : la première décrit les affres du monde réel (en l'occurrence les incohérences du système juridique anglais) ; la seconde dépeint un monde imaginaire parfaitement policé. C'est cette structure en diptyque qui donne au texte sa force persuasive car le lecteur ne peut s'empêcher de penser que le monde inventé par More (qui fut, rappelons-le, sheriff de Londres puis chancelier d'Angleterre) peut servir d'inspiration pour réformer le monde réel. Et ce d'autant plus qu'en mettant en intrigue la construction et le fonctionnement de son utopie, More ne tombe jamais dans l'irrationalisme du rêve. Pour preuve de son pragmatisme, on lit, par exemple, que l'une des premières mesures du roi Utopus, le fondateur de la nouvelle cité, fut de creuser un canal afin de transformer la presqu'île d'Utopia en île isolée : la mise en œuvre d'un idéal politique présuppose l'existence d'un espace circonscrit. Ce monde est organisé ensuite de manière à empêcher toute dérive individualiste, toute paresse, facteurs de disharmonie sociale. C'est pourquoi More dessine un monde où l'espace se caractérise par la transparence (les portes des maisons n'ont pas de clé, les fenêtres n'ont pas de rideaux) ; l'uniformité (les villes que compte l'île sont construites sur le même modèle) ; l'équilibre (chaque ville est divisée en 4 quartiers égaux, chaque quartier a son marché ; la démographie est contrôlée de sorte qu'il n'y a ni dépeuplement ni surpopulation). Mais si ce monde, par souci d'égalitarisme, est surveillé et contraignant (par exemple, on ne peut pas se dérober au travail sur l'île car on ne voyage pas librement. Pour aller d'une ville à une autre, il faut une autorisation !), il contient aussi des espaces de convivialité où les repas pris en commun sont agrémentés de jeux, de friandises, de musique. Cependant, sans aller jusqu'à exclure les poètes de la cité, comme le recommandait Platon, l'utopie de More n'échappe pas au défaut du genre qu'il initie : Celui de décrire un tableau définitif de la vie sociale d'où toute temporalité, source d'événements imprévus, semble avoir disparu. « Expérience mentale sur les possibles latéraux », comme l'écrivait Raymond Ruyer dans *L'utopie et les utopies* (1950), l'utopie définit donc un monde possible, spatialisé, organisé mais achevé et donc figé. N'est-ce pas là sa fragilité ?

Une dystopie fondatrice : *Nous autres* de Zamiatine

Si les utopies informent les mondes nouveaux, leur application dans le monde réel trahit souvent ce qu'elles offrent de meilleur. Lénine avait beau avoir fait inscrire sur un obélisque de Moscou le nom de Thomas More, présenté comme précurseur sur le chemin du communisme, nombreux sont ceux qui dès les débuts de l'ère soviétique commencèrent à douter des lendemains qui chantent promis à la société égalitariste voulue par les révolutionnaires de 1917. Parmi les dubitatifs, l'écrivain Evgueni Zamiatine se distingue comme l'un des tout premiers auteurs d'une dystopie (ou contre-utopie), c'est-à-dire d'une fiction dont l'objet est de dénoncer la dimension liberticide et déshumanisante des mondes inspirés par les utopies. Dans son roman *Nous autres*, édité en 1930 à Paris, où, menacé par la censure stalinienne, il finit par s'exiler, Zamiatine décrit une société vivant au XXXe siècle qui a réalisé l'utopie du bonheur parfait : « Vous savez la vieille légende du paradis, c'est nous, c'est tout à fait actuel [...]. Les deux habitants du paradis se virent proposer le choix : le bonheur sans liberté ou la liberté sans bonheur, pas d'autre solution. Ces idiots-là ont choisi la liberté et, naturellement, ils ont soupiré après des chaînes pendant des siècles. [...] Nous, nous venons de trouver la façon de rendre le bonheur au monde ». Le récit se présente comme le journal d'un ingénieur, nommé « D-503 », dont le travail consiste à fabriquer l'*Intégral*, un vaisseau spatial destiné à convertir les civilisations extraterrestres au bonheur, que « l'État unique » dirigé par « Le Bienfaiteur », prétend avoir découvert. Rebelle, amoureux de la mystérieuse I-330 avec laquelle il veut s'enfuir de ce monde sous cloche de verre où tout acte est public, D-503 finit par être arrêté après qu'on ait découvert son journal. Alors que I-330 est exécutée, le héros subit la « Grande Opération » (une lobotomie) et devient un automate. Le monde totalitaire contre lequel il s'est révolté pourra donc imposer sa loi au reste de l'Univers : le bonheur sans la liberté...

L'avenir de l'utopie selon Ricoeur

Inventer des mondes pour améliorer le nôtre n'est donc pas sans risque. Les dystopies sont là pour nous le rappeler. Mais le succès d'œuvres comme *Le meilleur des mondes* de Huxley ou *1984* de Orwell, œuvres qui doivent beaucoup à Zamiatine, ont peut-être pour défaut de contribuer à jeter un regard de défiance sur toute fiction utopique à venir. Or comme le montre Paul Ricœur dans *L'idéologie et l'utopie* (1997), l'utopie constitue avec l'idéologie l'un des deux pôles de l'imaginaire social dont la dialectisation est nécessaire au bon fonctionnement de la démocratie : reproductrice, l'idéologie garantit un ordre, c'est-à-dire la stabilité du monde ; créatrice, l'utopie perturbe cet ordre mais empêche le monde de se scléroser. Aussi peut-on définir l'utopie comme « ce qui maintient l'écart entre l'espérance et la tradition ». Contre le sociologue Karl Mannheim qui croyait au déclin des utopies et à leur réduction en idéologie, Ricœur estime qu'« un monde sans utopie est un monde improbable » car l'idéologie dominante devient de plus en plus « non congruente » avec le temps. À force de distordre le réel pour entretenir son propre mythe, elle éveille d'autant le désir d'un monde alternatif. Reste qu'avec la mondialisation et le triomphe de l'idéologie libérale, « l'expression de toutes les potentialités d'un groupe qui se trouvent refoulées par l'ordre existant » (autre définition de l'utopie) peine de plus en plus à se faire entendre. Proposer un autre monde que le nôtre est peut-être aujourd'hui politiquement plus difficile qu'hier. Ce n'est d'ailleurs pas le moindre des paradoxes que d'observer qu'à l'âge démocratique où la pensée est plus libre de s'exprimer, le désir d'inventer un monde meilleur, c'est-à-dire plus juste, n'inspire guère de nouvelles utopies comme si le consumérisme avait éteint en nous tout sens critique.

VII. Théologies du monde

Pour la théologie, le Monde est d'abord synonyme de Création. Mieux : il est la condition de toutes les autres créations puisque c'est au sein du Monde que prennent place les créatures. Comme le rappelle l'historien des religions Mircea Eliade dans *La nostalgie des origines* (1969) : « la création des animaux, des plantes ou de l'homme présuppose l'existence d'un Monde ». La réflexion sur la création du Monde a donc un caractère primordial. Aussi les Livres sacrés proposent-ils tous des mythes cosmogoniques. L'interprétation de ces mythes par la théologie constitue un effort de la pensée pour comprendre *comment* Dieu crée le Monde et *pourquoi* il le crée.

Mais le Monde est aussi compris par la plupart des religions comme un lieu de séduction. S'il faut y vivre, il ne faut pas s'y perdre. Pour qui aspire à la vie éternelle, il ne s'agit que d'un lieu de passage. Mais comment passer de l'ici-bas à l'au-delà ? Et cet au-delà est-il descriptible, constitue-t-il un autre Monde ?

On puisera ici dans les traditions juives, chrétiennes et musulmanes pour souligner l'originalité culturelle des spéculations religieuses sur l'origine et la fin du monde.

A. Comment Dieu crée le Monde ? L'apport du judaïsme

À lire la *Genèse*, premier livre sacré de la tradition judéo-chrétienne, on s'aperçoit que la Création (*bâra'* en hébreux) a trois caractéristiques essentielles. Elle est d'abord une création *par la parole* et non par engendrement comme chez Hésiode ou par l'artifice comme chez Platon ou encore par la victoire comme dans l'épopée mésopotamienne de Gilgamesh. Cette parole a une valeur performative (« Dieu dit : « que la lumière soit » et la lumière fut ») car, en hébreux, *davar* traduit aussi bien la parole que l'action ; elle a aussi une valeur singularisante : Dieu crée en séparant (« Dieu sépara les eaux qui sont au-dessous du firmament [...] et Dieu appela le firmament "ciel" ») de sorte que chaque chose nommée acquiert par là même son individualité ontologique. Ce qui est indifférencié reste increé. Tel est le cas du Tohu Bohu, équivalent du Chaos grec, qui précède la création du Monde (*tévèl*) et dont on ne peut rien dire. Elle est ensuite une création *par la loi*. Les dix paroles de création renvoient en effet aux dix commandements ; leur tournure à l'impératif laisse penser que le Monde est l'expression sensible de la Torah. L'idée d'ordre à laquelle renvoie le grec « cosmos » et que n'ignore pas l'hébreux lorsqu'il parle d'ordonnances (*huqqot*) ne désigne pas ici seulement une harmonie : elle s'enrichit d'une valeur morale qui fait que le Monde, voulu par Yahvé, est une œuvre de justice. D'où une troisième caractéristique de la cosmologie de la Genèse : la Création est *bonne* en elle-même. Chaque création (la lumière, le ciel, la terre, la végétation, le soleil et la lune, les oiseaux et les poissons, les mammifères, l'homme) est ponctuée par une bénédiction : « Dieu vit que cela était bon ». Pourtant, cette perfection de la Création est bien vite mise à mal par l'attitude de l'homme pécheur. La faute d'Adam et de ses descendants oblige Yahvé à effacer cette première création par le déluge (Gn 7) si bien que le récit de la Genèse apparaît surtout comme le début d'une *recréation* du Monde dont le retour à sa perfection originelle dépendra de l'attitude pieuse de l'homme et du respect de l'Alliance que Yahvé a offerte au peuple élu...

Pour la tradition spéculative juive, le récit de la création du Monde a donné lieu à de multiples interrogations et en particulier celle-ci : si Yahvé précède toute la Création, Il n'est nulle part où Il se confond avec le vide (*Tohu*) et donc n'existe pas. Mais s'Il est quelque part, Il n'est que la partie d'un Tout ce qui contredit sa puissance. Le Monde et Dieu ne s'excluent-ils pas alors mutuellement ? Pour résoudre cette difficulté, on peut se tourner vers l'un des plus célèbres représentants de la cabale juive, Rabbi Isaac Louria (1534-1572). Celui-ci développe à Safed, petite ville de Galilée mais centre important de la pensée hassidique depuis l'expulsion des juifs d'Espagne en 1492, la doctrine dite du « Tsimtsoum ». Le mot signifie en hébreux : « contraction » ou « retrait ». Il sert à décrire, à partir d'une interprétation mystique du livre de la Genèse, la manière dont Dieu crée le Monde. Selon Louria, le premier acte créateur de Dieu ne fut pas de se révéler en s'extériorisant mais de se contracter « de lui-même en lui-même ». L'essence divine s'éclipsa au sein de la lumière de l'Infini (« *En-sof* »). Cet espace vide (« *Tehirou* ») n'était relativement à l'Infini qu'un point infinitésimal mais relativement à la Création, il constituait tout l'espace cosmique. À partir de cette première création, Louria soutient que la lumière divine jaillit dans l'espace vide sous forme d'un rayon en ligne droite pour générer ou plutôt émaner (« *Atsilout* »), l'homme primordial (« *Adam Qadmom* ») mais les lumières suivantes éclatèrent de manière désordonnée, tombèrent dans l'espace vide sous forme d'étincelles dispersées de sorte que la présence divine (« *Chekhina* ») est ontologiquement en exil dans l'espace terrestre. La tâche de l'homme serait alors de rassembler, avec l'aide de Dieu, les brisures de cette présence pour redonner à chaque chose sa place primordiale. Cette entreprise de réparation (« *Tiqoun* ») est la mission des hommes dans l'histoire. Il s'agit là d'une interprétation pour le moins originale de la création du Monde mais elle devait avoir une influence considérable sur les débats cosmologiques du XVIIe siècle. Alors que Spinoza, trop rationaliste pour tolérer le mysticisme de la cabale, opposa à cette doctrine de la création une philosophie immanentiste où le Monde n'a plus besoin d'être créé, Henry More (1614-1687), platonicien de Cambridge et grand connaisseur de la pensée cabalistique, n'hésita pas, lui, à spatialiser Dieu et, par-là, à influencer l'aspect métaphysique de la pensée de Newton.

B. Quel destin pour le Monde ? L'interprétation chrétienne

Si les chrétiens reprennent la conception juive de la Création, ils accentuent la puissance de la parole créatrice de Dieu en remplaçant l'idée du Tohu Bohu par celle du néant : Dieu crée le Monde à partir de rien (*ex nihilo*) ou comme il est écrit dans *Le Pasteur d'Hermas*, œuvre majeure du IIe siècle que l'Église hésita à intégrer au Nouveau Testament : « Tu as fait passer toute chose du néant à l'être » (*ek tou mè ontos*). Mais la spécificité de la pensée chrétienne du Monde est à chercher ailleurs. Si Dieu envoie son Fils dans le Monde, c'est parce que celui-ci est devenu un lieu de perdition. Le Monde désigne alors avant tout le seul univers terrestre habité (*oikouménè*). Du point de vue temporel, il est moins cette création éternelle, ce temps indéfini (*ôlâm* en hébreux) qui témoignait de la puissance de Yahvé qu'un développement historique, une succession de siècles (*aiôn* en grec) qui retient l'homme ici-bas, sous les griffes du « Prince de ce Monde », c'est-à-dire du diable. Cette nouvelle conception du Monde, particulièrement négative, apparaît surtout chez Jean qui, influencé par la pensée gnostique, oppose l'Église et le Monde, la Lumière et les Ténèbres tout en accordant que Dieu a « tant aimé le monde » qu'il a envoyé son Fils pour le sauver. Tension qui se révèle dès le prologue de son Évangile : « le monde fut par lui et le monde ne l'a pas reconnu » (I, 10). Mais c'est plus encore dans les épîtres de Paul que la dangerosité du monde est soulignée avec insistance. Convaincu que le monde « passe », Paul fustige tous ceux qui, comme les philosophes grecs ou les légistes juifs, prétendent en tirer des règles définitives. Ainsi écrit-il aux Romains que Dieu « a rendu folle la sagesse du monde » (Rm 1, 20) et il recommande aux nouveaux chrétiens : « Ne vous conformez pas à ce monde (*aiôn*), mais transformez-vous par le renouvellement de l'esprit » (12, 2). C'est que Paul croit à l'imminence du jugement, comme il le dit aux Corinthiens : « Le Seigneur nous corrige pour que nous ne soyons pas condamnés avec ce monde » (1 Cor, 32). Ainsi le monde n'est-il pour Paul qu'illusion, « décor », comme l'écrit encore Rémi Brague dans *La sagesse du monde* (1999) qui voit que désormais compris comme « imparfait », le monde est logiquement appréhendé comme « provisoire ». L'avènement d'un monde nouveau est en cours s'il est vrai que « toute la création jusqu'à ce jour gémit en travail d'enfantement » (Rm 8, 22). Jésus n'avait-il pas déjà dit : « Le ciel et la terre passeront, mes paroles ne passeront pas » (Mt 24, 35) ?

Si assurément la conception chrétienne du monde s'enrichit de thématiques nouvelles, ce n'est pas sans difficultés pour la pensée. Comment en effet concilier la perfection de l'acte créateur avec l'anticosmisme prêché par Paul et Jean ? C'est peut-être chez Augustin qu'il faut chercher une tentative de résolution du problème et plus particulièrement dans *La Cité de Dieu*, livre écrit au moment de la chute de Rome pour défendre les chrétiens de l'accusation qui leur était faite d'avoir été de mauvais citoyens incapables de défendre « la cité éternelle » à force de mépriser les choses terrestres. Pour exonérer ses coreligionnaires du reproche d'avoir cédé à l'évasionnisme, Augustin commence d'abord par rappeler que la Création est belle. Son argument est transitif : « Outre le témoignage des prophètes, le monde lui-même [...], par la beauté de tous les objets visibles, proclame en silence qu'il a été créé, et n'a pu l'être que par un Dieu ineffablement et invisiblement beau » (11, 4). Mais dans ce monde, l'homme a engendré un autre monde, un monde marqué par le péché. Cependant ce monde n'a pas effacé le premier mais l'a défiguré. Aussi Augustin insiste-t-il sur le fait que le destin du monde n'est pas d'être détruit mais rénové : « C'est par la transformation de toutes choses, non par leur destruction, que ce monde passera » car « c'est la figure qui passe, non la nature » (20, 14). Cette distinction entre figure et nature en appelle une autre, celle entre l'usage (*uti*) et la jouissance (*fruti*) : l'homme parce qu'il vit dans le monde doit « faire usage des biens nécessaires à cette vie mortelle » (XIX, 14) mais il ne doit pas en jouir car le seul amour qui ne passe pas est l'amour de Dieu. Ainsi vivre dans la foi ne signifie pas pour le chrétien qu'il doit fuir le monde mais bien plutôt qu'il ne doit pas le sacraliser : « Ce n'est pas avec le corps mais avec le cœur qu'il faut fuir le monde », écrit Augustin dans le *De dono perseveranciae*. L'homme appartient ainsi à deux mondes ou plutôt deux cités emmêlées (*perplexae*) qui ne seront démêlées qu'au Jugement dernier. Alors la cité des hommes sera reléguée par le royaume de Dieu qu'habiteront ceux qui, dans le temps historique de la cité de Dieu, ont su résister aux séductions de ce monde.

C. Quel monde craindre, quel monde espérer ? Spéculations de la pensée musulmane

S'il n'est pas directement question de monde (*'awàlim* en arabe) dans le Coran, le Livre sacré des musulmans en revanche propose une description précise de la fin des temps et de ces autres mondes que sont le paradis et l'enfer. Ainsi, reprenant la littérature apocalyptique judéo-chrétienne, le Coran la réinterprète en accentuant la puissance d'Allah. Le croyant est invité à chercher dans la Création les signes (*àyàt*) de cette puissance infinie qui règle ou dérègle la Nature comme elle veut : « Dans l'opposition de la nuit et du jour, dans la pluie qu'Allah fait descendre du ciel, par laquelle il fait revivre la terre après sa mort, dans le déchaînement des vents, sont des signes pour un peuple qui raisonne » (45, 5). C'est que l'usage de cette puissance absolue n'a rien d'arbitraire. Ce n'est pas par jeu est-il répété dans le Coran qu'Allah a créé le monde mais pour que celui-ci honore sa puissance. Ainsi même les montagnes sont-elles amenées à prier. Reste que l'homme est de toutes les créatures, celle qui est la plus à même de comprendre les signes qu'Allah met dans sa Création. Ceux qui refusent ces signes (les incrédules) iront en Enfer, lieu clos brûlant, gardé par Malik, secondé par 19 anges, monde qui ne sera créé qu'au jour du Jugement. Mais ceux qui chercheront à les comprendre en se soumettant à la volonté bienveillante d'Allah connaîtront le Paradis (*jannàt*). La célèbre sourate 55 le décrit comme double, étagé, avec un Paradis « Haut » où l'eau coule librement et un Paradis « Bas » où elle doit être pompée. Tapis de brocart, vergers, houris (femmes pures) attendent ceux qui mériteront de « percer les cieux » et « quand le ciel se fissurera » d'aller vivre dans ce monde si désirable. Décrit avec précision, attractif pour les sens autant que pour la raison, le paradis des musulmans incite le croyant à voir dans l'ici-bas les signes de l'au-delà. Mais comment se représenter le passage de l'un à l'autre ?

C'est le mérite du philosophe iranien Sohravardî (1155-1191) d'avoir cherché dans sa *Théosophie orientale* à remanier la cosmologie d'Aristote en la conjuguant à l'ancienne sagesse perse marquée par le zoroastrisme pour décrire cet étagement des mondes que suggère le Coran. Pour ce célèbre penseur chiite, ce n'est plus l'orbe de la Lune qui sert de limite au monde mais le Ciel des fixes qui symbolise la limite entre l'univers angélique de la lumière et de l'esprit et l'univers matériel et obscur en devenir des *barzakh* (terme qui désigne tout ce qui fait écran à la lumière : la Ténèbre pure). Entre les deux se trouve un monde imaginaire (*alam al mithal*) que l'orientaliste Henri Corbin appelle : « l'imaginal ». Il s'agit du monde des Formes et Images « en suspens », c'est-à-dire non immanentes à un substrat matériel, qui se manifestent comme dans un miroir. Ce monde, appelé aussi « Moyen Orient cosmique » est un monde riche (on y retrouve notamment les djinns et les cités mystiques comme Jabalqa, Jabarsa, Hûrqalya) mi-éclairé, mi-enténébré, où les événements qui s'y déroulent ont une réalité plénière bien qu'elle ne soit pas physique. L'organe qui le perçoit en propre est l'imagination active. Cet intermonde, Sohravardi est le premier à en fonder l'ontologie et à lui attribuer trois fonctions : c'est par lui que s'accomplit la résurrection car il est le lieu des corps subtils ; c'est par lui que les visions des prophètes sont véridiques ; c'est par lui que s'accomplit le *tâwil*, exégèse qui reconduit à leur « vérité spirituelle littérale » les données de la révélation coranique. Pour ceux qui adhère à cette interprétation originale du Coran, « l'imaginal » est ainsi le monde qui permet au musulman de donner à ses facultés spéculatives un « objet » satisfaisant propre à l'élever vers le but de sa vie terrestre : atteindre le paradis.

VIII. Le Monde de l'art

S'il y a pertinence à parler d'un monde de l'art, c'est parce qu'il n'en a pas toujours été ainsi... Va-t-il en effet de soi que les œuvres d'art constituent un « monde » à part entière ? Pour cela, il faut que se constitue une réflexion autour de trois aspects. D'une part, celui de l'œuvre elle-même, qui n'est pas seulement perçue comme « belle », ou produisant tel ou tel affect chez le spectateur (ou auditeur), mais qui constituerait un « univers » indépendant, un « monde » au sens où l'œuvre n'est plus l'imitation d'une portion du réel, mais une réalité absolue, et suffisamment riche (la notion de monde supposant en effet un rapport entre l'unité et la diversité). Deuxièmement, il faut que l'ensemble de ces mondes en réduction que constituent les œuvres soit pensé comme une totalité appartenant à un monde « de l'art », c'est-à-dire à une sphère culturelle délimitée et distincte des autres. En ce sens, l'idée de « monde » est liée à l'élaboration d'une histoire et d'une philosophie de l'art qui est inséparable de l'invention du concept de « culture ». Enfin, ce monde peut être mis en rapport avec le « monde intérieur » du créateur, soit la question de l'imagination créatrice. Ces trois façons d'aborder l'art ne sont pas « éternelles ». Elles correspondent avant tout au tournant romantique, qui a érigé l'œuvre en absolu, et en a fait ainsi un « cosmos ». Nous reprendrons ces trois points en commençant par le plus « évident », celui de l'imagination créatrice, en nous penchant ensuite vers l'idée d'art absolu dans le romantisme allemand, pour terminer par la construction progressive de la notion de « culture », qui domine encore aujourd'hui l'idée d'un « monde de l'art », perçu plus récemment comme « marché ».

A. Le monde de l'imaginaire : l'artiste et l'art chez Freud

C'est, là encore, en s'appuyant sur les rapports complexes entre plaisir et réalité que Freud va dégager la place originale de l'artiste, comme celui qui nous permet de « jouir » de notre monde intérieur parce que l'œuvre est pour lui une expression de son propre monde interne, mais traduite en tenant compte de certains aspects du réel. Le poète est libre : la seule exigence qui pèse sur lui est de nous charmer. À condition d'être dotés d'une sensibilité assez fine et d'avoir le courage de laisser parler leur inconscient, les poètes savent la manière d'accorder nos fantasmes avec la réalité. Toutefois, en raison de cette contrainte paradoxale, ils falsifient la réalité que la science, de son côté, étudie moins plaisamment mais plus véridiquement. Freud veut-il dire que le poète fuit une réalité que le scientifique prend à bras-le-corps ? En généralisant, cela veut-il dire que l'artiste se réfugie dans un monde bienheureux, régi par le seul plaisir ? En fait, la position de Freud est plus nuancée : l'artiste occupe une situation intermédiaire entre le plaisir et la réalité.

Sous un certain aspect, il est comme nous tous. Le principe de réalité nous oblige à renoncer à nos plaisirs, y compris sexuels, ou, du moins, à les différer. Nous compensons cette nécessité par divers moyens : jeu, rêve, rêve éveillé… L'activité artistique est proche d'eux : elle permet aussi de se procurer cette compensation, c'est-à-dire de vivre notre désir sur un mode imaginaire. Mais le statut de l'artiste est spécifique : il fuit la réalité pour mieux la retrouver sous une autre forme. C'est ce qui le distingue de chacun d'entre nous. En puisant dans l'imaginaire, il est capable de produire une autre réalité. Il peut, par son œuvre, rendre réels ses désirs refoulés. Précisons ces points.

Comme tout un chacun, l'artiste puise dans le monde de la fantaisie qui compense nos tendances et aspirations hédoniques refusées. Ce monde interne, ce « royaume psychique de la fantaisie », ce *Phantasiewelt*, est comparé par Freud aux réserves naturelles que nous préservons face aux avancées de la civilisation. « Dans l'activité de sa fantaisie, l'homme continue donc à jouir, par rapport à la contrainte extérieure, de cette liberté à laquelle il a été obligé depuis longtemps de renoncer dans la vie réelle. Il a accompli un tour de force qui lui permet d'être alternativement un animal de joie et un être raisonnable. La maigre satisfaction qu'il peut arracher à la réalité ne fait pas son compte… La création du royaume psychique de la fantaisie trouve sa complète analogie dans l'institution des "réserves naturelles", là où les exigences de l'agriculture, des communications, de l'industrie menacent de transformer, jusqu'à le rendre méconnaissable, l'aspect primitif de la terre » (*Introduction à la psychanalyse*, 1917).

En conséquence, le royaume de la fantaisie compense le renoncement au plaisir que la nécessité extérieure a dicté. La compensation est imaginaire ; elle permet de vivre ses désirs sans être troublé par la conscience de leur irréalité. Ce monde imaginaire perpétue un état primitif de plaisir, à la manière d'une réserve naturelle qui permet de nous soustraire en partie au principe de réalité. Or, et tel est le deuxième aspect, si l'artiste demeurait dans ce monde, dans ce royaume, hors réalité, il serait malade. Dès lors, qu'est-ce qui fait la différence entre l'artiste et le névrosé ? La première réponse est celle-ci : alors que le névrosé répète, dans son pouvoir imaginaire, la présence pleine du désir, c'est-à-dire nie la différence entre le fantasme et la réalité, l'artiste, lui, tient compte de la différence entre la fantaisie dont il part et la réalité de l'œuvre à laquelle il parvient par son travail créateur. Pour le névrosé, le monde imaginaire réalise d'une manière hallucinatoire le désir, en opposition à une réalité qui le frustre. À l'inverse, l'artiste produit l'œuvre d'art qui est une œuvre d'imagination, mais bel et bien une œuvre. « On était porté, à partir de là, à s'attaquer à l'analyse de l'activité de création poétique et artistique en général. On reconnut que le royaume de la fantaisie était une "réserve", qui avait été aménagée lors du passage douloureusement ressenti du principe de plaisir au principe de réalité, afin de permettre un substitut pour une satisfaction pulsionnelle à laquelle il avait fallu qu'on renonce dans la vie effective. L'artiste, comme le névrosé, s'était retiré de la réalité effective insatisfaisante et retranché dans ce monde de la fantaisie, mais, contrairement au névrosé, s'entendait à en sortir en trouvant le chemin du retour et à reprendre pied dans la réalité effective » (*Freud présenté par lui-même*, 1925). De surcroît, la démarche artistique implique la présence, au moins potentielle, d'autrui, que l'on va faire entrer dans « son » monde, mais parce qu'existe un monde imaginaire commun, celui des fantasmes fondamentaux.

L'art apparaît donc comme une ruse capable de transformer ce qu'il y a de plus singulier chez l'artiste, la force de son désir, en ce qu'il y a de plus universalisable, en une œuvre dans laquelle chacun va pouvoir réaliser son propre désir. L'artiste réussit le tour de force d'opérer le passage de l'imaginaire en réel. Il transforme son désir en projet unifié et altruiste, constitué dans la reconnaissance de l'œuvre, par la multiplicité des égoïsmes des amateurs d'art. Ils font de son imaginaire une réalité sociale : un monde commun. Comme le dit Freud à propos de Léonard de Vinci : « Ses créations, les œuvres d'art, étaient des satisfactions fantasmatiques de vœux inconscients, tout comme les rêves avec lesquels elles avaient aussi en commun le caractère de compromis, car il fallait qu'elles aussi évitent le conflit ouvert avec les puissances du refoulement. Mais à la différence des productions du rêve, asociales et narcissiques, elles escomptaient la participation d'autres hommes, elles pouvaient susciter et satisfaire chez ceux-ci les mêmes motions de désirs inconscients… » (*Ibid.*).

Pour Freud, le sourire dit léonardesque (que l'on trouve sur les visages de Mona Lisa, sainte Anne en tierce, saint Jean-Baptiste) est le fruit d'un désir insatisfait, celui de la séparation d'un jeune enfant et de sa mère aimante. Il est une œuvre d'imagination qui donne du plaisir ; il est en même temps une réalité qui permet de donner du plaisir au créateur et au spectateur destinataire de l'œuvre. Le sourire bienheureux, monde de tendresse maternelle, est reconnaissable par tous et source universalisable de plaisir. « L'artiste est en même temps un introverti qui frise la névrose. Animé d'impulsions et de tendances extrêmement fortes, il voudrait conquérir honneurs, puissance, richesses, gloire et amour des femmes. Mais les moyens lui manquent de se procurer ces satisfactions. C'est pourquoi, comme tout homme insatisfait, il se détourne de la réalité et concentre tout son intérêt, et aussi sa libido, sur les désirs créés par sa vie imaginative… Il possède en outre le pouvoir mystérieux de modeler des matériaux donnés jusqu'à en faire l'image fidèle de la représentation existant dans sa fantaisie et de rattacher à cette représentation de sa fantaisie inconsciente une somme de plaisir suffisante pour masquer ou supprimer, provisoirement du moins, les refoulements. Lorsqu'il a réussi à réaliser tout cela, il procure à d'autres le moyen de puiser à nouveau soulagement et consolation dans les sources de jouissances, devenues inaccessibles, de leur propre inconscient… » (*Introduction à la psychanalyse*).

Finalement, on voit qu'il est difficile d'isoler complètement les trois aspects que nous avons définis. Ce qui importe, ce n'est pas le pur monde intérieur de l'artiste, c'est la façon dont il va donner lieu à un « morceau de réalité », à une œuvre qui a une valeur objective et qui s'adresse au monde interne du spectateur. Or, le danger de la lecture freudienne n'est-il pas de limiter l'œuvre à être un vecteur d'imaginaire entre deux mondes, celui de l'artiste et celui du spectateur ? Qu'en est-il de la valeur propre du monde constitué par l'objet lui-même ?

B. L'œuvre d'art comme « monde »

L'œuvre comme représentation du monde

L'idée d'une parenté entre œuvre fabriquée et monde est très ancienne. Elle remonte au *Timée* de Platon. Nous savons que la création de l'univers est conçue selon un « discours vraisemblable » qui est une forme de mythe philosophique : le « dieu » est un « artisan » qui façonne le monde. Il commence par le « corps », fabriqué à l'aide des quatre éléments, et il lui donne la forme géométrique la plus belle, dans un geste qui est comparé à celui du potier : « Comme figure, il lui donna celle qui lui convenait et qui lui était apparentée. Au vivant qui doit envelopper en lui-même tous les vivants, la figure qui pourrait convenir, c'était celle où s'inscrivent toutes les autres figures. Aussi est-ce la figure d'une sphère, dont le centre est équidistant de tous les points de la périphérie, une figure circulaire, qu'il lui donna comme s'il travaillait sur un tour – figure qui entre toutes est la plus parfaite et la plus semblable à elle-même –, convaincu qu'il y a mille fois plus de beauté dans le semblable que dans le dissemblable » (*Timée*, 33b). Et, pour mettre ce monde en mouvement, il faut lui donner une « âme » (au sens, grec, de principe de vie et de mouvement) : « Puis, au centre de ce corps, il a placé une âme, il l'a étendue à travers ce corps tout entier et il l'en a enveloppée » (*Ibid.*, 34b). Le plus étonnant, est que l'âme elle-même est produite selon une véritable « fabrication », elle possède un « mécanisme » complexe, permettant de rendre compte des différents mouvements, réguliers (les étoiles « fixes ») et irréguliers (les planètes, ou « astres errants »). Évidemment, cette fabrication ne se fait plus à l'aide de « matière », mais elle mélange l'Être, le Même et l'Autre.

Mais, outre le caractère volontairement « ludique » du texte (il ne s'agit pas de prendre à la lettre la description, mais de comprendre que le monde est une structure complexe mêlant ordre et désordre, dépassés dans un ordre suprême), il faut s'interroger sur la raison de la métaphore artisanale. Cherche-t-elle à valoriser ce travail de l'artiste-artisan ? On peut en douter. L'idée est sans doute plutôt de souligner que tout travail concret n'atteindra jamais la complexité de celui du dieu qui est le seul à s'approcher dans son œuvre du modèle parfait de l'ordre. Il faut aussi peut-être lire sous ce texte une polémique déguisée contre les poètes. Dans la tradition grecque, ce sont eux qui constituent le « monde », au sens où, comme nous l'avons vu, ils offrent une vision cohérente du cosmos. Mais, c'est sur le plan même de l'art qu'il faut ici envisager la question. Or, il est fort possible que Platon veuille opposer le vrai travail de fabrication du monde, à sa simple représentation, si belle soit-elle. Souvent, Platon se moque de ceux qui ne savent qu'« imiter » le réel, et l'artiste mimétique, comme le sophiste, sont comparés à celui qui serait capable de « créer » toutes choses en déplaçant simplement un miroir… Or, compte tenu de l'importance d'Homère dans la culture grecque, et du fait qu'il est justement érigé en type par excellence d'artiste mimétique dans la *République*, on peut songer que le *Timée* offre une « réponse » à un passage particulièrement célèbre de l'*Iliade*, dit du « bouclier d'Achille ». Dans tous les combats, il est essentiel d'essayer de prendre les armes de l'ennemi tué. Hector s'empare ainsi des armes de Patrocle, qui se trouvent être celles d'Achille. Ce dernier a donc besoin de nouvelles armes. Au Chant XVIII, Thétis en fait la demande à Héphaïstos. Elles sont somptueuses, mais le bouclier les dépasse toutes, puisque le forgeron y grave des parties de l'univers et du monde humain : « Il y figure la terre, le ciel et la mer, le soleil infatigables et la lune en son plein, ainsi que tous les astres dont le ciel se couronne [...]. Il y figure aussi deux cités humaines – deux belles cités. Dans l'une se sont des noces, des festins [...] Autour de l'autre ville campent deux armées, dont les guerriers brillent sous leurs armes... ». C'est une véritable image du monde en miniature. Outre la beauté poétique du passage, il fait partie de ces moments de suspension du combat : l'épopée est replacée dans le cadre plus large du monde. Ce passage connaîtra une grande postérité littéraire. On peut citer évidemment l'imitation qu'en fait Virgile dans l'*Enéide* : le « Bouclier d'Énée », au Livre VIII (626-731), qui décrit des scènes de l'histoire romaine.

L'œuvre d'art peut donc « représenter » le monde, nous donner à voir sa complexité, sa richesse, mais aussi son ordre, même si celui-ci n'est pas « métaphysique ». Jusqu'où peut-on aller jusqu'à dire qu'elle est à elle-même un monde ?

L'œuvre comme « monde absolu »

L'esthétique de la représentation est vouée à dominer la culture occidentale. Pas seulement sous la forme dénoncée par Platon. Plutôt selon la doctrine aristotélicienne de l'imitation comme construction par le poète d'un « récit » qui n'est pas le reflet du réel, mais qui le porte à son essence générale, ce qui la rend alors « plus philosophique que l'histoire », car l'historien ne peut viser que le particulier. Par ailleurs, le néo-platonisme, à partir de Plotin, s'inspirera de Platon mais pour insister cette fois sur la capacité de certains artistes à entrer en contact avec le monde supérieur des idées, et à en donner une image, qui n'est donc plus l'image fallacieuse et superficielle du miroir, puisqu'elle possède une trace de ce monde supérieur, nous permettant ainsi d'entrer en contact avec lui : « Si l'on cherche à rabaisser les arts en disant que pour créer ils imitent la nature, nous répondrons d'abord que les natures des êtres sont elles-mêmes les images d'autres essences ; *ensuite que les arts ne se bornent pas à imiter les objets qui s'offrent à nos regards, mais qu'ils remontent jusqu'aux raisons [idéales] dont dérive la nature des objets* ; enfin, qu'ils créent beaucoup de choses par eux-mêmes, et qu'ils ajoutent ce qui manque à la perfection de l'objet, parce qu'ils possèdent en eux-mêmes la beauté. *Phidias semble avoir représenté Zeus sans jeter nul regard sur les choses sensibles, en le concevant tel qu'il nous apparaîtrait s'il se révélait jamais à nos yeux* » (Plotin, *Du beau intelligible*, Ennéades, II, 8).

L'esthétique romantique s'inspire par certains côtés de cette conception métaphysique de l'art, mais le « cosmos » de l'œuvre est moins le reflet du « *cosmos théoros* » intelligible que celui de la nature comme force productrice. D'autre part, le modèle même de l'art est différent : la « poésie » change de sens, car elle devient le genre absolu qui englobe la philosophie elle-même : « La poésie romantique est une poésie universelle progressive. Elle n'est pas seulement destinée à réunir tous les genres séparés de la poésie et à faire se toucher poésie, philosophie et rhétorique. Elle veut et doit aussi tantôt mêler et tantôt fondre ensemble poésie et prose, génialité et critique, poésie d'art et poésie naturelle, rendre la poésie vivante et sociale, la société et la vie poétiques […] » (Friedrich Schlegel, *Athenaeum*, Fragment 116). On a souvent vu dans un tel texte l'annonce du primat d'un genre nouveau : le roman. Il est vrai que ce genre anciennement méprisé conquiert ses lettres de noblesse, notamment avec les grandes œuvres de Goethe (et particulièrement *Les années d'apprentissage de Wilhelm Meister*, publié peu avant, en 1795). Mais il faut prendre garde à ne pas faire du roman un genre comme les autres : c'est bien plutôt une sorte d'œuvre d'art littéraire totale, un monde en soi, qui n'est pas la représentation du monde « réel », ni le reflet d'un monde supérieur, mais l'expression des forces profondes de la nature au sein du génie créateur. Surtout, contrairement à la conception platonicienne qui valorise le « fini », la « forme », la poésie romantique vaut par son infinité : « Elle seule est infinie, comme elle seule est libre, et elle reconnaît pour première loi que l'arbitraire du poète ne souffre aucune loi qui le domine ». Le monde de l'art est maintenant un produit de la « liberté », et non plus de la capacité de l'artiste à contempler les idées. Pensons par exemple à Balzac. La *Comédie humaine* n'est pas un reflet du monde réel, elle est un monde à part entière, avec ses personnages propres, qui révèle, grâce à la puissance géniale de l'écrivain, l'essence absolue du monde.

Comme le théorisera le philosophe romantique Schelling (1775-1854), ce n'est pas à partir du « moi » de l'artiste que l'on peut comprendre le caractère absolu de l'œuvre d'art, mais en partant de Dieu, « l'affirmation immédiate de soi-même », ou le « Tout absolu ». Or, l'art n'est certes pas la manifestation première de Dieu, ni même l'exemple typique de la beauté : c'est d'abord comme nature, ou plus exactement comme « Univers », c'est-à-dire comme « Création », que Dieu manifeste sa beauté : « L'univers est formé en Dieu comme œuvre d'art absolue et dans une beauté éternelle », et l'art lui-même « présente objectivement la création divine, qui repose tout comme lui sur la même uni-formation de l'idéalité infinie dans le réal » (Schelling, *Philosophie de l'art*). Si l'artiste révèle la beauté dans un produit spécifique, Schelling n'en affirme pas moins que « Dieu est la cause *immédiate* de tout art ». Mais, entre Dieu comme Totalité et l'artiste, ce n'est pas la nature qui se présente comme « modèle » à imiter. Schelling définit le christianisme comme le centre spirituel de l'art moderne, qui nous fait passer d'un monde à l'autre, celui de la nature à celui de l'histoire : « La *matière* de la mythologie grecque était la nature, l'intuition générale de l'univers comme nature, la *matière* de la mythologie chrétienne fut l'intuition générale de l'univers comme histoire, comme le monde de la Providence ». Ce point est essentiel pour comprendre que la métaphysique romantique de l'art n'est pas une simple reprise « inversée » du platonisme : la théophanie romantique de l'art est historique, c'est-à-dire se pense dans l'évolution des formes de l'art, ce que Hegel déploiera un peu plus tard dans une histoire métaphysique de l'art.

C. L'art et le monde culturel

Le sous-titre est volontairement ambigu. Car l'on peut voir l'histoire de l'art comme le déploiement d'un monde spirituel que résumerait le terme de « culture », ou traiter le « monde culturel » comme une sphère sociologique dans laquelle se déploient des rapports de force spécifique à l'intérieur du « milieu » culturel.

La conquête d'un nouveau monde : l'art dans l'histoire

Quand Hegel écrit, dans les toutes premières lignes de ses *Leçons d'esthétique*, que leur objet sera « le vaste empire du beau », on pourrait penser qu'il s'inscrit dans la plus ancienne tradition philosophique. D'ailleurs, dans une formule aux résonances platoniciennes, l'art n'est-il pas pour Hegel « manifestation sensible de l'absolu » ? Mais l'absolu n'est plus un « monde des idées » éternel, il est la réalisation de la raison dans l'histoire. L'art appartient donc bien à un nouveau monde, en train d'être théorisé depuis la fin du dix-huitième siècle, celui de la « culture », c'est-à-dire de cet univers matériel et spirituel façonné par l'homme, qui constitue au sens fort son monde propre. Le mot allemand *Bildung* désigne la formation de la conscience, son éducation au contact du monde, des œuvres, qui l'arrache à sa nature première, qui la force à se faire « autre » et à se retrouver soi-même dans cette altérité. On peut voir les choses de deux manières. Soit en constatant, simplement, que chez Hegel l'art est le premier moment de l'Esprit absolu, qui connaît aussi la religion et la philosophie : art, religion et philosophie sont donc les trois créations supérieures de la culture humaine. Mais on peut, inversement, dire que le fait même de considérer l'art et la religion comme moment de l'esprit culminant avec la philosophie suppose de considérer qu'ils n'ont plus la place première qu'ils ont occupée pendant des millénaires, et que ne voir dans l'art et la religion que des produits « culturels »ce sont les voir d'un point de vue supérieur qui révèle leur vérité intime : celui de s'approcher de l'absolu, mais de ne faire que s'en approcher. Bref : l'art et la religion sont voués à être « dépassés » dans la philosophie. Qu'est-ce que l'art finalement ? C'est l'expression par lequel un certain moment de l'histoire de l'humanité, un certain *Volkgeist*, ou « esprit du peuple », se donne à voir ses divinités. Le monde de l'art se comprend donc sur deux plans. Historiquement, comme un progrès des formes depuis l'art symbolique (anciens empires), l'art classique (monde gréco-romain) et l'art « romantique » (en réalité, chrétien). Hegel est le premier philosophe à considérer qu'il faille considérer la « beauté » comme déploiement historique de la totalité de ses formes. D'autre part, sur le plan structurel, il faut analyser la façon dont telle forme artistique correspond au monde spirituel propre à ce peuple.

Citons un exemple célèbre de cette conception novatrice, l'interprétation hégelienne de la peinture hollandaise. La difficulté rencontrée ici est que cette peinture est détachée de toute représentation religieuse, or c'est le rapport étroit entre art et religion qui sert le plus souvent d'assise à l'histoire hégélienne de l'art. Le calvinisme bannit en effet toute représentation sacrée, non seulement de Dieu, mais de l'histoire sainte. D'où le développement du paysage, des scènes de genre, des nature-mortes, du portrait, genres « mineurs » dans la hiérarchie classique qui fait de la peinture d'histoire (histoire sainte et mythologie, histoire ancienne) le grand genre par excellence. D'une part cette peinture a rejeté les sujets religieux, d'autre part elle est centrée sur le réel, sur l'imitation de la nature. Or, Hegel n'a cessé de rejeter le principe d'imitation, puisque l'art est pour lui d'abord chose spirituelle. Pour rendre justice à la peinture hollandaise, il faut donc la saisir dans sa spiritualité, dans son sens dirions-nous aujourd'hui. Ce peuple protestant qui s'est libéré de la domination de l'Espagne catholique et des contraintes de la nature (par la construction des polders) manifeste en réalité dans sa peinture la joie de sa propre liberté conquise sur des obstacles si puissants. Loin d'être superficiels, ces « petits » sujets expriment donc une profondeur, celle de l'esprit tout entier d'un peuple : « Les Hollandais ont trouvé le contenu de leurs tableaux en eux-mêmes, dans l'actualité de leur propre vie », et célèbrent la joie du repos après la conquête : « C'est le dimanche de la vie, qui nivelle tout et éloigne tout ce qui est mauvais ». Lire Hegel aujourd'hui c'est donc apprendre à se détacher du pur formalisme (analyse interne des œuvres) mais aussi d'une histoire de l'art « antiquaire » (soucieuse uniquement de sources) : c'est ressaisir l'art dans le courant profond de l'histoire entendue comme culture, comme esprit, ce monde élaboré par l'homme et qui constitue sa substance propre. Si la peinture hollandaise peut spiritualiser le banal, n'est-ce pas parce que le monde quotidien, en tant qu'il est lui-aussi un produit de l'homme, a déjà une valeur, si on sait la voir avec les yeux de l'esprit ? Pensons par exemple aux *Choses* de Georges Perec, ce roman de la spiritualisation du monde de la consommation marchande, notre banalité à nous…

L'analyse sociologique : champ et monde

Mais l'interprétation hégelienne reste « idéaliste », dans la mesure où la culture est le produit de l'Esprit universel. Le monde de l'art a certes une dimension spirituelle, mais on peut aussi l'analyser plus « scientifiquement ». L'essor des sciences humaines, et singulièrement de la sociologie, a conduit à voir dans l'artiste l'acteur d'un milieu spécifique, celui de l'art, dans lequel s'opèrent des batailles pour la conquête d'une certaine légitimité. Le sociologue Pierre Bourdieu (1930-2002) a ainsi consacré une partie de son œuvre à l'analyse de ce qu'il appelle le « champ » littéraire. La notion de champ est empruntée à la physique : la découverte au dix-neuvième siècle de l'existence d'un « champ de force » électromagnétique remet en cause la représentation de la physique de Newton, dans laquelle les forces sont associées à chaque corps. Ce terme a sans doute été choisi par Bourdieu parce qu'il comprend à la fois l'idée d'autonomie et de dynamisme des forces internes. Mais, ce qui importe dans le cas de la société, c'est surtout la possibilité de différencier d'un côté le monde social global des différents champs qui sont autant de mondes particuliers. On peut ainsi analyser le champ littéraire, ou scientifique, ou politique, etc. Il ne s'agit pas pour le sociologue de multiplier à plaisir les différents domaines, mais de voir comment chacun produit sa propre logique d'interprétation de son rapport au monde social global : « Le processus de différenciation du monde social qui conduit à l'existence de champs autonomes concerne à la fois l'être et le connaître : en se différenciant, le monde social produit la différenciation des modes de connaissance du monde ; à chacun des champs correspond un point de vue fondamental sur le monde qui *crée* son objet propre et qui trouve en lui-même le principe de compréhension et d'explication convenant à cet objet » (*Méditations pascaliennes*). Cette citation complexe signifie qu'un champ n'est pas passif : il est un « point de vue » sur le monde global.

C'est en prenant un exemple précis que l'on peut mieux comprendre cette idée. Bourdieu développe en effet dans un ouvrage entier (*Les règles de l'art*) l'analyse du champ littéraire en France dans la deuxième moitié du dix-neuvième siècle, s'appuyant sur l'exemple de Flaubert, et plus particulièrement de *l'Éducation sentimentale.* Que se passe-t-il de particulier à cette époque, puisqu'aussi bien on peut repérer l'existence de « champs littéraires » divers à travers l'histoire ? Ce qui intéresse Bourdieu, c'est la façon dont l'écrivain investit dans son œuvre une problématique nouvelle, celle de la conquête d'une certaine autonomie de l'écrivain lui-même, dans un monde dont les valeurs dominantes sont la politique et surtout l'argent, le Second Empire voyant l'émergence d'une bourgeoisie d'affaire éloignée des valeurs artistiques et littéraires

« nobles ». Flaubert, comme Baudelaire, sont les témoins d'un écart de l'écrivain par rapport au monde dominant, écart par rapport auquel ils réagissent en érigeant leur art en valeur absolue : « Flaubert, on le sait, a beaucoup contribué, avec d'autres, Baudelaire notamment, à la constitution du champ littéraire comme monde à part, soumis à ses propres lois ». Or, c'est là qu'intervient la lecture du sociologue, qui voit dans l'œuvre d'art – en l'occurrence *l'Éducation sentimentale* – une réflexion sur les rapports même entre les mondes : Frédéric est ce personnage qui est placé au centre de différents champs de force (le monde des affaires, de la politique, de l'art) et qui ne parvient pas à choisir, cette position de retrait étant comme une mise en abîme du « retrait » de l'écrivain dans sa tour d'ivoire, à la différence que l'écrivain véritable (Flaubert) a « su » choisir, en s'engageant dans le travail de l'œuvre. D'où la tâche qui incombe au sociologue : « Reconstruire le point de vue de Flaubert, c'est-à-dire le point de l'espace social à partir duquel s'est formée sa vision du monde, et cet espace social lui-même, c'est donner la possibilité réelle de se situer aux origines d'un monde dont le fonctionnement nous est devenu si familier que les régularités et les règles auxquelles il obéit nous échappent ».

Par définition, l'individu engagé dans un champ n'est en effet pas pleinement conscient des enjeux qu'il rencontre. Certes, il peut savoir « ce qu'il veut », c'est-à-dire à quelle réussite il aspire, mais cela n'implique pas de mesurer ce qu'il possède d'avantages hérités ou incorporés (les *habitus*), les attentes des autres acteurs, les différentes forces en jeu, etc. L'*Éducation sentimentale* est à la fois révélatrice de la crise du champ littéraire, et aussi des forces qui dépassent Flaubert lui-même, qui le conduisent à « choisir » l'art pour l'art pour des raisons qui tiennent à la dynamique même du champ, et non à la liberté de Flaubert ou à la valeur de l'art en tant que tel. C'est là un des intérêts de cette lecture sociologique, que de montrer que l'idée même d'un « monde de l'art » peut s'interpréter à deux niveaux. Le premier, constatif, que l'art appartient à un certain secteur de la société, l'autre, réflexif, qu'à certains moments de la société des forces sont en jeu pour conférer à l'art une valeur absolue « contre » d'autres valeurs, dans une relation conflictuelle entre les champs, dont l'autonomie n'est évidemment que relative. Pour reprendre des termes plus classiques de l'histoire littéraire, Baudelaire et Flaubert, qui se définissent comme antiromantiques (en tout cas au sens banal du romantisme), sont amenés, sans le savoir, à défendre une position que l'on peut qualifier à certains égards d'ultra-romantique (la défense de l'art comme valeur absolue)…

En d'autres termes, même si Bourdieu ne le formule pas ainsi, le monde social de l'art est le lieu de luttes complexes qui sont à l'origine de l'idée de l'œuvre comme « monde », et tout ceci dans une relation conflictuelle avec d'autres mondes, comme celui de la bourgeoisie : « Le dégoût mêlé de mépris qu'inspirent aux écrivains (Flaubert et Baudelaire notamment) ce régime de parvenus sans culture, tout entier placé sous le signe du faux et du frelaté, le crédit accordé par la cour aux œuvres littéraires les plus communes, celles-là mêmes que toute la presse véhicule et célèbre, le matérialisme vulgaire des nouveaux maîtres de l'économie, la servilité courtisane d'une bonne partie des écrivains et des artistes, n'a pas peu contribué à favoriser la rupture avec le monde ordinaire qui est inséparable de la constitution du monde de l'art comme un monde à part, un empire dans un empire ».

Textes commentés

Texte 1

Diogène Laërce, *Vie des philosophes illustres*, II, 8-10, « Anaxagore » (IIIe siècle), tr. P. Tannery.

Il a dit que le soleil était une masse incandescente plus grande que le Péloponnèse (phrase attribuée parfois à Tantale), que la lune avait des demeures et des collines et des vallées ; que les premiers éléments étaient des Homéoméries ; que, de même que l'or est fait de paillettes, de même le Tout est fait de petites parcelles semblables entre elles ; que l'intelligence est le principe moteur, que parmi les corps, ceux qui sont lourds sont en bas, par exemple la terre ; ceux qui sont légers sont en haut, par exemple le feu ; l'eau et l'air sont au milieu, en effet la mer a pris place sur la terre qui est plate, et les particules humides s'évaporent sous l'action du soleil ; que les astres à l'origine avaient un mouvement circulaire, de sorte que la partie apparaissant successivement au sommet de la terre était le pôle ; que plus tard, ils prirent une inclinaison ; que la voie lactée était la réflexion de la lumière des astres qui ne sont pas éclairés par la lumière solaire ; que les comètes étaient la réunion d'astres errants émettant des flammes, et que les étoiles filantes étaient projetées par le vent comme des étincelles ; que les vents naissaient d'une raréfaction de l'air par le soleil, que le tonnerre venait du choc des nuages, et les éclairs de leur friction ; que le tremblement de terre venait du vent qui s'engouffre dans la terre ; que les êtres vivants s'étaient formés d'un mélange d'humidité, de chaleur et de substances terreuses et qu'ensuite ils s'étaient reproduits les uns les autres, les mâles des germes situés à droite, les femelles des germes situés à gauche Il a prédit, assure-t-on, la chute de la pierre dans le fleuve Aegos Potamos : il affirmait qu'elle tomberait du soleil ; d'où vient qu'Euripide, qui fut son disciple, dit dans son Phaéton que le soleil est une « motte d'or ». On dit aussi qu'étant allé à Olympie, il se couvrit d'un manteau de peau en prévision de la pluie qui ne manqua pas de tomber. Quelqu'un lui demandait un jour si les montagnes de Lampsaque ne deviendraient pas une mer. Il répondit : « Oui, avec du temps. » On lui demandait un jour pourquoi il était né : « Pour observer le soleil, la lune et le ciel. »

Commentaire

Anaxagore de Clazomènes (500-428) peut être considéré comme le dernier des grands « physiologues » (penseurs de la nature) grecs avant l'avènement de Platon, Démocrite et Aristote. Il est l'héritier de ces recherches sur la constitution de l'univers qui définissent la spécificité de l'activité philosophique, par opposition aux poètes (les « mythologues »). Son importance historique est considérable, puisqu'il introduit la philosophie à Athènes au milieu du cinquième siècle, ville jusqu'ici éloignée de ce mouvement de pensée. Socrate a très probablement suivi ses leçons, et n'aura pas sa prudence : en effet, d'après la tradition, Anaxagore subit un procès pour impiété, fut condamné à mort, et ne dut son salut qu'à son exil à Lampsaque.

L'originalité de la cosmogonie d'Anaxagore est d'être à la fois matérialiste et anti-atomiste : il critique en effet et l'existence de particules insécables, et l'existence même du vide. Son « impiété » se manifeste dans sa description des astres : la religion grecque fait du soleil un être divin, et l'on retrouve des traces de « religion astrale » chez Platon et même chez Aristote (pour qui, en tout cas, les astres sont dotés d'une âme). L'ambiguïté célèbre du système d'Anaxagore est de faire intervenir l'esprit, sous le nom de « *noûs* » : le *Noûs* « a toute connaissance de tout et le pouvoir le plus grand [...]. [Il] est maître de tout [...] qui a vie ». Pourquoi célèbre ? Parce que nous avons dans le *Phédon* de Platon le récit de la déception de Socrate, qui s'attend à lire dans l'ouvrage d'Anaxagore une explication finaliste de la nature ordonnée par un principe intelligent : « Mais je ne tardai pas, camarade, à tomber du haut de cette merveilleuse espérance. Car, avançant dans ma lecture, je vois un homme qui ne fait aucun usage de l'intelligence et qui, au lieu d'assigner des causes réelles à l'ordonnance du monde, prend pour des causes l'air, l'éther, l'eau et quantité d'autres choses étranges ». Le *noûs* anaxagorien n'est donc pas un principe immatériel, mais il est ce qui donne néanmoins vie et mouvement au mélange primordial des éléments…

On peut comprendre que l'histoire de la pensée grecque a finalement retenu l'opposition majeure entre les doctrines finalistes de l'univers clos (Platon, Aristote, les stoïciens) et l'antifinalisme matérialisme des atomes et du vide épicurien. On peut peut-être le regretter, car cela nous laisse à choisir entre l'absence totale de principe de mouvement (les atomes tombent et dévient sans cause assignable) et l'ordonnancement divin de l'univers. D'où vient le mouvement ? Ce n'est autre que la question la plus fondamentale de la physique que tente d'aborder Anaxagore en évitant ce qu'on peut considérer comme les simplifications de ses successeurs.

Texte 2

Platon, *Critias ou De l'Atlantide* (– 360), trad. Victor Cousin revue

Avant tout, rappelons-nous qu'il s'est écoulé neuf mille ans depuis la guerre qui, d'après les révélations des prêtres égyptiens, éclata entre les peuples qui habitaient au-dehors au-delà des colonnes d'Héraclès et tous ceux qui habitaient en deçà. C'est cette guerre qu'il me faut maintenant raconter en détail. En deçà, c'est notre ville, dit-on, qui eut le commandement et soutint toute la guerre ; au-delà, ce furent les rois de l'île Atlantide, île qui, nous l'avons dit, était autrefois plus grande que la Libye et l'Asie, mais qui, aujourd'hui, engloutie par des tremblements de terre, n'a laissé qu'un limon infranchissable, qui barre le passage à ceux qui cinglent d'ici vers la grande mer. [...].

Autrefois les dieux se partagèrent entre eux la terre entière, contrée par contrée et sans dispute ; car il ne serait pas raisonnable de croire que les dieux ignorent ce qui convient à chacun d'eux, ni que, sachant ce qui convient mieux aux uns, les autres essayent de s'en emparer à la faveur de la discorde [...]. Ayant donc obtenu dans ce juste partage le lot qui leur convenait, ils peuplèrent chacun leur contrée [...]. C'est ainsi que Poséidon ayant reçu en partage l'île de l'Atlantide, installa les enfants qu'il avait eus d'une femme mortelle [...] Il engendra cinq couples de jumeaux mâles et il les éleva. Et il partagea en dix parties toute l'île Atlantide [...]. L'aîné devint roi, au-dessus de tous les autres. Il fit de ceux-ci des princes vassaux [...] À tous, il imposa des noms : le plus ancien, le roi, reçut le nom qui a servi à désigner toute cette île et la mer qu'on appelle Atlantique, parce que le nom du premier roi fut Atlas. [...]

Pendant de nombreuses générations, les rois écoutèrent les lois et demeurèrent attachés au principe divin auquel ils étaient apparentés, mais quand l'élément divin vint à diminuer en eux, par l'effet du croisement avec de nombreux mortels. Ils tombèrent dans l'indécence [...] Alors le dieu des dieux, Zeus, qui règne suivant les lois et qui peut discerner ces sortes de choses, s'apercevant du malheureux état d'une race qui avait été vertueuse, résolut de les châtier [...]

Commentaire

Si le mythe de l'Atlantide est bien connu, rares sont ceux qui savent que la seule source qui nous permet d'y accéder est le philosophe Platon. C'est en l'occurrence seulement dans trois pages du *Timée* et dans le *Critias*, dialogue inachevé, que nous est raconté le destin funeste de ce monde englouti depuis déjà plus de onze mille ans. Car, comme l'indique le début de l'extrait, ce n'est pas seulement une ville mais bien une île continentale « plus grande que la Lybie et l'Asie », comme le disait déjà Platon dans le *Timée*, qui a fini par disparaître sous les eaux océaniques justement nommées atlantiques. Si cette disparition est due, d'après la mémoire qu'en gardent les sages égyptiens, à une succession de catastrophes naturelles – essentiellement des tremblements de terre sous-marins –, la fin du *Critias* suggère bien plutôt que le monde de l'Atlantide a mérité son destin. Ce monde échu à Poséidon, qui s'étendait jusqu'aux colonnes d'Hercule (surnom du détroit de Gibraltar), et qui tirait son nom d'Atlas, monde décrit pourtant comme prospère, a finalement été châtié par Zeus. Pourquoi ? Le *Critias* ne nous donne pas les motivations exactes de ce châtiment. Mais on peut penser qu'appartenant à un âge d'or, l'île, initialement administrée par les dix fils que Poséidon avait eu avec une mortelle, rois qui la gouvernaient en bonne entente, n'a pas su conserver son harmonie : de génération en génération ses habitants, sûrs d'eux-mêmes, n'ont pu s'empêcher de finir par faire la guerre aux mondes voisins et tout particulièrement à une Athènes archaïque, elle-même mythifiée par Platon. Par-delà le contexte qui fait de l'Atlantide une sorte de Sparte idéalisée qui se serait corrompue en se lançant dans la guerre du Péloponnèse, le but du mythe est sans doute de montrer que la cité idéale décrite dans *La République* doit rester une cité autarcique : elle n'a pas besoin de s'étendre impérialement pour être souveraine parce que son harmonie est fondée sur la vertu de justice et non prioritairement sur celle de courage, vertu requise pour mener et gagner la guerre. Si le monde de l'Atlantide a été englouti, c'est donc parce qu'il n'a pu résister à la démesure (à l'*Ubris*), c'est-à-dire à la tentation d'exercer sa puissance sur les mondes avoisinants.

Texte 3

Lucrèce, *De la nature*, Livre I, v. 951-982 (Ier siècle av. J.-C.), tr. H. Clouard

Tu sais déjà que les éléments de la matière sont solides, et voltigent éternellement, sans être vaincus par les âges : examinons à présent si la somme des atomes est bornée ou infinie ; voyons de même si le vide que nous avons trouvé dans la nature, c'est-à-dire le lieu ou espace au sein duquel les corps agissent, est terminé de toutes parts, ou s'il a une étendue et une profondeur immenses.

Le grand tout (*omne quod est*) ne se termine dans aucun sens ; car autrement il aurait une extrémité. Mais un corps ne peut en avoir, je pense, si on voit au-delà quelque chose qui le limite, et qui empêche la vue de passer outre. Or, puisqu'il faut avouer que rien n'existe au-delà du monde (*summam*), le monde n'a donc aucune extrémité, et par conséquent il n'a ni fin ni mesure. Peu importent les régions où tu es placé : quelque lieu que tu occupes, un espace sans bornes te restera ouvert en tous sens. En supposant même que le grand tout (*omne quod est*) finisse, si un homme va se placer au bout du monde, comme le dernier point de ses dernières limites, et que de là il jette une flèche ailée ; lequel aimes-tu mieux, ou que le trait, lancé avec force, aille là où il a été envoyé, et vole au loin ; ou que je ne sais quoi l'arrête, et lui fasse obstacle ? Car il faut choisir ; et, quelque parti que tu prennes, tu ne peux nous échapper, et tu es réduit à accorder au monde une étendue infinie. En effet, soit que la flèche, arrêtée par un obstacle, ne puisse achever sa course et atteindre le but, soit qu'elle passe outre, elle ne part pas de l'extrémité du monde. Je te poursuivrai ainsi ; et, dans quelque lieu que tu fixes des bornes, je te demanderai ce qui arrivera à la flèche. Il arrivera que, pour lui faire place, les bornes reculeront, et le monde se prolongera sans cesse.

Commentaire

Il faut se défaire de l'idée que la représentation grecque du monde est uniformément celle d'un cosmos fini. D'où vient cette idée d'ailleurs ? Elle est compatible avec l'image biblique de la nature créée, et le Moyen-Âge s'appuiera d'abord sur une vision platonicienne, puis, à partir du treizième siècle, sur les traités d'Aristote complétés par ce que l'on connaissait alors de l'*Almageste* de Ptolémée. Ce n'est d'ailleurs que tardivement, au quinzième siècle, qu'un manuscrit de Lucrèce est retrouvé dans un monastère, et que son édition redonnera de la vigueur à l'idée de la pluralité des mondes, thèse de toute façon hétérodoxe au regard de la conception théologique dominante. Et ce n'est finalement qu'au dix-septième siècle que s'impose progressivement l'idée qu'un monde infini n'est pas incompatible avec la théologie (le pouvoir créateur de Dieu étant infini). Mais, comme on le voit bien dans cet extrait, les thèses proprement atomistes sont inassimilables, puisqu'elles ne reposent pas seulement sur l'idée d'infinité des mondes particuliers à l'intérieur de la totalité de ce qui est (*omne quod est* : « tout ce qui est » : le monde comme tout du réel) : la production de ce réel est en outre due à des causes purement physiques. La première : l'existence d'une infinité d'« atomes », c'est-à-dire de corps parfaitement solides et non sécables. La seconde : l'infinité de l'espace dans lequel chutent les atomes. La troisième : la déviation (*clinamen*) aléatoire de ces chutes qui permet seule d'expliquer la rencontre de ces atomes, et leur agrégation. C'est ce que l'on résume en disant que l'univers lucrétien est le produit du hasard et de la nécessité.

Plus précisément, ce passage critique les arguments aristotéliciens sur la limite de l'univers. Lucrèce reprend un vieil argument : par une expérience de pensée, supposons un homme situé à la limite du monde, et qui lancerait une flèche : que deviendrait-elle ? Il faut comprendre que pour Aristote, au-delà de la limite, il n'y a pas de « vide », il n'y a littéralement « rien ». La limite du monde est celle du réel. Par une simple expérience de pensée, on peut montrer l'absurdité de cette limite absolue entre l'être et le non-être. L'infini atomiste n'est donc pas celui de la métaphysique classique : il est purement physique, et n'implique nulle différentiation entre un simple « indéfini » et l'infini absolu qu'est Dieu : Lucrèce ne saurait être un modèle pour le dix-septième siècle. Mais on peut aussi remarquer que les métaphysiciens classiques critiquent aussi la physique de l'atome : par quel argument peut-on en effet arrêter la division de la matière (argument déjà utilisé par Anaxagore) ? Pour Descartes ou Leibniz, elle est indéfiniment divisible : voilà l'atomisme antique pris en quelque sorte à son propre piège…

Texte 4

Thomas d'Aquin, *Traité sur l'éternité du monde* (*De aeternitate mundi contra murmurantes*) (1271), traduction Vivès revue

À l'égard de l'hypothèse, soutenue par la foi catholique, que le monde a eu un commencement dans la durée, on a soulevé l'objection suivante : aurait-il pu être toujours ? [...] Il faut donc voir s'il y a une contradiction conceptuelle entre ces deux propositions : que quelque chose soit créé par Dieu et, cependant, qu'il ait toujours été ; et quelle que soit à ce propos la vérité, il ne sera pas hérétique de dire qu'il *peut* être fait par Dieu que quelque chose de créé par Lui ait toujours été [...] Car comme la toute-puissance de Dieu est au-dessus de toute pensée et de toute intelligence, on ferait injure à sa toute-puissance, en soutenant que les créatures peuvent imaginer quelque chose qui soit impossible à Dieu. [...] On montre ainsi que ces deux réalités ne sont pas contradictoires : si, en effet, elles sont contradictoires, ce ne peut être qu'à cause de l'une de ces deux raisons, ou des deux prises ensemble : ou bien parce qu'il faut que la cause efficiente précède dans la durée l'effet qu'elle produit, ou bien parce qu'il faut que le néant précède l'effet dans la durée parce que l'on dit créé « à partir de rien » ce qui est créé par Dieu.

Nous allons prouver d'abord qu'il n'est pas nécessaire que la cause efficiente, c'est-à-dire Dieu, soit préexistante à son effet, s'Il le veut. En effet aucune cause qui produit son effet soudainement ne précède son effet dans la durée ; or Dieu est une cause qui produit son effet, non point par un mouvement, mais soudainement ; il n'est donc pas nécessaire qu'il précède en durée son effet [...]

Nous avons à examiner maintenant s'il répugne à la raison de dire qu'une substance créée a toujours été, parce qu'il est nécessaire que son néant soit antérieur à sa création, pour qu'il soit vrai de dire qu'elle a été faite de rien. Mais que ce ne soit pas contradictoire, une phrase d'Anselme le montre, dans le *Monologion*, chapitre 8, quand il explique en quel sens la créature est dite faite à partir de rien. [...] on dit qu'une chose a été faite à partir de *rien (de nihilo)*, quand nous voulons dire qu'il n'y a pas quelque chose *(aliquid)* à partir de quoi elle a été faite. [...] D'où il suit que, d'après cette exposition de notre pensée, il n'y a aucune relation d'existence entre la création et le néant, à ce point qu'il eût été nécessaire que la créature eût commencé par n'être rien et ensuite qu'elle reçût l'être.

Commentaire

Le *Traité sur l'éternité du monde* constitue la position ultime que Thomas d'Aquin a adoptée dans la célèbre controverse cosmologique qui opposa les théologiens du XIIIe siècle. La redécouverte des œuvres d'Aristote, que la pensée musulmane avait conservées et commentées, posait un problème redoutable pour la conception du monde que défendait l'Église. Pour Aristote le monde supra-lunaire est ingénéré, c'est-à-dire éternel. Or les Écritures, et tout particulièrement la *Genèse*, enseignent que l'intégralité du monde a été créée par Dieu. Foi et philosophie semblent donc ici inconciliables. En 1215 le concile de Latran, suscité par la lutte contre l'hérésie cathare, avait d'ailleurs tenté de couper court aux spéculations des théologiens en interdisant d'enseigner la doctrine de l'éternité du monde. Mais, Thomas d'Aquin, attaché à christianiser Aristote, ne pouvait sans examen rejeter la pensée du stagirite. La thèse qu'il défend est pour le moins originale : il estime qu'il était possible à Dieu, en raison de sa toute-puissance, de créer un monde éternel mais que tel n'a pas été son choix. C'est notre imagination et non pas notre intellect qui nous trompe lorsque nous jugeons contradictoire l'idée de création et l'idée d'éternité. Plus précisément, comme le montre le texte, Thomas explique que l'affirmation de l'incompatibilité des thèses repose sur une conception erronée du temps et du néant. Lorsque Dieu crée, son action ne relève pas d'un mouvement qui supposerait un commencement : elle est immédiate ; son antériorité est logique et non pas chronologique. La création est une relation et non pas un changement ou une succession. Autrement dit en créant le monde, Dieu, cause séparée et absolue, crée aussi le temps. Quant à l'idée qui veut que le néant précède l'être d'où il est tiré, elle n'implique pas davantage une préexistence du néant : En créant le monde, Dieu crée *et* le temps *et* la matière dont le monde est fait. Foi et philosophie sont donc compatibles dès lors qu'on aborde le débat cosmologique par la modalité logique du possible. On observera que la pensée de Thomas offre une alternative intéressante au criticisme de Kant. Alors que pour ce dernier, on ne peut démontrer *ni* que le monde est créé, *ni* qu'il est éternel, Thomas soutient qu'on peut démontrer qu'il est possiblement *et* créé *et* éternel.

Texte 5

Dante Alighieri, *La Divine Comédie*, *Enfer*, chant 34, v. 100-139 (vers 310), trad. Lammenais revue

« Avant que, grâce à toi, je quitte cet abîme, ô mon maître, lui dis-je, après m'être levé, parle-moi donc un peu, pour me tirer d'erreur. Où reste le glacier ? Et pourquoi celui-ci reste-t-il tête en bas ? Et comment le soleil peut-il passer du soir jusqu'au matin, si vite ? »
Il répondit alors : « Tu penses toujours être en deçà du centre où je me tins aux poils de cet horrible ver qui fait au monde un trou. Tu restais au-delà, tant que je descendis : mais, en me retournant, je t'ai fait dépasser le point où tous les poids tendent de toutes parts. Tu verras maintenant l'hémisphère

opposé à celui qui contient les grandes terres sèches, juste au-dessus du point où fut sacrifié Celui qui vint au monde et vécut sans péché ; et tu poses les pieds sur la place précise qui de la Giudecca fait la face opposée. Or, il fait jour ici lorsqu'il fait nuit là-bas. Celui-ci, dont les poils nous ont servi d'échelle, reste planté toujours comme il le fut d'abord. C'est de ce côté-ci qu'il est tombé du Ciel : la terre, qui d'abord s'étendait jusqu'ici, recula d'épouvante et se cacha sous les mers. Elle se retira dans notre autre hémisphère ; et c'est en le fuyant, à la place des terres qui s'éloignaient d'ici, qu'elle a produit ce creux. Et cet endroit se trouve à la même distance des pieds de Belzébuth, que l'empire des morts : aucun œil n'y parvient, mais on entend le bruit produit par un ruisseau qui vers lui se dirige par les concavités que la molle descente de son cours sinueux creusa dans le rocher. »
Nous partîmes tous deux par ce sentier caché, afin de retourner enfin au monde clair, et sans nous soucier de prendre du repos ; et nous montâmes tant, lui devant, moi derrière, que par un rond pertuis j'aperçus à la fin tous les jolis objets que supporte le Ciel, et nous pûmes sortir et revoir les étoiles.

Commentaire

C'est à Dante que l'on doit la représentation de l'enfer la plus précise de toute la littérature occidentale. Les 34 chants qui composent la première partie de la *Divine Comédie* et qui n'en constituent qu'un tiers, n'accumulent pas pêle-mêle les lieux où les condamnés subissent leurs tourments éternels. Ils les étagent suivant une logique graduelle inspirée notamment par la nomenclature grégorienne des péchés capitaux et la lecture de l'*Éthique* d'Aristote, logique qui en accentue la cruauté, au fur et à mesure que Dante, guidé par le poète Virgile, descend dans le gouffre infernal. Ainsi le monde d'en bas est-il bien un monde et non un chaos. À tel point d'ailleurs que Galilée tentera d'en calculer la grandeur. Cône renversé, sorte de mégaphone d'où montent les cris de douleur des damnés, l'enfer est composé d'un vestibule (ou Ante-enfer) et de neuf cercles, le huitième où sont châtiés les trompeurs étant lui-même subdivisé en dix fosses. Tout en bas, au cœur de la terre, le lieu le plus éloigné de Dieu, se trouve Lucifer, l'ange tombé du ciel qui a creusé ce trou immense par sa chute et qui, « prince de ce monde » en occupe le centre. La fin du dernier chant de l'*Enfer* proposé ici explique comment Dante et Virgile parviennent à sortir de cette horrible prison noire et glacée d'où les suppliciés, eux, ne peuvent s'échapper. Obligés de s'accrocher au corps décharné, velu et infecte de Lucifer, tandis que celui-ci dévore continûment les trois plus grands traîtres de l'Histoire (Juda, Brutus et Cassius), les deux voyageurs parviennent de l'autre côté du centre de la terre où pendent les jambes du diable. Mais Dante, qui se trouve désormais à l'exact antipode de la Giudecca, la zone la plus petite du Cocyte, le fleuve des enfers, peine à comprendre que le monde s'est inversé parce qu'en changeant d'hémisphère le haut devient le bas. Remis de son vertige, il peut désormais espérer revoir les étoiles en suivant, toujours accompagné de Virgile, un petit ruisseau qui évoque les eaux du Léthé. Mais ce retour à l'air libre et à la clarté du jour, n'est qu'une transition car c'est maintenant vers la montagne du Purgatoire qu'il lui faudra pérégriner.

Texte 6

Giordano Bruno, *De l'infini, de l'univers et des mondes*, Premier dialogue (1584), notre traduction

Filoteo. Je dis que l'univers est tout infini, puisqu'il ne possède pas de bord, de limite et de superficie ; je dis que l'univers n'est pas totalement infini, parce que chacune de ses parties que nous pouvons considérer, est finie, et chacun des mondes innombrables qu'il contient est fini. Je dis que Dieu est tout infini, parce qu'il exclut de soi toute limite et chacun de ses attributs est un et infini ; et je dis que Dieu est totalement infini, parce qu'il est tout entier dans le monde tout entier, et il est infiniment et totalement dans chacune de ses parties ; au contraire de l'infinité de l'univers, qui est totalement en tout, mais non dans ces parties (si tant est que nous pouvons dire que l'infini possède des parties) que nous pouvons comprendre à l'intérieur de l'univers. [...] Par conséquent, toutes les raisons qui nous conduisent à affirmer nécessairement que notre monde est harmonieux et bon en tant qu'il est fini, doivent nous conduire à affirmer que les innombrables autres mondes sont également harmonieux et bons ; et, par la même raison, la toute-puissance divine ne saurait envier leur existence ; au contraire, s'ils n'existaient pas, on pourrait la blâmer d'avoir laissé un vide – ou si l'on ne veut pas dire vide, un espace infini – par manque de volonté ou manque de puissance. Et, dans ce cas, non seulement l'être suprême se verrait privé d'une perfection infinie, mais cette majesté infinie actuelle manquerait d'efficience dans la production des choses créées (*fatte*) – si elles sont créées (*fatte*) – ou des choses dépendantes – si elles sont éternelles. Et par quelle raison pourrait-on admettre que l'agent qui peut faire un bien infini ferait un bien fini ? Et s'il le fait fini, pourquoi devrions-nous croire qu'il pourrait le faire infini, alors qu'en lui la puissance et le faire sont tout un ? Puisqu'il est immuable, il n'y a aucune contingence dans son opération et dans son efficace, mais par une efficace certaine et déterminée découle immuablement un effet certain et déterminé ; si bien qu'il ne peut être autre qu'il n'est ; il ne peut être tel qu'il n'est pas ; il ne peut pouvoir autrement qu'il ne peut ; il ne peut vouloir autrement qu'il ne veut ; et, nécessairement, il ne peut faire autrement que ce qu'il fait ; étant bien compris que c'est seulement dans les choses muables que la puissance se distingue de l'acte.

Commentaire

De tels textes devraient faire davantage pour « réhabiliter » Giordano Bruno que sa statue expiatoire du Campo dei Fiori, typique du scientisme du dix-neuvième siècle. Certes, Bruno a été condamné au bûcher en 1600. Mais il serait inexact d'en faire un « martyr de la science ». La disparition des pièces du procès rend difficile de connaître très exactement les raisons de sa condamnation, après dix ans d'emprisonnement. Les spécialistes suggèrent néanmoins que c'est bien plus ses œuvres « magiques » et ses fréquentations de milieux alchimiques sulfureux en Angleterre qui ont déterminé l'Inquisition. Ses textes proprement philosophiques ne sont certes pas théologiquement orthodoxes, mais il est peu probable que leur complexité, dont témoigne cet extrait, ait justifié le verdict d'exécution par le feu. Il est, en tout cas, dommage que de cette histoire le Bruno philosophe fasse les frais, et un tel texte montre qu'il fait partie des plus grands théoriciens de l'infini de la philosophie moderne. La parenté de ses formules avec celles de Spinoza est frappante, même si Bruno écrit dans ce contexte de la fin du seizième siècle où la physique de l'infini ne s'est pas encore imposée, ce qui donne à ses traités un caractère fortement polémique – mais, ni plus ni moins, à certains égards, que les *Dialogues* de Galilée.

Bruno est un lecteur attentif de Lucrèce, qu'il utilise abondamment pour réfuter la théorie physique dominante (aristotélicienne et ptolémaïque). Mais, comme on le voit à la lecture de ce texte, il est surtout féru de théologie, et sa réflexion sur l'infini des mondes rencontre celle d'un théologien comme Nicolas de Cues, qui, un siècle plus tôt, concevait déjà qu'un Dieu infini avait pu créer un univers infini. La grande différence, cependant, est que Bruno tend très nettement vers une pensée de l'immanence. Il ne faut d'ailleurs pas s'y tromper : le terme de « création » renvoie dans le texte au terme « *fatto* » : le Dieu infini ne « crée » pas au sens théologique d'une création *ex nihilo*, il « fait », il produit des êtres par sa pure puissance. Bruno est donc un héritier du néoplatonisme et de sa théorie de la production du monde par émanation continue et éternelle de la toute-puissance infinie de l'UN. Mais le monde de Plotin est fini : par une synthèse géniale de la tout puissance productrice plotinienne et de l'infinité des mondes lucrétienne, et en utilisant toutes les ressources du vocabulaire métaphysique le plus raffiné, Bruno démontre que l'idée même d'infinité divine conduit nécessairement à l'infinité des mondes finis à l'intérieur d'un univers lui-même infini. Ce qui est notable, c'est aussi le souci de distinguer dans la production divine les plans de l'univers global, des mondes divers, et des êtres individuels à l'intérieur de chaque monde : l'univers n'est pas seulement infini en « taille », il est infiniment diversifié. À ce titre, plus que Spinoza, c'est le matérialisme du dix-huitième siècle qui est l'héritier de Bruno, et au premier chef Diderot.

Texte 7

Shakespeare, *Le roi Lear*, Acte III, scène 2 (v. 1606), tr. François-Victor Hugo

[Une bruyère.] Il fait nuit. La tempête continue. Entrent Lear et le fou. LEAR. — Vents, soufflez à crever vos joues ! faites rage ! soufflez ! — Cataractes et ouragans, dégorgez-vous — jusqu'à ce que vous ayez submergé nos clochers et noyé leurs coqs ! — Vous, éclairs sulfureux, actifs comme l'idée, — avant-coureurs de la foudre qui fend les chênes, — venez roussir ma tête blanche ! Et toi, tonnerre exterminateur, — écrase le globe massif du monde, — brise les moules de la nature et détruis en un instant tous les germes — qui font l'ingrate humanité. — LE FOU. Ô m'n oncle, de l'eau bénite de cour dans une maison bien sèche vaudrait mieux que cette pluie en plein air. Rentre, bon oncle, et demande la charité à tes filles. Voilà une nuit qui n'épargne ni sages ni fous.

Coups de foudre. LEAR, les yeux au ciel. — Gronde de toutes tes entrailles !... Crache, flamme, jaillit, pluie ! — Pluie, vent, foudre, flamme, vous n'êtes point mes filles : — ô vous, éléments, je ne vous taxe pas d'ingratitude ! — jamais je ne vous ai donné de royaume, je ne vous ai appelés mes enfants ! — vous ne me devez pas obéissance ! laissez donc tomber sur moi — l'horreur à plaisir : me voici votre souffre-douleur, pauvre vieillard infirme, débile et méprisé... — Mais non... je vous déclare serviles ministres, — vous qui, ligués avec deux filles perfides, — lancez les légions d'en haut contre une tête — si vieille et si blanche ! Oh ! oh ! c'est affreux. —

Commentaire

Peut-être sous l'influence de la tragédie classique française et de ses règles, considérons-nous l'essence du théâtre tragique comme une mise en scène des conflits politiques et amoureux, resserrés sur quelques personnages dans le huis clos d'un palais, se jouant pendant un temps limité. Le génie des grands classiques français nous masque alors ce qui est exclu, et que l'on peut appeler la dimension cosmique du tragique. Le monde de Corneille et de Racine est celui des intérêts de quelques grands, le drame est confiné, et le « peuple » n'apparaît guère que par le ouï-dire d'une révolte (comme dans *Nicomède).* Sans forcer le jeu de mot, le monde est réduit au « monde » de la cour. C'est d'ailleurs effectivement à ce public essentiellement « mondain » que s'adressent ces auteurs (et ceux oubliés aujourd'hui, Rotrou, Scudéry, L'Hermite, Garnier...), d'où, notamment, l'invention de la règle de « bienséance », proprement mondaine en ce qu'elle est faite notamment pour respecter la pudeur féminine. Bien loin de ces normes et de ce public est le théâtre dit « élisabéthain », bien qu'il se poursuive un peu au-delà de la mort de la souveraine en 1603, sous son successeur Jacques 1er. Les auteurs anglais, tels Marlowe, Green, Jonson et évidemment Shakespeare sont fort peu soucieux des arts poétiques de l'antiquité, ce qui ne signifie pas qu'ils créent la tragédie moderne de toute pièce. Mais, de manière significative, l'auteur antique qui les intéresse le plus est Sénèque, que négligeront les Français, car souvent « horrible ». Or, on trouve justement dans les œuvres de l'auteur latin l'idée d'un bouleversement cosmique que retiendra surtout Shakespeare. Tel le prologue de *Thyeste*, où Mégère s'adresse ainsi à Tantale, l'ancêtre maudit des Atrides : « Il suffit ; retourne aux gouffres de l'enfer, au fleuve que tu connais. Déjà la terre attristée souffre sous tes pas criminels. Vois, l'eau des fontaines rentre sous le sol, les fleuves se tarissent, un vent de feu chasse à peine devant lui quelques nuages sans eau. Les arbres deviennent pâles, leur fruit se détache et la branche reste nue. L'isthme que deux mers pressent de leurs vagues retentissantes, et qui ne laisse entre elles qu'une terre étroite, s'est agrandi et n'entend plus que de loin le murmure des flots. Le marais de Lerne est desséché, l'urne de l'Inachus n'a plus d'onde, les eaux saintes de l'Alphée se sont perdues sous la terre, les blancs sommets du Cithéron ne sont plus, il a perdu ses neiges, et le noble peuple d'Argos tremble que la sécheresse antique ne soit revenue. Le Soleil lui-même se trouble ; il ne sait s'il doit poursuivre sa course, et guider encore la marche du jour prêt à s'éteindre ».

Chez Shakespeare, la tragédie n'est jamais seulement politique : car les meurtres ou bouleversements au sommet du pouvoir entraînent, par leur monstruosité même, la nature tout entière dans son désordre. Le Roi Lear, dépossédé de tout pouvoir par sa propre folie, exprime la démesure de celui qui prétend dominer sur les forces naturelles, alors que, tout au contraire, c'est son aveuglement initial qui a entraîné le monde entier, naturel et humain dans le désordre. Au début d'*Hamlet*, le prince reçoit la visite du spectre de son père, qui lui révèle qu'il a été victime d'un assassinat par le nouveau roi qui a épousé sa femme. Cette nouvelle n'est pas interprétée par Hamlet comme un drame personnel, mais comme le signe d'un ébranlement global de l'univers : « The time is out of joint ; O cursed spite !/That ever I was born to set it right ! » (« Le temps est sorti de ses gonds ; ô mal maudit ! Pourquoi suis-je né pour le remettre droit ! »). Dans nombre de tragédies shakespeariennes, le mal humain est annoncé par des désordres naturels, comme cet échange saisissant à la scène IV de l'acte II de Macbeth ; « Ah ! bon père, — tu vois, les cieux, troublés par l'acte de l'homme, — en menacent le sanglant théâtre. D'après l'horloge, il est jour, — et pourtant une nuit noire étouffe le flambeau voyageur. — Est-ce le triomphe de la nuit ou la honte du jour — qui fait que les ténèbres ensevelissent la terre, — quand la lumière vivante devrait la baiser au front ? LE VIEILLARD Cela est contre nature, — comme l'action qui a été commise. Mardi dernier, — un faucon, planant dans toute la fierté de son essor, — a été saisi au vol et tué par un hibou chasseur de souris. ROSSE — Et, chose étrange et certaine, les chevaux de Duncan, — si beaux, si agiles, ces mignons de leur race, — sont redevenus sauvages, ont brisé leurs stalles et se sont échappés, — résistant à toute obéissance comme s'ils allaient — faire la guerre à l'homme ».

La tragédie, c'est donc le retour du monde au chaos, à la monstruosité : le mal humain se reflète dans la nature tout entière. C'est bien pourquoi l'on peut parler d'un tragique cosmique : cette vision du monde est très éloignée de celle qui va s'imposer avec la science moderne, où la nature sera réduite à des lois rationnelles parfaitement indifférentes aux actions des hommes…

Texte 8

Fontenelle, *Entretiens sur la pluralité des mondes* (1686)

Premier soir : Que la Terre est une planète qui tourne sur elle-même, et autour du Soleil.

[…] — J'ai toujours senti ce que vous me dites, reprit-elle, j'aime les étoiles et je me plaindrais volontiers du soleil qui nous les efface.

— Ah ! m'écriai-je, je ne puis lui pardonner de me faire perdre de vue tous ces mondes.

— Qu'appelez-vous tous ces mondes ? me dit-elle, en me regardant et en se tournant vers moi.
— Je vous demande pardon, répondis-je. Vous m'avez mis sur ma folie et aussitôt mon imagination s'est échappée.
— Quelle est donc cette folie ? reprit-elle.
— Hélas ! répliquai-je je suis bien fâché qu'il faille vous l'avouer, je me suis mis dans la tête que chaque étoile pourrait bien être un monde. [...]

Cinquième soir : Que les étoiles fixes sont autant de Soleils, dont chacun éclaire un monde.
[...] — C'est une étrange chose que l'amour, répondit-elle, en riant ; il se sauve de tout, et il n'y a point de système qui lui puisse faire de mal. Mais aussi parlez-moi franchement, votre système est-il bien vrai ? Ne me déguisez rien, je vous garderai le secret. Il me semble qu'il n'est appuyé que sur une petite convenance bien légère. Une étoile fixe est lumineuse d'elle-même comme le Soleil, par conséquent il faut qu'elle soit comme le Soleil le centre et l'âme d'un monde, et qu'elle ait ses planètes qui tournent autour d'elle. Cela est-il d'une nécessité bien absolue ?
— Écoutez, Madame, répondis-je, puisque nous sommes en humeur de mêler toujours des folies de galanterie à nos discours les plus sérieux, les raisonnements de mathématique sont faits comme l'amour. Vous ne sauriez accorder si peu de chose à un amant que bientôt après il ne faille lui en accorder davantage, et à la fin cela va loin. De même accordez à un mathématicien le moindre principe, il va vous en tirer une conséquence, qu'il faudra que vous lui accordiez aussi, et de cette conséquence encore une autre ; et, malgré vous-même, il vous mène si loin, qu'à peine le pouvez-vous croire. Ces deux sortes de gens là prennent toujours plus qu'on ne leur donne. Vous convenez que, quand deux choses sont semblables en tout ce qui me paraît, je les puis croire aussi semblables en ce qui ne me paraît point, s'il n'y a rien d'ailleurs qui m'en empêche. De là

j'ai tiré que la Lune était habitée, parce qu'elle ressemble à la Terre, les autres planètes parce qu'elles ressemblent à la Lune. Je trouve que les étoiles fixes ressemblent à notre Soleil, je leur attribue tout ce qu'il a.

Commentaire

Bernard Le Bouyer de Fontenelle (1657-1757), neveu de Corneille, académicien, connut un vif succès avec ses *Entretiens sur la pluralité des mondes* (1686). L'ouvrage se compose de six leçons de vulgarisation des connaissances de René Descartes et Nicolas Copernic, données à une marquise. Ces leçons sont réparties sur six soirées et sont précédées d'une préface et d'un envoi À Monsieur L***. Les deux extraits retenus ici montrent combien les découvertes du rationalisme naissant ont donné lieu à une nouvelle vision du monde, vision rassurante sur laquelle on n'hésite plus à faire de l'esprit. Le livre se voulant mi-plaisant, mi-sérieux, propose en effet une conception de la cosmologie qui permet de surmonter l'inquiétude métaphysique et l'angoisse du décentrement auquel l'homme, depuis la découverte de l'héliocentrisme, était désormais confronté. Mais les deux passages ont surtout pour intérêt de mêler leçon d'astronomie et art de séduire. Par ses questions, la marquise qui dit aimer les étoiles manifeste moins l'attitude convenue d'une jeune femme rêveuse et innocente qu'une réelle curiosité pour la science nouvelle. Son charme vient de cette aspiration à devenir une de ces « femmes savantes » que Molière avait mises en scène en 1672, tout en se laissant enseigner la nouvelle cosmologie par un galant, adepte convaincu du mécanisme de Descartes et de sa théorie des tourbillons. Face aux doutes de la marquise, qui, au cours de ces entretiens nocturnes, s'indigne que l'on puisse comparer le monde à une montre bien réglée, son séducteur ne peut lui opposer qu'un raisonnement par analogie pour démultiplier le système solaire et imaginer autour de chaque soleil une multitude de planètes habitées. L'évocation des étoiles fixes (celles dont on disait depuis l'Antiquité qu'elles restaient à équidistance les unes des autres) montre que la cosmologie nouvelle est encore fragile, incapable d'imaginer l'expansion de l'univers. La révolution galiléenne est donc présentée surtout ici comme une révolution des mentalités. Alors que Giordano Bruno avait été brûlé vif à Rome en 1600 pour avoir affirmé, entre autres choses, l'infinité de l'univers et la pluralité des mondes, Fontenelle, lui, ne sera pas inquiété et sera même applaudi pour écrire, il est vrai dans un style non-scientifique et sous couvert de séduire, que la lune (deuxième soir), les planètes connues (troisième soir) et même celles qui gravitent autour des étoiles les plus lointaines (cinquième soir) sont sans doute habitées par des créatures qui ne peuvent nous voir.

Texte 9

Voltaire, *Le Mondain* (1736)

Regrettera qui veut le bon vieux temps,
Et l'âge d'or, et le règne d'Astrée,
Et les beaux jours de Saturne et de Rhée,
Et le jardin de nos premiers parents ;
Moi je rends grâce à la nature sage
Qui, pour mon bien, m'a fait naître en cet âge
Tant décrié par nos tristes docteurs :
Ce temps profane est tout fait pour mes mœurs.
J'aime le luxe, et même la mollesse,
Tous les plaisirs, les arts de toute espèce,

La propreté, le goût, les ornements :
Tout honnête homme a de tels sentiments.
Il est bien doux pour mon cœur très immonde
De voir ici l'abondance à la ronde,
Mère des arts et des heureux travaux,
Nous apporter, de sa source féconde,
Et des besoins et des plaisirs nouveaux.
L'or de la terre et les trésors de l'onde,
Leurs habitants et les peuples de l'air,
Tout sert au luxe, aux plaisirs de ce monde.
O le bon temps que ce siècle de fer !
Le superflu, chose très nécessaire,
A réuni l'un et l'autre hémisphère.
Voyez-vous pas ces agiles vaisseaux
Qui, du Texel, de Londres, de Bordeaux,
S'en vont chercher, par un heureux échange,
De nouveaux biens, nés aux sources du Gange,
Tandis qu'au loin, vainqueurs des musulmans,
Nos vins de France enivrent les sultans ?
Quand la nature était dans son enfance,
Nos bons aïeux vivaient dans l'ignorance,
Ne connaissant ni le tien ni le mien.
Qu'auraient-ils pu connaître ? Ils n'avaient rien.
Ils étaient nus : et c'est chose très claire
Que qui n'a rien n'a nul partage à faire.
Sobres étaient. Ah ! je le crois encor :
Martialo n'est point du siècle d'or.
D'un bon vin frais ou la mousse ou la sève
Ne gratta point le triste gosier d'Ève ;
La soie et l'or ne brillaient point chez eux,
Admirez-vous pour cela nos aïeux ?
Il leur manquait l'industrie et l'aisance :
Est-ce vertu ? c'était pure ignorance.
Quel idiot, s'il avait eu pour lors
Quelque bon lit, aurait couché dehors ?

Mon cher Adam, mon gourmand, mon bon père,
Que faisais-tu dans les jardins d'Éden ?
Travaillais-tu pour ce sot genre humain ?
Caressais-tu madame Ève, ma mère ?
Avouez-moi que vous aviez tous deux
Les ongles longs, un peu noirs et crasseux,
La chevelure un peu mal ordonnée,
Le teint bruni, la peau bise et tannée.
Sans propreté l'amour le plus heureux
N'est plus amour, c'est un besoin honteux.
Bientôt lassés de leur belle aventure,
Dessous un chêne ils soupent galamment
Avec de l'eau, du millet, et du gland ;
Le repas fait, ils dorment sur la dure :
Voilà l'état de la pure nature.
[...]
Le paradis terrestre est où je suis

Commentaire

« Le Mondain » est le poème le plus célèbre de Voltaire (1694-1778). Long de 130 vers, écrit en décasyllabes, il a pour objet l'apologie du luxe. C'est que, revenu d'Angleterre où il s'était exilé après avoir été emprisonné à la Bastille, Voltaire a pu voir dans cette « terre de liberté » les effets émancipateurs des débuts la révolution industrielle : le monde change et, grâce à l'artifice humain, devient de plus en plus aimable. Aussi le luxe mérite-t-il d'être valorisé. Le poème en propose trois justifications : le luxe est en soi agréable et c'est pourquoi le mondain peut dire : « J'aime le luxe, et même la mollesse » ; en outre il sert la paix car il favorise les échanges et rapproche les hommes. Épices des Indes contre vins français : « Le superflu, chose très nécessaire/A réuni l'un et l'autre hémisphère » ; enfin il permet d'apprécier le progrès que la révolution industrielle est en train d'accomplir non seulement en Angleterre mais, à sa suite, partout en Europe dans ce « siècle de fer » où il fait bon vivre. Mais en assumant, non sans ironie, d'être « un mondain », Voltaire se fait doublement provocateur : il prend parti dans la querelle du luxe qui agitera tout le XVIIIe siècle contre les défenseurs, à l'instar de Rousseau, d'un monde frugal ; il scandalise à Paris les milieux jansénistes et les adeptes de Fénelon qui s'inquiètent de la sécularisation du monde. De fait, la dimension subversive du poème se signale d'emblée par la critique de ceux qui ont la nostalgie « du bon vieux temps », c'est-à-dire des mondes révolus : mêlant le mythe grec de l'âge d'or et le mythe biblique du jardin d'Éden, Voltaire se fait sacrilège lorsqu'il plaint Ève de n'avoir pas connu les « bons vins frais » et lorsqu'il décrit le couple qu'elle forme avec Adam comme « sale » et « honteux ». Opposant « l'état de pur nature » à celui policé des mœurs de son temps, le poème prend donc acte que c'est désormais à l'homme et à son génie créateur de construire le monde digne d'être habité : « Le paradis terrestre est où je suis ». Ce dernier vers qui congédie tout l'enseignement de l'Église sur l'Au-delà fit scandale. Prévenu de l'hostilité que le poème ne manqua pas de déclencher contre lui malgré quelques précautions oratoires (comme : « mon cœur très immonde »), Voltaire dut se réfugier en Hollande par crainte des représailles et attendre des jours meilleurs pour revenir en France.

Texte 10

Denis Diderot, *Lettre sur les aveugles* (1749)

Il ajouta : « Je conjecture donc que, dans le commencement où la matière en fermentation faisait éclore l'univers, mes semblables étaient fort communs. Mais pourquoi n'assurerais-je pas des mondes ce que je crois des animaux ? Combien de mondes estropiés, manqués, se sont dissipés, se reforment et se dissipent peut-être à chaque instant dans des espaces éloignés, où je ne touche point, et où vous ne voyez pas, mais où le mouvement continue et continuera de combiner des amas de matière, jusqu'à ce qu'ils aient obtenu quelque arrangement dans lequel ils puissent persévérer ? Ô philosophes ! transportez-vous donc avec moi sur les confins de cet univers, au-delà du point où je touche, et où vous voyez des êtres organisés ; promenez-vous sur ce nouvel océan, et cherchez à travers ses agitations irrégulières quelques vestiges de cet être intelligent dont vous admirez ici la sagesse ?

« Mais à quoi bon vous tirer de votre élément ? Qu'est-ce que ce monde, Monsieur Holmes ? un composé sujet à des révolutions, qui toutes indiquent une tendance continuelle à la destruction ; une succession rapide d'êtres qui s'entre-suivent, se poussent et disparaissent : une symétrie passagère ; un ordre momentané. Je vous reprochais tout à l'heure d'estimer la perfection des choses par votre capacité ; et je pourrais vous accuser ici d'en mesurer la durée sur celle de vos jours. Vous jugez de l'existence successive du monde, comme la mouche éphémère de la vôtre. Le monde est éternel pour vous, comme vous êtes éternel pour l'être qui ne vit qu'un instant : encore l'insecte est-il plus raisonnable que vous. Quelle suite prodigieuse de générations d'éphémères atteste votre éternité ? quelle tradition immense ? Cependant nous passerons tous, sans qu'on puisse assigner ni l'étendue réelle que nous occupions, ni le temps précis que nous aurons duré. Le temps, la matière et l'espace ne sont peut-être qu'un point. »

Saunderson s'agita dans cet entretien un peu plus que son état ne le permettait ; il lui survint un accès de délire qui dura quelques heures, et dont il ne sortit que pour s'écrier « *Ô Dieu de Clarke et de Newton, prends pitié de moi !* » et mourir. Ainsi finit Saunderson.

Commentaire

Bien que publiée anonymement, la *Lettre sur les aveugles à l'usage de ceux qui voient* valut à Diderot d'être arrêté sur lettre de cachet et enfermé à la prison de Vincennes pendant trois mois. Il est vrai qu'en suggérant qu'il n'y a pas de sujet universel, que la morale est relative et que les idées viennent de la matière, ce texte ne pouvait manquer d'attirer l'attention des nombreux ennemis de Diderot. S'appuyant sur des cas concrets (l'aveugle-né du Puisaux, le mathématicien Saunderson, Mademoiselle de Salignac,...), la lettre rend sensible au lecteur l'idée que si, par définition, l'aveugle ne voit pas, il n'en possède pas moins une certaine « vision du monde » qui peut paradoxalement éclairer la nôtre. L'extrait ci-dessus imagine, sur son lit de mort, les dernières spéculations de l'anglais Saunderson, professeur de mathématiques (et même d'optique !) à Cambridge, inventeur d'une machine à compter (longuement décrite par Diderot dans la lettre) et que la petite vérole avait rendu aveugle quand il n'avait qu'un an. Amené à se confesser avant de mourir, Saunderson récapitule ce que l'existence lui a appris sur le monde. À savoir que son harmonie qu'il n'a jamais vue (« ce beau spectacle n'est pas fait pour moi ») ne permet pas d'inférer l'existence d'un Dieu créateur bon et intelligent. L'univers serait plutôt un état de fermentation, d'où naissent perpétuellement des organismes de toutes sortes. Adoptant un point de vue lucrécien sur la formation des êtres, Saunderson croit à une auto-organisation momentanée de la matière si bien qu'il faut se convaincre que l'ordre actuel n'est qu'une exception. En tant qu'aveugle, il est lui-même une sorte de monstre, certes viable et adapté, mais qui ne saurait être voulu par un Dieu bienveillant. Par analogie, les mondes eux-mêmes sont sujets à ce transformisme universel. Au comble de l'agonie, Saunderson invite son confesseur Gervaise Holmes sur les confins de l'univers, l'obligeant à subvertir l'idée d'un ordre anthropocentré. Accélérant le cours du monde par la pensée, prenant sur lui un point de vue infinitiste, il finit par soutenir que le temps, l'espace et la matière peuvent se résorber en un point. Mais ce relativisme extrême n'est pas une profession de foi nihiliste. Pris d'un doute ultime, les derniers mots de Saunderson sont une concession au déisme : « *Ô Dieu de Clarke et de Newton, prends pitié de moi !* ». Le matérialisme de Diderot n'est pas un dogmatisme. Qui sait, après tout, ce qu'est vraiment le monde ?

Texte 11

David Hume, *Dialogues sur la religion naturelle* (1779), 7e partie, trad. Anonyme du XVIIIe siècle

Le monde ressemble plus en gros à des substances animales et végétales qu'à une montre ou à une machine à faire des bas. Il est donc plus probable que la cause qui a produit le monde a le plus de ressemblance avec la cause des premières. Cette cause est la génération ou la végétation. Nous pouvons donc inférer de là que la cause du monde a quelque chose de semblable ou d'analogue avec la génération ou la végétation [...] Les Brahmanes assurent que le monde a été produit par une immense araignée, qui a produit cette masse compliquée en tirant le tissu de ses propres entrailles, qu'ensuite elle a détruit le tout ou une partie, en l'avalant une seconde fois, en l'identifiant avec sa propre substance. Voilà une espèce de cosmogonie qui nous semble ridicule, parce que l'araignée est un misérable insecte dont les procédés ne nous paraissent pas être dignes d'être pris pour le modèle de l'univers entier. Mais c'est encore une nouvelle espèce d'analogie, même dans ce globe. Et s'il était une planète (ce qui n'est point impossible) habitée tout entière par des araignées, cette analogie y paraîtrait tout aussi naturelle, aussi incontestable que celle qui, dans notre planète, attribue l'origine de toute chose au dessein et à l'intelligence suivant l'explication donnée par Cléanthe. Il lui serait bien difficile de donner une raison satisfaisante pourquoi la grande harmonie des choses serait plutôt l'effet d'un être pensant que d'un fil tiré d'une araignée.

Commentaire

Dans ses *Dialogues sur la religion naturelle*, commencés en 1750 mais publiés seulement après sa mort, en 1779, Hume interroge à la fois avec humour et sérieux le déisme alors en vogue au siècle des Lumière. Réputé pour son scepticisme « mitigé », le philosophe écossais cherche à montrer, tout au long des douze parties que compte le livre, que la religion naturelle, loin d'être un repli stable sur ce que la raison peut accorder en matière de croyance, n'est qu'une foi *en* la raison, une foi parmi d'autres qui satisfait les têtes savantes et leur besoin de rationalité. Mettant en scène trois personnages de fiction nommés Déméa, Philon et Cléanthe, pour les faire débattre sur la nature et l'existence de Dieu, Hume s'attaque tout particulièrement au raisonnement qui voudrait que la prétendue harmonie de notre monde signale la perfection de son Créateur. Outre que la nature n'est pas si ordonnée, « quand ce monde serait une production aussi parfaite que l'on veut, la question reste entière de savoir si tous les mérites de l'œuvre peuvent être à juste titre attribués à l'ouvrier ». Car au fond nous ne savons pas si la création du monde ne s'est pas faite de manière très laborieuse. Ce qui nous dupe, c'est que la complexité de l'univers nous incite spontanément à croire que seule une intelligence parfaite (le fameux « Grand Horloger » de Voltaire) a pu le créer. Mais peut-être n'est-il l'œuvre que d'un « stupide mécanicien ». En outre pourquoi vouloir faire de Dieu un parfait calculateur, comme le voulait Leibniz, plutôt qu'un divin engendreur ? On sait qu'au XVIIIe siècle la biologie se substitue aux mathématiques comme science reine. Hume se sert de ce changement de paradigme pour repenser, non sans ironie, les spéculations de ses contemporains sur l'origine du monde. S'appuyant sur le *Dictionnaire historique et critique* de Pierre Bayle qui lui avait connaître la curieuse doctrine brahmane selon laquelle le monde aurait été tissé par une araignée, il suggère que cette croyance n'est pas plus absurde qu'une autre. On mesure ici l'habileté de Hume qui, fin observateur de la révolution industrielle anglaise, se sert de l'invention du métier à tisser (dont Diderot disait qu'il est un syllogisme dont la production du tissu est la conclusion) pour passer, par raisonnement analogique, d'une cause mécanique à une cause biologique du « tissage » du monde. Se faisant, il montre que toute réflexion métaphysique sur l'origine du monde est tributaire des croyances d'une culture singulière ou d'une époque donnée et de la science que cette époque fait prévaloir.

Texte 12

Arthur Schopenhauer, *Le monde comme volonté et représentation*, Livre I, § 1 (1818), tr. A. Burdeau

Le monde est ma représentation. — Cette proposition est une vérité pour tout être vivant et pensant, bien que, chez l'homme seul, elle arrive à se transformer en connaissance abstraite et réfléchie. Dès qu'il est capable de l'amener à cet état, on peut dire que l'esprit philosophique est né en lui. Il possède alors l'entière certitude de ne connaître ni un soleil ni une terre, mais seulement un œil qui voit ce soleil, une main qui touche cette terre ; il sait, en un mot, que le monde dont il est entouré n'existe que comme représentation, dans son rapport avec un être percevant, qui est l'homme lui-même. S'il est une vérité qu'on puisse affirmer *a priori*, c'est bien celle-là ; car elle exprime le mode de toute expérience possible et imaginable, concept de beaucoup plus général que ceux même de temps, d'espace et de causalité qui l'impliquent. Chacun de ces concepts, en effet, dans lesquels nous avons reconnu des formes diverses du principe de raison, n'est applicable qu'à un ordre déterminé de représentations ; la distinction du sujet et de l'objet, au contraire, est le mode commun à toutes, le seul sous lequel on puisse concevoir une représentation quelconque, abstraite ou intuitive, rationnelle ou empirique. Aucune vérité n'est donc plus certaine, plus absolue, plus évidente que celle-ci : tout ce qui existe existe pour la pensée, c'est-à dire, l'univers entier n'est objet qu'à l'égard d'un sujet, perception que par rapport à un esprit percevant, en un mot, il est pure représentation. Cette loi s'applique naturellement à tout le présent, à tout le passé et à tout l'avenir, à ce qui est loin comme à ce qui est près de nous ; car elle est vraie du temps et de l'espace eux-mêmes, grâce auxquels les représentations particulières se distinguent les unes des autres. Tout ce que le monde renferme ou peut renfermer est dans cette dépendance nécessaire vis-à-vis du sujet et n'existe que pour le sujet. Le monde est donc *représentation.*

Commentaire

On identifie tellement la philosophie de Schopenhauer avec le thème de la « volonté » qu'on risque d'en oublier que le monde s'appuie pour lui sur deux piliers, comme l'énonce pourtant le titre de l'ouvrage. Certes, Schopenhauer ne cessera d'affirmer que sa découverte capitale est que nous avons un accès direct à l'essence absolue de l'être par le sentiment interne de nos désirs, sentiments, volitions, bref par notre « corps ». Mais comment donner sens à cette essence si on ne voit pas ce dont elle se distingue ? L'affirmation du monde comme « représentation » est le premier pilier de la philosophie, que l'on peut par commodité nommer « idéalisme ». Toute philosophie rigoureuse, pour l'auteur, ne peut que commencer par cette position de l'objectivité comme corrélat de la subjectivité. Dit autrement, Schopenhauer reconnaît que la philosophie de la connaissance a été clairement mise au jour par les modernes. Déjà par la métaphysique, puisque Descartes et ses successeurs donneront au terme d'« idée » le sens de « représentation » : mais cette école croit néanmoins à l'existence absolue de l'espace et de la causalité. La conquête véritable du monde comme pure représentation a été donc faite par les idéalistes modernes : Berkeley, Hume et surtout Kant. Même si Schopenhauer inclut dans son ouvrage du *Monde* un appendice entier consacré à la critique de la philosophie kantienne, c'est elle qui fournit la base de sa propre théorie de la représentation, et de ce qu'il appellera plus précisément dans sa thèse de jeunesse « la quadruple racine du principe de raison suffisante ». Kant, en effet, ne s'est en pas contenté de montrer que la seule chose connaissable est le phénomène, qui n'est autre que l'objet de la représentation du sujet pensant. Il a surtout approfondi ces cadres « *a priori* » par lesquels le sujet constitue l'objet : les formes *a priori* de la sensibilité (espace et temps) et les concepts. Schopenhauer réduira les douze catégories kantiennes à la seule causalité (la quatrième racine n'étant autre que la volonté, dont Kant a bien vu la valeur absolue, mais qu'il a limitée à la morale) : « Notre faculté de connaissance, se manifestant comme sensibilité externe et interne (réceptivité), comme entendement et comme raison, se décompose en sujet et objet et ne contient rien au-delà. Être objet pour le sujet ou être notre représentation c'est la même chose. Toutes nos représentations sont objets du sujet, et tous les objets du sujet sont nos représentations. Or il arrive que toutes nos représentations sont entre elles dans une liaison régulière que l'on peut déterminer *a priori*, en ce qui touche la forme, en vertu de cette liaison, rien d'isolé et d'indépendant, rien d'unique et de détaché, ne peut devenir notre objet ».

En d'autres termes, la façon dont nous prenons connaissance du monde, que ce soit dans la vie quotidienne ou dans la science, consiste nécessairement à appliquer au monde des cadres subjectifs : le monde est relatif à nos capacités de percevoir. Toute l'originalité de Schopenhauer est de poser une question nouvelle : celle de l'origine même de la phénoménalité. Autrement dit « pourquoi » percevons-nous le monde ainsi ? Suffit-il de répondre, comme Hume ou Kant : car c'est la « nature humaine » ? Non, il faut remonter plus loin l'ordre des causes : la nature nous a produit ainsi parce qu'elle a besoin que nous nous fassions illusion sur notre capacité de la connaître. Reprenons : une fois que l'on a saisi que le fond de l'être est « volonté », que la volonté ne veut rien d'autre que sa propre répétition, alors on peut comprendre qu'il faut que l'homme s'aveugle sur ce qu'il est, c'est-à-dire ne se connaisse pas comme volonté, pour pouvoir être d'autant plus aveuglé par la volonté… Dit de manière plus technique : l'idéalisme conduit à donner une valeur absolue au principe d'individuation, et à ne pas comprendre que les individus ne sont que des aspects passagers d'une force absurde et unique. Celui qui en est conscient peut seul s'efforcer de lutter contre cette force, c'est-à-dire se défaire de l'aliénation du vouloir vivre. La représentation du monde masque la réalité absolue de ce même monde, car ce sont deux faces de la même réalité.

Texte 13

Honoré de Balzac, « Avant-Propos » de *La Comédie Humaine* (1842)

Ce n'était pas une petite tâche que de peindre les deux ou trois mille figures saillantes d'une époque, car telle est, en définitif, la somme des types que présente chaque génération et que la Comédie Humaine comportera. Ce nombre de figures, de caractères, cette multitude d'existences exigeaient des cadres, et, qu'on me pardonne cette expression, des galeries. De là, les divisions si naturelles, déjà connues, de mon ouvrage en *Scènes de la vie privée, de province, parisienne, politique, militaire et de campagne.* Dans ces six livres sont classées toutes les *Études de mœurs* qui forment l'histoire générale de la Société, la collection de tous ses faits et gestes, eussent dit nos ancêtres. Ces six livres répondent d'ailleurs à des idées générales. Chacun d'eux a son sens, sa signification, et formule une époque de la vie humaine. Je répéterai là, mais succinctement, ce qu'écrivit, après s'être enquis de mon plan, Félix Davin, jeune talent ravi aux lettres par une mort prématurée. Les *Scènes de la vie privée* représentent l'enfance, l'adolescence et leurs fautes, comme les *Scènes de la vie de province* représentent l'âge des passions, des calculs, des intérêts et de l'ambition. Puis les *Scènes de la vie parisienne* offrent le tableau des goûts, des vices et de toutes les choses effrénées qu'excitent les mœurs particulières aux capitales où se rencontrent à la fois l'extrême bien et l'extrême mal. Chacune de ces trois parties a sa couleur locale : Paris et la province, cette antithèse sociale a fourni ses immenses ressources. Non-seulement les hommes, mais encore les événements principaux de la vie, se formulent par des types. Il y a des situations qui se représentent dans toutes les existences, des phases typiques, et c'est là l'une des exactitudes que j'ai le plus cherchées. J'ai tâché de donner une idée des différentes contrées de notre beau pays. Mon ouvrage a sa géographie comme il a sa généalogie et ses familles, ses lieux et ses choses, ses personnes et ses faits ; comme il a son armorial, ses nobles et ses bourgeois, ses artisans et ses paysans, ses politiques et ses dandies, son armée, tout son monde enfin !

Commentaire

L'idée de la *Comédie Humaine* est venue à Balzac « après-coup ». On peut considérer *Les Chouans*, publié en 1829, comme le premier ouvrage du cycle (dont Balzac exclura ses romans de jeunesse), jusqu'aux derniers chefs-d'œuvre que sont *Le cousin Pons*, *La cousine Bette* et *L'envers de l'histoire contemporaine*. En tout, quatre-vingt-quinze romans publiés… Et c'est en 1842, dans cet *Avant-Propos*, que Balzac affirme les principes de sa création. On en retient le plus souvent l'idée des « personnages récurrents ». Il est exact que l'auteur remaniera certaines œuvres antérieures pour faire apparaître de romans en romans les mêmes personnages, dont on peut suivre parfois l'évolution sur des périodes historiques entières (songeons aux deux plus célèbres peut-être, Rastignac et Vautrin). Jamais une telle entreprise littéraire n'avait vu le jour. Balzac reconnaît certes une dette envers les grands romanciers du romantisme historique, au premier chef Walter Scott, il admire les premiers romans de Victor-Hugo, il sera un des rares auteurs de l'époque à reconnaître le génie de Stendhal (son article sur *La Chartreuse de Parme* est un chef-d'œuvre de compte-rendu littéraire) : reste qu'aucun devancier ou contemporain n'a eu l'idée que le roman pouvait embrasser le monde social dans son ensemble, pour constituer à son tour un monde à part entière.

C'est bien parce qu'il n'a aucun modèle dans la littérature qu'il va d'abord chercher les principes de son système dans l'histoire naturelle, et son concept majeur d'« unité de composition » : la nature est profondément une à travers sa diversité, et c'est ce que l'on doit s'efforcer de retrouver dans la société, avec toutes les différences qui s'imposent : « Si Buffon a fait un magnifique ouvrage en essayant de représenter dans un livre l'ensemble de la zoologie, n'y avait-il pas une œuvre de ce genre à faire pour la société ? Mais la Nature a posé, pour les variétés animales, des bornes entre lesquelles la Société ne devait pas se tenir ». L'homme social est évidemment moins « fixe » que l'animal, la dynamique des « passions et des intérêts » bien plus riche, fluente et complexe. Le monde social n'est donc pas le monde naturel. Il ne faut pas se méprendre par une interprétation trop rapide de la célèbre formule par laquelle Balzac affirme « faire concurrence à l'État-Civil ». La phrase en question est avant tout polémique, et défend la diversité et la complexité de la création romanesque contre les systèmes abstraits : « N'est-il pas véritablement plus difficile de faire concurrence à l'État-Civil avec Daphnis et Chloë, Roland, Amadis, Panurge, Don Quichotte, Manon Lescaut, Clarisse, Lovelace, Robinson Crusoë,

Gilblas, Ossian, Julie d'Etanges, mon oncle Tobie, Werther, René, Corinne, Adolphe, Paul et Virginie, Jeanie Dean, Claverhouse, Ivanhoë, Manfred, Mignon, que de mettre en ordre les faits à peu près les mêmes chez toutes les nations, de rechercher l'esprit de lois tombées en désuétude, de rédiger des théories qui égarent les peuples, ou, comme certains métaphysiciens, d'expliquer ce qui est ? ». Seule la littérature, paradoxalement, est en prise avec le monde parce qu'elle s'élève au général par le particulier. C'est sans doute cela dont Balzac est le plus fier : montrer que l'on peut donner les clefs du monde social non par des théories que l'on appellerait aujourd'hui « sociologiques », par la science historique ou par la conception philosophique de l'histoire (le système de Comte se met en place dans ces mêmes années), mais en suivant les rapports de personnages dotés de noms, de caractères, de personnalités, d'ancrages sociaux fortement individualisés.

La réalisation est profondément novatrice. L'idée du roman comme « monde », comme « totalité » est en revanche au cœur des recherches du premier romantisme allemand depuis les toutes dernières années du dix-huitième siècle. L'œuvre-monde, l'œuvre d'art total seront des fers de lance du post-romantisme qui caractérise la deuxième moitié du siècle, dont le représentant le plus éminent est un poète-musicien, Wagner. Mais ce dernier n'a-t-il pas lui aussi pensé progressivement au caractère synthétique de sa Tétralogie ? C'est en tout cas ce que pense Proust, qui estime qu'une des caractéristiques du siècle n'est pas la totalité, mais la volonté des artistes de la conférer à leur œuvre : « L'autre musicien, celui qui me ravissait en ce moment, Wagner, tirant de ses tiroirs un morceau délicieux pour le faire entrer comme thème rétrospectivement nécessaire dans une œuvre à laquelle il ne songeait pas au moment où il l'avait composé, puis ayant composé un premier opéra mythologique, puis un second, puis d'autres encore, et s'apercevant tout à coup qu'il venait de faire une Tétralogie, dut éprouver un peu de la même ivresse que Balzac quand celui-ci, jetant sur ses ouvrages le regard à la fois d'un étranger et d'un père, trouvant à celui-ci la pureté de Raphaël, à cet autre la simplicité de l'Évangile, s'avisa brusquement en projetant sur eux une illumination rétrospective qu'ils seraient plus beaux réunis en un cycle où les mêmes personnages reviendraient et ajouta à son œuvre, en ce raccord, un coup de pinceau, le dernier et le plus sublime. Unité ultérieure, non factice » (*La Prisonnière*). Non factice, car il faut distinguer. Pour Proust, toute grande œuvre d'art est bien un « monde », que son auteur lui confère ou non l'unité d'une totalité.

Texte 14

Charles Baudelaire, *Les Fleurs du mal, Le Voyage* (1857)

[...]
Un matin nous partons, le cerveau plein de flamme,
Le cœur gros de rancune et de désirs amers,
Et nous allons, suivant le rythme de la lame,
Berçant notre infini sur le fini des mers :
[...]
Étonnants voyageurs ! quelles nobles histoires
Nous lisons dans vos yeux profonds comme les mers !
Montrez-nous les écrins de vos riches mémoires,
Ces bijoux merveilleux, faits d'astres et d'éthers.

Nous voulons voyager sans vapeur et sans voile !
Faites, pour égayer l'ennui de nos prisons,
Passer sur nos esprits, tendus comme une toile,
Vos souvenirs avec leurs cadres d'horizons.
[...]

« Ô cerveaux enfantins !
Pour ne pas oublier la chose capitale,
Nous avons vu partout, et sans l'avoir cherché,
Du haut jusques en bas de l'échelle fatale,
Le spectacle ennuyeux de l'immortel péché
[...]
Amer savoir, celui qu'on tire du voyage !
Le monde, monotone et petit, aujourd'hui,
Hier, demain, toujours, nous fait voir notre image
Une oasis d'horreur dans un désert d'ennui !
[...]
Ô Mort, vieux capitaine, il est temps ! levons l'ancre !
Ce pays nous ennuie, ô Mort ! Appareillons !
Si le ciel et la mer sont noirs comme de l'encre,
Nos cœurs que tu connais sont remplis de rayons !

Verse-nous ton poison pour qu'il nous réconforte !
Nous voulons, tant ce feu nous brûle le cerveau,
Plonger au fond du gouffre, Enfer ou Ciel, qu'importe ?
Au fond de l'Inconnu pour trouver du nouveau !

Commentaire

Le Voyage est le cent cinquante-et unième et dernier poème des *Fleurs du mal* dans l'édition définitive établie par Théophile Gautier en 1868 un an après la mort du poète. Il s'agit du plus long poème du recueil : trente-six strophes, divisées en huit « parties ». Il occupe aussi bien la place d'ultime poème de la dernière partie du recueil (intitulée *La mort*) que de conclusion générale, comme les célèbres deux dernières strophes le font nettement ressortir. Le mal ultime, c'est la mort, mais aussi l'espoir d'un bien nouveau – d'un « idéal » selon le couple antithétique du *spleen* et de l'idéal.

Le thème du voyage est bien sûr un lieu commun du romantisme, et pas seulement poétique : nombreux sont, au dix-neuvième siècle, les écrivains qui quitteront le foyer et exploreront des contrées plus ou moins lointaines. L'orient est à la mode : la terre sainte parcourue par Chateaubriand (*Voyage de Paris à Jérusalem*) ou la colonie algéroise, très à la mode aussi (Dumas, Fromentin, les Goncourt, etc.). Cependant, il n'est pas nécessaire d'aller bien loin, du moment qu'un certain « exotisme » donne le prix de la nouveauté : l'Espagne pour Théophile Gautier, voire la Bretagne pour les jeunes Flaubert et du Camp (*Par les champs et par les grèves*), cette Bretagne encore « sauvage », et qui le restera longtemps (comme le montrent l'école picturale de Pont-Aven à la fin du siècle, ou les romans de Pierre Loti).

Le cas de Baudelaire est cependant singulier, car il n'est paradoxalement pas un « voyageur » : c'est contraint et forcé par son beau-père détesté, le lieutenant-colonel Aupick, que Baudelaire s'embarque à vingt ans pour Calcutta, même si un naufrage abrège le périple à l'île Maurice. Ces neuf mois en mer sont « antiromantiques » si l'on prend le terme au sens du désir d'exotisme. Baudelaire ne cessera de se plaindre de cet épisode. Mais il nourrira un très riche imaginaire repris dans ces poèmes, où l'exotisme devient un des éléments de la fuite hors du monde du *spleen*. Car voilà l'essentiel. Le *Voyage* est un poème métaphysique. On peut le lire, sous l'influence de Pascal, comme une critique impitoyable de toute velléité de fuite purement « physique », comme si, dans ce monde-ci, existait une échappatoire. Tout voyage est pur divertissement, et l'exotisme n'est que le masque clinquant de la répétition de la même affreuse humanité. Le *Voyage* est donc l'envers de l'*Invitation au voyage*, poème bien plus connu car moins désespéré… Ici, c'est le monde tout entier, celui du réel sans issue, qui est insupportable, comme le reprendra un des derniers poèmes en prose, au titre très significatif : *Anywhere out of the world* : « "Batavia te sourirait peut-être davantage ? Nous y trouverions d'ailleurs l'esprit de l'Europe marié à la beauté tropicale." Pas un mot. — Mon âme serait-elle morte ? "En es-tu donc venue à ce point d'engourdissement que tu ne te plaises que dans ton mal ? S'il en est ainsi, fuyons vers les pays qui sont les analogies de la Mort. — […] Enfin, mon âme fait explosion, et sagement elle me crie : "N'importe où ! n'importe où ! pourvu que ce soit hors de ce monde !" ».

Reste que ce « hors du monde » pose lui-même problème. Dans une optique proprement métaphysique, il impliquerait l'existence d'un monde rationnel vrai, qui est hors de propos. Il ne s'agit pas non plus, comme chez Pascal, du salut religieux, puisque l'Enfer ferait tout aussi bien l'affaire. Reste une interprétation allégorique : celle d'un renouveau esthétique, seule la poésie, l'art en général offrant une fuite hors de ce monde, celui du prosaïsme bourgeois et de la littérature de bas étage…

Texte 15

Lewis Carroll, *Les Aventures d'Alice au Pays des Merveilles*, chapitre 1 (1865), trad. Henri Bué

Un instant après, Alice était à la poursuite du Lapin dans le terrier, sans songer comment elle en sortirait.

Pendant un bout de chemin le trou allait tout droit comme un tunnel, puis tout à coup il plongeait perpendiculairement d'une façon si brusque qu'Alice se sentit tomber comme dans un puits d'une grande profondeur, avant même d'avoir pensé à se retenir.

De deux choses l'une, ou le puits était vraiment bien profond, ou elle tombait bien doucement ; car elle eut tout le loisir, dans sa chute, de regarder autour d'elle et de se demander avec étonnement ce qu'elle allait devenir. D'abord elle regarda dans le fond du trou pour savoir où elle allait ; mais il y faisait bien trop sombre pour y rien voir. Ensuite elle porta les yeux sur les parois du puits, et s'aperçut qu'elles étaient garnies d'armoires et d'étagères ; çà et là, elle vit pendues à des clous des cartes géographiques et des images. En passant elle prit sur un rayon un pot de confiture portant cette étiquette, « MARMELADE D'ORANGES. » Mais, à son grand regret, le pot était vide : elle n'osait le laisser tomber dans la crainte de tuer quelqu'un ; aussi s'arrangea-t-elle de manière à le déposer en passant dans une des armoires.
« Certes, » dit Alice, « après une chute pareille je ne me moquerai pas mal de dégringoler l'escalier ! Comme ils vont me trouver brave chez nous ! Je tomberais du haut des toits que je ne ferais pas entendre une plainte. » (Ce qui était bien probable.)
Tombe, tombe, tombe ! « Cette chute n'en finira donc pas ! Je suis curieuse de savoir combien de milles j'ai déjà faits, » dit-elle tout haut. « Je dois être bien près du centre de la terre. Voyons donc, cela serait à quatre mille milles de profondeur, il me semble. » (Comme vous voyez, Alice avait appris pas mal de choses dans ses leçons ; et bien que ce ne fût pas là une très-bonne occasion de faire parade de son savoir, vu qu'il n'y avait point d'auditeur, cependant c'était un bon exercice que de répéter sa leçon.) « Oui, c'est bien à peu près cela ; mais alors à quel degré de latitude ou de longitude est-ce que je me trouve ? » (Alice n'avait pas la moindre idée de ce que voulait dire latitude ou longitude, mais ces grands mots lui paraissaient beaux et sonores.)
Bientôt elle reprit : « Si j'allais traverser complètement la terre ? Comme ça serait drôle de se trouver au milieu de gens qui marchent la tête en bas. Aux Antipathies, je crois. » (Elle

n'était pas fâchée cette fois qu'il n'y eût personne là pour l'entendre, car ce mot ne lui faisait pas l'effet d'être bien juste.) « Eh mais, j'aurai à leur demander le nom du pays. — Pardon, Madame, est-ce ici la Nouvelle-Zemble ou l'Australie ? » — En même temps elle essaya de faire la révérence. (Quelle idée ! Faire la révérence en l'air ! Dites-moi un peu, comment vous y prendriez-vous ?) « Quelle petite ignorante ! pensera la dame quand je lui ferai cette question. Non, il ne faut pas demander cela ; peut-être le verrai-je écrit quelque part. »

Commentaire

Chef-d'œuvre de la littérature nonsensique, genre propre à l'Angleterre, *Les Aventures d'Alice au Pays des Merveilles* ont été écrites par Lewis Carroll, pseudonyme de Charles Dodgson, professeur de logique au Christ Church College d'Oxford et auteur de nombreux ouvrages d'algèbre, d'énigmes et de jeux verbaux. Initialement racontées pour distraire la jeune Alice Liddl et ses deux sœurs, ces aventures allient, entre autres : le monde des contes de fée (on y croise un griffon, un château, une reine…), le domaine des désirs inconscients (de nourriture, par exemple), l'univers des mathématiques (Alice tente de calculer sa taille après avoir rapetissé) ou encore le système de la langue (Carroll excelle dans les détournements de la grammaire, de l'étymologie, …). L'impression recherchée est celle de nous faire traverser de manière ludique un monde étrange, absurde, en un mot : nonsensique. Ce sentiment, le lecteur ne peut s'empêcher de l'éprouver dès le premier chapitre du livre dont est tiré l'extrait présenté ici : poursuivant un lapin blanc qui, regardant sa montre à gousset, se dit affreusement en retard, Alice s'enfonce dans son terrier et tombe dans ce qui paraît être un puits sans fond. Mais au cours de cette chute qui lui semble ne jamais finir, ses repères se transforment : son univers familier (sans doute ici la pièce de la cuisine) se verticalise, ses connaissances géographiques se mélangent, le calcul de la distance parcourue lui fait croire qu'elle a traversé la terre en passant par son centre. Il serait cependant très réducteur de ne voir dans la naïveté charmante des réflexions d'Alice que l'expression de l'imaginaire d'une petite fille de dix ans. Car, comme l'a très bien montré Gilles Deleuze dans *Logique du sens* (1969), le propos des Aventures *d'Alice au Pays des Merveilles* est beaucoup plus ambitieux : sous couvert de produire une œuvre de littérature pour enfant, c'est à une remise en cause de la validité de nos repères logiques que se livre ici Lewis Carroll. Premier auteur à « mettre en scène les paradoxes du sens », il fait du monde du rêve non pas seulement un « roman psychanalytique » mais une porte ouverte sur un véritable système du non-sens, autrement dit sur un nouveau « monde possible ».

Texte 16

Jules Verne, *Le tour du monde en 80 jours* (1872)

« Il faut avouer, Monsieur Ralph, reprit-il, que vous avez trouvé là une manière plaisante de dire que la terre a diminué ! Ainsi parce qu'on en fait maintenant le tour en trois mois...

— En quatre-vingts jours seulement, dit Phileas Fogg.

— En effet, Messieurs, ajouta John Sullivan, quatre-vingts jours, depuis que la section entre Rothal et Allahabad a été ouverte sur le « Great-Indian peninsular railway », et voici le calcul établi par le *Morning-Chronicle* :

De Londres à Suez par le Mont-Cenis et Brindisi, railways et paquebots	7 jours.
De Suez à Bombay, paquebot	13 —
De Bombay à Calcutta, railway	3 —
De Calcutta à Hong-Kong (Chine), paquebot	13 —
De Hong-Kong à Yokohama (Japon), paquebot	6 —
De Yokohama à San-Francisco, paquebot	22 —
De San-Francisco à New-York, railroad	7 —
De New-York à Londres, paquebot et railway	9 —
Total	80 jours.

— Oui, quatre-vingts jours ! s'écria Andrew Stuart, qui, par inattention, coupa une carte maîtresse, mais non compris le mauvais temps, les vents contraires, les naufrages, les déraillements, etc.
— Tout compris, répondit Phileas Fogg en continuant de jouer, car, cette fois, la discussion ne respectait plus le whist.
— Même si les Indous ou les Indiens enlèvent les rails ! s'écria Andrew Stuart, s'ils arrêtent les trains, pillent les fourgons, scalpent les voyageurs !
— Tout compris, » répondit Phileas Fogg, qui, abattant son jeu, ajouta : « Deux atouts maîtres. »
Andrew Stuart, à qui c'était le tour de « faire », ramassa les cartes en disant :
« Théoriquement, vous avez raison, Monsieur Fogg, mais dans la pratique...
— Dans la pratique aussi, Monsieur Stuart.
— Je voudrais bien vous y voir.
— Il ne tient qu'à vous. Partons ensemble.
— Le ciel m'en préserve ! s'écria Stuart, mais je parierais bien quatre mille livres (100,000 fr.) qu'un tel voyage, fait dans ces conditions, est impossible.
— Très-possible, au contraire, répondit Mr. Fogg.
— Et bien, faites-le donc !
— Le tour du monde en quatre-vingts jours ?

— Oui.
— Je le veux bien.
— Quand ?
— Tout de suite.

Commentaire

Parmi les ouvrages de Jules Verne, auteur français le plus lu à l'étranger, *Le tour du monde en 80 jours* est le plus connu, le plus adapté au cinéma, au théâtre, en dessin animé, en BD. Son succès vient sans doute qu'à la différence d'autres « Voyages extraordinaires » (titre de la collection par lequel l'éditeur Pierre-Jules Hetzel a rassemblé les 62 romans de Jules Verne), comme *De la terre à la lune* ou *Voyage au centre de la terre*, ce roman fait du monde possible un monde réel : grâce à la révolution des transports, faire le tour du monde en un temps raisonnable est désormais un rêve accessible pour les contemporains de Jules Verne. Si la technique ne peut offrir à l'homme l'ubiquité, elle peut en donner l'illusion en accélérant sa mobilité sur le globe. Mais pourquoi entreprendre un tel voyage sur cette « terre diminuée » ? L'extrait montre que sa motivation relève du simple jeu : c'est au cours d'une partie de whist que Phileas Fogg parie aux membres du Reform-club qu'il reviendra à Londres dans 80 jours après avoir fait le tour de la Terre. Si mille aventures mettront en péril son projet, ce pari il le remportera in extremis parce qu'en voyageant vers l'est il aura gagné un jour sans s'en apercevoir. Mais le gain du pari (quatre mille livres) ne fait que couvrir les frais de cette courte expédition. Il n'apporte aucune plus-value. Le motif n'est donc pas ici l'argent mais le simple fait de circuler ; le seul risque n'est pas pour le héros d'être ruiné mais d'être en retard. Avec ce roman, Verne brosse l'un des tout premiers portraits du « globe-trotter », c'est-à-dire au sens strict de celui qui trotte sur le monde sans s'arrêter, qui est toujours en mouvement. Gentleman stoïque, Fogg ne fait pas vraiment du tourisme puisque c'est toujours par contrainte qu'il s'arrête ou fait des détours. Comme l'écrit le philosophe Peter Sloterdijk dans *Le palais de cristal* (2005), « Fogg est l'antipode de ses prédécesseurs typologiques, les navigateurs et les géographes des XVIe, XVIIe et XVIIIe siècles, pour lesquels chaque parcours était lié à des espoirs de découvertes, de conquêtes, d'enrichissements ». Si le héros de Verne nous est agréable parce qu'il mène avec sérieux un projet excentrique, il annonce malgré lui un nouveau type de rapport au monde moins louable, celui du voyageur toujours en transit qui consomme le globe sans vraiment le regarder mais seulement pour dire qu'il l'a traversé dans tous les sens : le touriste de masse.

Texte 17

Nietzsche, *Le Gai savoir*, Livre III, § 109 (1882), tr. Henri Albert

Gardons-nous. — Gardons-nous de penser que le monde est un être vivant. Comment devrait-il se développer ? De quoi devrait-il se nourrir ? Comment ferait-il pour croître et s'augmenter ? Nous savons à peu près ce que c'est que la matière organisée : et nous devrions changer le sens de ce qu'il y a d'indiciblement dérivé, de tardif, de rare, de hasardé, de ce que nous ne percevons que sur la croûte de la terre, pour en faire quelque chose d'essentiel, de général et d'éternel, comme font ceux qui appellent l'univers un organisme ? Voilà qui m'inspire le dégoût. Gardons-nous déjà de croire que l'univers est une machine ; il n'a certainement pas été construit en vue d'*un* but, en employant le mot « machine » nous lui faisons un bien trop grand honneur. Gardons-nous d'admettre pour certain, partout et d'une façon générale, quelque chose de défini comme le mouvement cyclique de nos constellations voisines : un regard jeté sur la voie lactée évoque déjà des doutes, fait croire qu'il y a peut-être là des mouvements beaucoup plus grossiers et plus contradictoires, et aussi des étoiles précipitées comme dans une chute en ligne droite, etc. L'ordre astral où nous vivons est une exception ; cet ordre, de même que la durée passable qui en est la condition, a de son côté rendu possible l'exception des exceptions : la formation de ce qui est organique. La condition générale du monde est, par contre, pour toute éternité, le chaos, non par l'absence d'une nécessité, mais au sens d'un manque d'ordre, de structure, de forme, de beauté, de sagesse et quels que soient les noms de nos esthétismes humains. Au jugement de notre raison les coups malheureux sont la règle générale, les exceptions ne sont pas le but secret et tout le mécanisme répète éternellement sa ritournelle qui ne peut jamais être appelée une mélodie, — et finalement le mot « coup malheureux » lui-même comporte déjà une humanisation qui contient un blâme. Mais comment oserions-nous nous permettre de blâmer ou de louer l'univers ! Gardons-nous de lui reprocher de la dureté et de la déraison, ou bien le contraire. Il n'est ni parfait, ni beau, ni noble et ne veut devenir rien de tout cela, il ne tend absolument pas à imiter l'homme ! Il n'est touché par aucun de nos jugements esthétiques et moraux ! Il ne possède pas non plus d'instinct de conservation, et, d'une façon générale, pas d'instinct du tout ; il ignore aussi toutes les lois. Gardons-nous de dire qu'il y a des lois dans la nature. Il n'y a que des nécessités : il n'y a là personne qui commande, personne qui obéit, personne qui enfreint. Lorsque vous saurez qu'il n'y a point de fins, vous saurez aussi qu'il n'y a point de hasard : car ce n'est qu'à côté d'un monde de fins que le mot « hasard » a un sens. Gardons-nous de dire que la mort est opposée à la vie. La vie n'est qu'une variété de la mort et une variété très rare. — Gardons-nous de penser que le monde crée éternellement du nouveau. Il n'y a pas de substances éternellement durables ; la matière est une erreur pareille à celle du dieu des Éléates. Mais quand serons-nous au bout de nos soins et de nos précautions ? Quand toutes ces ombres de Dieu ne nous troubleront-elles plus ? Quand aurons-nous entièrement dépouillé la nature de ses attributs divins ? Quand aurons-nous le droit, nous autres hommes, de nous *rendre naturels*, avec la nature pure, nouvellement trouvée, nouvellement délivrée ?

Commentaire

Ce texte majeur de Nietzsche reprend à certains égards des arguments anciens contre toute représentation « commode » du monde. Par commode, il faut entendre toutes celles qui cherchent à donner un sens à ce qui n'en a pas. On voit la diversité des points de vue possible. On pourrait, par exemple, être surpris du refus du « mécanisme » : mais c'est oublier à quel point cette conception du monde a été mise au service de conceptions créationnismes, sur le modèle bien connu du « Grand Horloger » : il est difficile de concevoir une machine qui se serait faite toute seule, ou qui serait le produit du pur hasard... On trouve donc dans ce texte les critiques de Lucrèce, de Bruno, de Hume ou de Diderot contre la finalité et le mécanisme. Mais Diderot, par exemple, tomberait dans la critique que fait Nietzsche du vitalisme... Plus étonnant encore, sans doute, le refus du terme « loi », qui nous paraît aujourd'hui le plus neutre qui soit. Il est en effet celui qu'a retenu le positivisme depuis Hume, Kant ou Comte : nous ne pouvons connaître que les « lois » de la nature, et non ses causes... Mais Nietzsche est surtout sensible à l'origine morale du terme : le positivisme ne conserve-t-il pas sans le savoir l'idée d'un « commandement » donné à la nature par une instance, aussi obscure soit-elle ? Et c'est bien là le fond du problème, et le but essentiel poursuivi par le texte : débusquer ce qu'il appelle joliment les « ombres de Dieu ». Nietzsche écrit à la fin du dix-neuvième siècle, époque où la science prétend s'être émancipée de la religion (n'est-ce pas, d'ailleurs, la définition du positivisme ?). Or, il n'aura de cesse de dénoncer ce qui reste de « religieux » dans la culture moderne. Dans la *Généalogie de la morale*, il considère que les savants modernes sont les héritiers inconscients des prêtres, car ils croient encore à la « vérité », même si c'est sous une forme édulcorée.

Mais, si l'on peut entendre cette critique, si elle paraît une grille d'interprétation importante de l'inconscient de la culture moderne, il n'en reste pas moins que l'idée de « nature pure », par laquelle Nietzsche veut remplacer le « monde » ancien gangrené par l'anthropomorphisme pose elle-même largement problème. Quel peut bien être le sens d'une nature totalement débarrassée de toute « projection » ? Considérerait-il les recherches actuelles en microphysique et en astrophysique comme dénuée de toute croyance ? Notre nature n'est certes pas « pure », mais elle est « multiple » – nous sommes à une époque d'hypothèses variées – ce qui aurait peut-être plu à ce grand critique de toute conception « unitaire ». Mais, fondamentalement, peut-on se passer d'un « modèle » pour penser le monde ? L'essentiel n'est-il pas de l'utiliser de façon consciente et critique ? N'y a-t-il pas une autre illusion à penser se « purifier » de tout préjugé ?

Texte 18

Max Weber, *Le métier et la vocation de savant* (1919), notre traduction

Faisons-nous une idée claire de ce que veut dire pratiquement la rationalisation par la science et par la technique guidée par la science. [...] L'intellectualisation et la rationalisation croissantes ne veulent pas dire que nous avons une connaissance générale croissante des conditions dans lesquelles nous vivons. Elles signifient bien plutôt que nous savons ou que nous croyons qu'à chaque instant nous *pourrions*, pourvu *seulement que nous le voulions*, nous prouver qu'il n'existe en principe aucune puissance mystérieuse et imprévisible qui entrent en jeu dans le cours de la vie ; autrement dit que nous pouvons *maîtriser* toute chose par la *prévision*. Cela signifie *le désenchantement du monde*. [...]

Le destin de notre époque caractérisée par la rationalisation, par l'intellectualisation et surtout par le désenchantement du monde, a conduit les humains à bannir les valeurs suprêmes les plus sublimes de la vie publique. Elles ont trouvé refuge soit dans le royaume transcendant de la vie mystique soit dans la fraternité des relations directes et réciproques entre individus isolés. Il n'y a rien de fortuit dans le fait que l'art le plus éminent de notre temps est intime et non monumental, ni non plus dans le fait que de nos jours on retrouve uniquement dans les petits cercles communautaires, dans le contact d'hommes à hommes, en pianissimo, quelque chose qui pourrait correspondre au *pneuma* prophétique qui embrasait autrefois les grandes communautés et les soudait ensemble. »

Commentaire

C'est au sociologue allemand Max Weber que l'on doit l'usage philosophique de l'expression empruntée à Schiller : « désenchantement du monde » (*Entzauberung der Welt*). Cette locution, parfois traduite par « démagification » du monde, apparaît dès 1904 dans *L'éthique protestante et l'esprit du capitalisme* avant d'être constamment reprise par Weber tout au long de sa carrière et notamment dans ses conférences. Mais que signifie-t-elle ? Elle désigne un processus religieux d'évacuation des croyances magiques et de purification rationnelle des religions. Initié par le prophétisme juif, ce processus est mené à son terme par le protestantisme. Le désenchantement joue ainsi un rôle décisif dans l'avènement du monde moderne parce que, comme il l'écrira dans son *Histoire économique* (1923), « il fournit la base de la science, de la technique et du capitalisme ». L'extrait retenu ici de la conférence faite par Weber en 1917 à l'Université de Munich devant ses étudiants sur la profession (*Beruf*) de savant reprend la thèse selon laquelle reconnaître que nous pouvons maîtriser le monde, c'est le désenchanter. Mais la conférence ne se contente pas de prendre acte que le monde se rationalise grâce au progrès scientifique et technique. Elle suggère que cette rationalisation laisse en suspens la question de la signification globale du monde en ne s'attachant plus qu'à expliquer dans le détail la complexité de sa structure. Le désenchantement du monde n'est donc pas seulement la négation de l'interférence du surnaturel dans l'ici-bas, mais c'est aussi ce qui mène à la vacance du sens, autrement dit : à la ruine d'une signification éthique du monde. Il ne faut donc pas attendre de la science qu'elle puisse porter sur la pratique de notre vie en l'orientant. C'est pourtant l'illusion qu'elle véhicule, à savoir qu'il lui suffirait de *vouloir* donner un sens au monde pour *pouvoir* le faire. Sceptique, Weber met ainsi en garde ses étudiants contre un mésusage de la science tout en les incitant à s'y vouer avec passion, travail et inspiration. On remarquera enfin que, intégrée dans le vocabulaire des sciences humaines, l'expression « désenchantement du monde » donnera lieu, tout au long du XXe siècle, à quantité de critiques, comme chez le penseur protestant Jacques Ellul, ou de louanges, comme Marcel Gauchet dont l'ouvrage le plus connu, paru en 1985, est justement intitulé *Le désenchantement du monde*. Ainsi peut-on dire qu'en conceptualisant cette expression, la pensée de Max Weber est devenue une référence majeure dans la querelle de la sécularisation.

Texte 19

Gaston Bachelard, *L'activité rationaliste de la physique contemporaine*, chapitre IV (1951)

Les notions géométriques sont d'autant plus opérantes qu'on s'élève davantage dans les ordres de composition. On voit leur importance croître lorsqu'on passe du noyau à l'atome chimique dans la science contemporaine, quand on prend l'atome chimique comme une *organisation* d'électrons. Notons toutefois que cette organisation géométrique des couches électroniques dans l'atome a subi une dégéométrisation quasi complète dans la chimie quantique.

En fait, c'est quand la composition passe de l'atome à la molécule que la géométrie de la matière apparaît vraiment. La molécule, elle, est un petit corps. La molécule, elle, a une géométrie. La molécule, elle, a des grandeurs assignables. C'est un édifice.

Il est philosophiquement intéressant de se rendre compte qu'on connaît d'autant mieux l'édifice moléculaire qu'on participe davantage à sa construction. Les structures un peu complexes deviennent paradoxalement mieux connues que les structures plus simples. Le chimiste est un constructeur de molécules.

Commentaire

Dans son œuvre épistémologique, Bachelard s'est employé à montrer que la physique du vingtième siècle nous obligeait à défaire nos certitudes sur le monde. Sans qu'on le sache toujours clairement, notre vision du monde est fortement marquée par le mécanisme classique. Pourtant, celui-ci représente une rupture capitale avec la physique antique. Mais il charrie des représentations et des notions familières, proches de l'expérience courante, et qui constituent autant d'« obstacles épistémologiques » à un regard renouvelé sur le réel. Ainsi, géométriser le monde comme l'a fait Descartes est certes une avancée majeure. Mais le danger est de penser alors que nous pouvons tout embrasser dans une géométrie familière en trois dimensions, euclidienne. Celle-ci n'opère que pour des phénomènes à grande échelle. La physique du vingtième siècle s'appuie sur des géométries non-euclidiennes (espace courbe de la relativité générale). Et la microphysique quantique va plus loin encore, si l'on peut dire, car elle dégéométrise l'élément premier du monde, l'atome. L'atome moderne n'a plus rien à voir avec l'objet solide de l'antiquité, certes. Mais il n'est plus le même que celui établi encore au début du vingtième siècle selon le modèle « planétaire » d'électrons en orbite autour d'un noyau. Le nuage d'énergie de l'électron rend impossible toute représentation substantielle de la réalité fondamentale. Et c'est contre cet obstacle qu'écrira aussi

Bachelard dans *La formation de l'esprit scientifique* : « L'obstacle substantialiste, comme tous les obstacles épistémologiques, est polymorphe. Il est fait de l'assemblage des intuitions les plus dispersées et même les plus opposées. Par une tendance quasi naturelle, l'esprit préscientifique bloque sur un objet toutes les connaissances où cet objet a un rôle, sans s'occuper de la hiérarchie des rôles empiriques. Il unit directement à la substance les qualités diverses, aussi bien une qualité superficielle qu'une qualité profonde, aussi bien une qualité manifeste qu'une qualité occulte ». Car, pour revenir à la physique quantique, la désubstantialisation devient un acte nécessaire de l'esprit : « La philosophie du corpuscule, dans cette occasion du corpuscule électrique comme dans d'autres cas, nous apprend une ontologie bien définie, strictement définie. Et cette ontologie aurait une valeur d'enseignement philosophique considérable, si seulement le philosophe voulait s'y attacher : en effet, cette ontologie du corpuscule barre d'un trait particulièrement net toute fuite dans l'irrationalisme de la substance. »

La leçon bachelardienne est donc bien philosophique. La science moderne n'est pas un réservoir de connaissances, d'expériences, de formules. Elle est une vision renouvelée du monde, qui a des conséquences sur notre façon d'utiliser les concepts les plus traditionnels de la philosophie. Mais cela ne signifie pas, bien évidemment, que la notion de substance n'a plus aucun sens : elle garde un caractère opératoire dans d'autres rapports au monde, ceux de la vie courante ou de l'imaginaire par exemple : le « feu » poétique est substantiel, au contraire des particules élémentaires du feu chimique…

Texte 20

Jacob von Uexküll, *Mondes animaux et monde humain* (posthume 1956), notre traduction

Pour le physiologiste, tout être vivant est un objet situé dans un monde humain. Il examine les organes des êtres vivants ainsi que leur synergie, à la façon dont un technicien explorerait une machine inconnue. À l'inverse, pour le biologiste, chaque être vivant est un sujet qui vit dans un monde qui lui est propre et dont il forme le centre. C'est pourquoi, il ne doit pas être comparé à une machine mais seulement au machiniste qui pilote la machine. Et voici une question simple : la tique est-elle une machine ou un machiniste, un simple objet ou un sujet ? Le physiologiste interprétera la tique comme une machine : « On peut distinguer chez la tique des récepteurs, autrement dit des organes sensoriels, et des effecteurs, autrement dit des organes actantiels, les uns et les autres étant reliés par un appareil de contrôle dans le système nerveux central. L'ensemble constitue une machine dont le machiniste reste invisible ». Ce à quoi répondra le biologiste : « Vous faites erreur : il n'y a pas une seule partie de la tique qui possède le caractère d'une machine ; partout agissent des machinistes » [...]. Toute la richesse du monde entourant la tique se racornit et se transforme en un produit pauvre, composé pour l'essentiel de seulement trois signes perceptifs et trois signes actantiels : c'est son milieu (*Umwelt*). La pauvreté du milieu conditionne cependant la certitude de l'activité, et la certitude est plus importante que la richesse.

À partir de l'exemple de la tique, on peut déduire les principes fondamentaux de construction des milieux qui valent pour tous les animaux.

Commentaire

Jakob von Uexküll (1864-1944) est l'un des pères de l'éthologie (ou science du comportement animal). C'est à lui que l'on doit le renouvellement de la notion de subjectivité en zoologie et l'introduction de celle de signification en biologie. L'une de ses thèses majeures est que le monde propre de l'animal (*Umwelt*) – composé du monde appréhendé (*Merkwelt*) et du monde agi (*Wirkwelt*) – est très différent du nôtre. C'est ce que prouve de manière exemplaire l'étude de la tique dont le monde se réduit à trois données sensorielles et toute la vie au sein de ce monde à seulement trois activités. En effet, l'observation du mode d'existence de la tique montre qu'elle ne perçoit successivement et uniquement que : la lumière pour monter sur les herbes ; l'odeur de l'acide butyrique dégagée par les mammifères pour se laisser tomber sur eux ; la température, pour savoir où enfoncer son rostre afin de pomper le sang de sa proie. Puis sa vie s'achève : « Le copieux repas de sang de la tique est aussi son festin de mort, car il ne lui reste alors plus rien à faire qu'à choir sur le sol, y déposer ses œufs et mourir ». Mais le texte précise bien que le monde en apparence très simplifié de la tique, ce « bandit de grand chemin sourd et aveugle », a sa cohérence et son efficacité, qu'elle ne le subit pas mais y imprime son mode d'être parce qu'elle n'est pas une simple machine qui serait comme produite par son milieu mais parce qu'elle a l'intelligence d'un système habilement dirigé par des machinistes qui communiquent entre eux et imposent à l'environnement de la tique sa reconfiguration du monde, un monde donc qui lui est propre. Pour le dire autrement, la notion de « Umwelt » proposée ici ne doit pas être confondue avec celle de milieu héritée du darwinisme, même si historiquement le sens de ce terme ne s'imposera pas dans le vocabulaire de l'éthologie : « J'ai tenté d'introduire le mot d'Umwelt pour désigner ce monde qui est le produit de l'organisme. Le mot a acquis droit de cité – mais malheureusement pas le concept. On emploie maintenant le mot d'Umwelt pour désigner l'environnement (*Umgebung*) spécifique d'un être vivant au même sens qu'on employait autrefois le mot de Milieu. Ainsi son sens propre a-t-il été perdu. », confiait Uexküll en 1912. On remarquera que Heidegger, qui s'inspire directement de Uexküll pour dire que l'animal est « pauvre en monde » est sans doute peu fidèle à la pensée de l'éthologue qui, lui, voit une grande « richesse » dans la « certitude » de l'activité de la tique.

Sujets corrigés

Sujet 1 Le monde est-il une machine ?

Dans le livre IV de sa *Bibliothèque historique*, Diodore de Sicile raconte l'histoire de Dédale dont le nom signifie « l'ingénieux ». À la fois architecte et technicien, c'est lui qui bâtit en Crète le monde labyrinthique où vécut le Minautore, l'enfant illégitime et monstrueux issu de l'union entre un taureau et Pasiphaé, la femme du roi Minos. C'est aussi lui qui construisit la machine volante censée permettre, à lui et à son fils Icare, d'échapper au roi Minos qui ne lui pardonnait pas d'avoir contribué à la trahison de Pasiphaé. Mais l'on sait le destin tragique d'Icare. La légende de Dédale montre ainsi combien l'ingéniosité humaine est fragile. Autorise-telle à concevoir le monde comme étant, ou comme devant être, une machine ?

La récurrence des phénomènes terrestres, la cyclicité du mouvement des planètes, l'énergie perceptible des étoiles les plus lointaines semblent justifier *a priori* un rapprochement entre le monde, ensemble de tout ce qui compose le réel, et la machine que l'on peut définir comme un système de pièces articulées de façon à produire un effet déterminé, ou plus brièvement comme de la pensée réifiée. Mais jusqu'à quel point ce parallélisme proposé est-il pertinent ? Toute machine a son ingénieur mais est-il vrai qu'un Créateur est à l'origine du monde ? Le fonctionnement d'une machine suppose une régularité mais le cosmos est-il si prévisible ? La machine implique une production d'énergie ou de matière transformée mais comment l'univers, compris aujourd'hui comme infini, pourrait-il extérioriser quoi que ce soit ? Ces interrogations rendent problématique l'identification proposée et invitent à déplacer la question vers ce qui la motive : faire du monde une machine, réellement ou par analogie, n'est-ce pas chercher à comprendre ce qui nous entoure à la manière de ce que nous sommes capables de construire ? Le concept de « monde-machine » a-t-il donc une valeur heuristique ou pragmatique ? S'agit-il ici de connaître le monde ou de le contrôler ?

On cherchera à savoir si l'analogie entre le monde et la machine peut se justifier du point de vue de la causalité (I), de l'efficience (II) et de la finalité (III).

Un monde fabriqué ?

Pour que le monde soit légitimement comparé à une machine, il faudrait d'abord que, comme elle, il soit construit rationnellement, pièces après pièces, à partir d'une matière transformée par un être savant. Or l'histoire de la cosmologie, en s'affranchissant du mythe hésiodique de l'engendrement du monde ou celui, biblique, de sa création ex nihilo, semble assez bien s'accommoder du modèle de la machine. Ainsi par exemple le démiurge du *Timée* (vers – 358), que Platon compare à un artisan, fabrique-t-il le monde comme on fabrique un automate : les Idées éternelles lui servent de plan, le découpage réglé du matériau (la khorâ) lui permet de forger une sphère armillaire, véritable structure du cosmos, dans laquelle il place une « âme » qui sert de moteur à sa rotation. Ce mythe artificialiste, le premier du genre, autoriserait donc à affirmer que le monde est bien une machine. Pourtant parce que le démiurge, en tant que cause productrice, n'a pas de valeur ontologique réelle, il ne saurait être comparé à un ouvrier ou à un ingénieur. N'est-ce pas l'indice que le monde ne saurait être « fabriqué » ?

De fait l'hypothèse que le monde serait éternel et donc qu'il n'aurait pas besoin d'être construit, remet en cause son rapprochement avec la machine. Certes cette hypothèse est aussi un défi pour la cosmologie qui ne peut se satisfaire ni de la solution matérialiste épicurienne parce qu'elle ne peut penser l'origine des atomes dont l'agrégation finit par configurer des mondes éphémères, ni de la solution aristotélicienne qui affirme sans autre explication que le monde supra-lunaire est ingénéré. C'est que, comme le voit Kant dans la *Critique de la raison pure* (1783), la raison se heurte à des antinomies irréductibles dès qu'elle s'aventure à spéculer sur l'origine du monde. Si la thèse qui affirme que « le monde a un commencement dans le temps et [qu']il est aussi limité dans l'espace » n'est pas plus démontrable que l'antithèse qui soutient que le monde est « infini dans le temps comme dans l'espace », c'est parce qu'aucune expérience ne permet de trancher le débat. Or pour Kant il n'y a de science que des phénomènes. Donc un discours qui prétendrait établir scientifiquement que le monde a été fabriqué par un « grand horloger », comme disait Voltaire, est invérifiable. Mais pourquoi faudrait-il qu'un divin ingénieur produise le monde ?

On peut penser qu'en imaginant que le monde est une machine, l'homme se persuade qu'il vit dans un univers parfaitement agencé. Car s'il est vrai qu'une machine ne fonctionne durablement que si ses mouvements internes ont été préalablement réglés, alors il y a quelque chose de rassurant à en transposer le modèle à tout l'univers. Tel est peut-être le sens qu'il faut donner à la théorie de « l'harmonie préétablie » de Leibniz qui, appliquant sa découverte du calcul infinitésimal à la cosmologie, imagine que notre monde est « le meilleur des mondes possibles » parce qu'un *Deus calculator* parfaitement bienveillant ne peut faire advenir qu'un monde optimisé : en raison de la perfection de son Créateur, le monde est non seulement une machine mais la meilleure des machines qui puisse exister, c'est-à-dire celle qui comporte le maximum de diversité dans le maximum d'unité. Le raisonnement est ici transitif : « *dum Deus calculat, fit mundus* (Dieu fait le monde en calculant) », lit-on dans la *Monadologie* (1714).

Cependant ce raisonnement n'est-il pas sophistique ? Hume se demandait en effet, dans ses *Dialogues sur la religion naturelle* (1779), si, s'agissant du monde, « tous les mérites de l'œuvre peuvent être à juste titre attribués à l'ouvrier ». Qu'est-ce qui prouve que la fabrication du monde n'a pas été très laborieuse, voire hasardeuse et qu'*in fine* elle n'est l'œuvre que d'un « stupide mécanicien » ? Mais cette objection ruine-t-elle pour autant l'hypothèse que le monde puisse être une machine ?

Un monde bien huilé ?

Quand bien même on ne pourrait rien dire de prouvable sur l'origine du monde et d'un ingénieur divin qui présiderait à sa fabrication, il n'en reste pas moins que l'image de la machine semble efficace pour comprendre son fonctionnement. Et pour cause : la naissance au XVIIe siècle du rationalisme et celle du mécanisme vont de pair. En effet, le propre de la machine c'est qu'elle est de la pensée réifiée : composée de pièces qu'on peut isoler et agencer les unes aux autres, elle rationalise la matière. En l'adoptant comme modèle, la complexité du réel devient lisible. Aussi lorsque dans *Le monde ou Traité de la lumière* (1633), Descartes systématise les découvertes de Galilée afin de les appliquer à tous les phénomènes, il semble suggérer que la mécanisation du monde n'est jamais que la condition de sa rationalisation. En faisant du principe d'inertie une loi fondamentale de la physique, en réduisant la matière à l'étendue et l'espace physique à l'espace géométrique, Descartes éclaire l'univers en le simplifiant. Mais dire que l'univers est *comme* une machine, n'est-ce pas dire que sa compréhension devient dépendante de l'évolution technique de cette même machine ? Or cette évolution est-elle compatible avec une modélisation satisfaisante de l'univers ?

Le passage avec Newton du mécanisme au dynamisme semble aller dans le sens d'une représentation toujours plus exacte du monde. De même que le fonctionnement d'une machine est parfaitement prévisible, de même avec Laplace, newtonien convaincu et auteur d'un monumental *Traité du mécanisme céleste* (1805), tout ce qui peut arriver dans le cosmos semble en droit déterminable par le calcul mathématique. Mais avec la découverte des lois de la thermodynamique qui impliquent que le destin d'un système physique est de s'éloigner de l'équilibre, ce bel optimisme subit un coup d'arrêt. Comme le remarquent Isabelle Stengers et Ilia Prigogine dans *La Nouvelle Alliance* (1979) : « ce que les machines à vapeur consomment disparaît sans retour ». Si on utilise ces machines pour penser le fonctionnement de l'univers, alors c'est son imprévisibilité qui l'emporte : en raison de son « entropie croissante », il se pourrait bien que le scénario de l'univers soit plus shakespearien que newtonien. La machine du monde a ses propres lois et il n'est pas impossible qu'elles comportent celle de sa déconstruction. Pour Stengers et Prigogine, le modèle de la machine bien réglée est dépassé parce que « nous avons découvert la violence de l'univers ». Renouer avec l'image grecque d'un cosmos vivant, contre lequel s'était construit le mécanisme cartésien, peut donc se révéler plus éclairant pour le comprendre. L'astrophysique contemporaine doit donc admettre la valeur heuristique d'un « réenchantement du monde ». Mais entre modèle vivant et modèle mécanique du monde faut-il vraiment choisir ?

Pas nécessairement. Parce qu'il est un Tout, pourquoi le monde ne pourrait-il pas être à la fois une machine et un être vivant ? C'est peut-être en un sens ce que suggère Fontenelle dans son *Entretiens sur la pluralité des mondes* (1686) lorsqu'il décrit toute la Nature comme un « théâtre d'opéra ». D'un côté tous les mouvements qu'on y observe peuvent s'expliquer par les lois de la mécanique : « Phaéton monte, parce qu'il est tiré par des cordes, et qu'un poids plus pesant que lui descend ». Mais, d'un autre côté, tous les mondes étant pour lui possiblement habités, on peut dire que Fontenelle annonce la pensée panvitaliste, selon laquelle tout est vivant dans l'univers, pensée qui se développera au XVIIIe siècle et qui substituera le paradigme biologique au paradigme mathématique pour connaître scientifiquement le réel. Quoi qu'il en soit, avec Fontenelle, ce qui prime c'est une esthétisation du fonctionnement du monde dont toute la machinerie fascine le regard sans l'inquiéter. Mais voir le monde comme un spectacle merveilleux n'est-ce pas là le comble de l'illusion, quand bien même ses coulisses seraient connues ?

Le modèle de la machine peut avoir un aspect rassurant. Non seulement parce qu'il permet jusqu'à un certain point d'expliquer le fonctionnement du monde mais aussi parce qu'il suggère implicitement que la connaissance de ses rouages le rend maîtrisable. Mais lorsque dans ses *Pensées* (1670), Pascal écrit que l'imagination « se lassera plutôt de concevoir que la nature de fournir », ne met-il pas en garde contre la prétention humaine à vouloir maîtriser l'univers sous prétexte qu'il pense l'avoir compris en le mécanisant ? Plus profondément, faire de l'univers une machine a-t-il vraiment un sens pour l'homme ?

Une machination contre l'homme ?

La machine se distingue du simple appareil de mesure en ce qu'elle n'est pas seulement un instrument de connaissance mais possiblement de locomotion et de production. Or ces deux fonctions semblent difficilement transposables au monde parce que dès lors qu'on découvre qu'il est infini, il n'a plus d'extériorité. En effet, si l'on fait de l'univers un vaisseau, vers quoi pourrait-il bien aller ? Et s'il produit quelque chose comment cette production pourrait-elle « sortir » de la machine du monde ? Même l'hypothèse audacieuse des multivers est ici prise en défaut parce que, par définition, il n'y a pas de passage d'un univers à un autre. Du point de vue de sa finalité le modèle de la machine n'aurait donc pas de sens. Mais si ce modèle n'est pas satisfaisant, n'est-ce pas surtout parce que le monde lui-même n'a pas de sens, comme le suggère *Schopenhauer dans le monde comme volonté et comme représentation* (1818) ? Si, à ses yeux, nous vivons dans « le pire des mondes possibles », c'est parce qu'aucune raison ne peut lui donner de signification. À supposer que le monde soit une machine son mécanisme est pour Schopenhauer nécessairement aveugle, désespérément cyclique et inutile. Mais ce pessimisme est-il bien fondé ?

On pourrait soutenir en effet que la machine est paradoxalement un obstacle et peut-être même un danger pour explorer et représenter adéquatement le monde. Amenée à commenter le premier vol humain dans l'espace accompli par Gagarine en 1961, Hannah Arendt estimait dans *La crise de la culture* (1961) que les moyens – colossaux et non maîtrisés politiquement – requis pour voyager dans l'univers pourraient se retourner contre l'homme. Pour rendre le monde habitable, il faut en effet admettre sa technicisation et donc son assimilation à une machine : la « véritable avalanche d'instruments fabuleux et de machines toujours plus ingénieuses [...] rend chaque jour plus improbable que l'homme rencontre dans le monde qui l'entoure quelque chose qui n'ait pas été fabriqué par l'homme ». Autrement dit, l'homme transforme le monde en une immense machine au risque de n'en être plus qu'un rouage. Peut-on alors aller jusqu'à dire que c'est la machine qui se substitue au monde comme l'anticipe le film *Matrix* (1999), lorsque Morpheus demande à Neo : « *How would you know the difference between the dream world and the real world ?* » ?

Mais à la pensée technophobique, qui fait du monde artificialisé une machination antihumaniste, on peut opposer une autre théorisation de notre rapport à l'univers : celle de Bergson qui affirme dans *Les deux sources de la morale et de la religion* (1939) que l'univers est bien une machine mais « une machine à faire des dieux ». Reliant mécanique et mystique, il soutient que les machines, en déchargeant l'homme de la pénibilité du travail physique, doivent lui permettre de trouver « un supplément d'âme » grâce auquel le courant vital qui traverse l'univers lui deviendrait intuitivement accessible. Ce retour à une cosmologie métaphysique peut certes sembler démodé. Mais en affirmant que « la Création apparaîtra comme une entreprise de Dieu pour créer des créateurs », Bergson redonne aux hommes la maîtrise des machines et voit dans leur prévisible amélioration – aujourd'hui indéniable depuis l'invention des machines cybernétiques – un moyen de son émancipation dans un cosmos spiritualisé et non pas la cause de son aliénation dans un univers technicisé.

Le recours au modèle de la machine pour comprendre le monde constitue indéniablement une étape du progrès de la pensée scientifique. Mais la valeur heuristique de la machine en astrophysique reste fragile. Ignorer cette fragilité, c'est prendre le risque d'idéaliser la machine. Cependant croire, comme le suggère

Arthur Clarke dans son roman *2001 ou l'odyssée de l'espace* (1968), que l'assimilation du monde à une machine est inconsciemment commandée par la machine elle-même qui voudrait se débarrasser de l'homme et générer son propre contrôle du monde, n'est-ce pas sous-estimer le pouvoir de l'homme sur ce qu'il construit ? Si le monde est *comme* plutôt que *réellement* une machine, n'est-ce pas parce que l'homme le veut bien ?

Sujet 2 **Fuir le monde**

Dans *Anywhere out of the world !*, poème extrait de ses *Petits poèmes en prose* (1869), Baudelaire dialogue avec son âme et l'invite à voyager à Lisbonne ou à Rotterdam, à Batavia ou « à l'extrême bout de la Baltique ». À cette proposition, son âme finit par répondre en explosant : « N'importe où ! n'importe où ! pourvu que ce soit hors de ce monde ! ». Comment interpréter ce cri ? Le poète manifeste-t-il ici une sensation d'étouffement au point de vouloir fuir le monde. Mais quel sens peut avoir cette expression ?

Fuir quelque chose, c'est s'en éloigner plus ou moins volontairement ou chercher à l'éviter. On voit d'emblée que si le monde désigne la totalité du réel, l'expression proposée est problématique : Où pourrait bien se réfugier celui qui fuit le cosmos sinon toujours dans un autre monde, fut-ce un monde imaginaire ou purement intérieur ? Et même si le monde ne définit que l'espace géographique peuplé par les hommes (l'œcoumène), celui qui s'y soustrait, ne se condamne-t-il pas à séjourner dans une retraite bien inhospitalière ? Mais plus que sa possibilité, c'est la motivation d'une telle fuite que semble interroger le sujet : Pourquoi fuir le monde ? Qu'est-ce qui le rend répulsif ? N'est-ce pas se méprendre sur sa nature que de ne voir en lui qu'une menace ou une cause d'ennui ? Plus profondément, fuir le monde peut-il avoir un sens, par exemple dans la quête de soi-même, ou bien n'est-ce pas le plus sûr moyen de s'aliéner en se coupant de la réalité et des autres hommes ?

On cherchera à savoir si fuir le monde est humainement possible (I) pour mieux comprendre en quoi il est habitable ou pas (II) afin de déterminer à quel type de monde il est sensé de s'attacher… au risque de s'y perdre.

Une impossibilité humaine

Avant d'interroger la raison qui motiverait une fuite du monde, il convient d'interroger la possibilité même d'une telle fuite. Or ce n'est pas seulement à l'obstacle de l'immensité de l'univers ou à celle des lois de la gravitation que nous sommes confrontés ici mais à celui, irréductible, de notre humanité même. Car s'il est vrai, comme le soutiennent les phénoménologues, que l'homme est un « être-au-monde », alors fuir le monde apparaît comme une impossibilité anthropologique. Comme l'explique Husserl dans *La terre ne se meut pas* (1934), la cosmologie scientifique a beau avoir démontré que notre monde est héliocentrique, il n'en reste pas moins que nous sommes attachés à un « sol originaire » : la terre, laquelle « n'est pas un corps » parce qu'elle conditionne « la constitution du monde ambiant ». Toute conscience intentionnelle est donc prédéterminée par son lien terrestre de sorte que, de même que nous ne sentons pas la terre bouger sous nos pieds, nous ne saurions fuir le monde sans l'emmener avec nous. Mais cette analyse est-elle encore valable quand le monde ne désigne plus le cosmos mais la société des hommes ?

On pourrait soutenir qu'effectivement, il est bien difficile de s'affranchir du monde des hommes quand on l'a côtoyé. Tel est par exemple le dilemme auquel est confronté Alceste, le protagoniste du *Misanthrope* (1666) de Molière. Ne supportant pas l'hypocrisie de la cour où l'on n'estime rien ni personne parce qu'on estime « tout le monde » (I, 1), il préfère qu'on le laisse dans son « petit coin sombre, avec [son] noir chagrin » (V, 1) après avoir menacé de « fuir dans le désert le reste des humains » (I, 1). Mais Alceste est amoureux de Célimène qui excelle dans la courtisanerie ; il est de surcroît un « homme du monde » comme le lui rappelle son ami Philinte ce qui l'oblige à rendre « quelques dehors civils que l'usage demande » (*id.*). La prudence, l'indulgence font qu'il est sage de ne pas trop juger le monde et ses « mondanités ». On peut être « honnête homme » sans se contraindre à verser dans l'érémitisme. Mieux : il est sans doute immoral de fuir le monde (« l'évasionisme ») plutôt que tenter de le réformer. Mais est-il seulement réformable ?

Pour que le monde ne soit pas répulsif, il faudrait s'assurer qu'il ne soit pas menaçant. Or si le progrès technique a offert aux hommes une certaine maîtrise du monde, il ne les a pas protégés de leurs semblables. Érasme le dit à sa manière dans *La Complainte de la Paix* (1516) lorsque, personnifiant la Paix, il décrit sa fuite à travers le monde. Si d'abord « quand [elle] entend le nom d'homme, elle [s']empresse d'accourir », c'est pour constater avec désespoir que la discorde règne partout entre les humains : ni dans les palais des princes, ni dans les collèges des savants, pas même dans les couvents des clercs, elle ne trouve un lieu où se reposer. Partout règne l'envie ou le désir de conquêtes : « le voisinage d'un royaume un peu trop florissant » suffit à donner un « motif légitime de guerre ». Alors que « les bêtes sauvages ne connaissent pas la guerre », l'homme à lui seul fait du monde un perpétuel champ de bataille. Si Érasme mise sur la pensée humaniste pour le réformer, il laisse entendre que fuir le chaos du monde est politiquement impossible.

Puisque nul ne peut échapper au monde et à ses tribulations, faut il se résigner à y vivre tragiquement ? Pascal, méditant dans ses *Pensées* sur les deux infinis, pointait la misère de l'homme sans Dieu, condamné à vivre et à mourir dans ce « petit cachot » qu'est notre monde. Mais cette interprétation tragique de notre condition est-elle la seule possible ? N'y a-t-il pas des raisons de préférer l'*amor mundi* à la *contemptio mundi* ?

Aimer notre monde malgré tout

Les raisons de fuir le monde sont-elles bien fondées ? Le monde n'est-il qu'une « vallée de larmes » ? L'affirmer reviendrait à nier les progrès accomplis par l'humanité pour s'y adapter mais aussi pour le transformer. C'est le mérite de Voltaire d'avoir montré dans le poème « Le Mondain » (1736) qu'avec la révolution industrielle initiée par l'Angleterre, le développement technique et le commerce rapprochent « les deux hémisphères » et fait espérer des mœurs plus douces entre les hommes. Ce n'est donc pas le monde présent avec son luxe et ses raffinements mais la « pure nature » qu'il conviendrait de fuir. Pour cela, il faudrait commencer par s'affranchir de la croyance au mythe païen d'un âge d'or ou au mythe biblique du jardin d'Éden et se convaincre que « le paradis terrestre est où je suis ». Certes Voltaire ne nie pas les malheurs du monde. Il en fait même une liste quasi-exhaustive dans *Candide* (1759), conte philosophique très critique à l'égard de l'optimisme leibnizien. Mais si nous ne vivons pas dans le meilleur des mondes possibles, on peut concéder avec le scythe Babouc, protagoniste d'un autre conte philosophique : *Le Monde comme il va* (1748), que « si tout n'est pas bien, tout est passable ». Mais justement, n'est-ce pas justement cette médiocrité du monde qui incite à le quitter ?

Ce n'est peut-être pas tant la dangerosité du monde qui invite à le fuir que paradoxalement sa sécurité car l'ennui que certains éprouvent à y vivre leur devient insupportable. C'est qu'à force de vouloir maîtriser la nature pour ne plus subir ses aléas, l'homme occidental a artificialisé le monde au point de s'aliéner dans son confort : « De nos jours, constate le penseur américain Henry David Thoreau dans *De la marche* (1862), presque tous les prétendus progrès de l'homme, tels que la construction de maisons, l'abattage des forêts et des grands arbres, déforment tout simplement le paysage et le rendent de plus en plus insipide et domestiqué ». Le monde transformé par l'homme, en se substituant au monde sauvage (ce que les Américains appellent la « *Wilderness* »), uniformiserait tellement ce qu'il offre à voir que l'humanité s'en trouverait appauvrie. Thoreau est donc conséquent lorsqu'il décide de fuir ce monde pour vivre en solitaire une expérience authentique pendant plus de deux ans au bord de l'étang de Walden, à quelques kilomètres de Concord dans le Massachussetts. Mais ce choix se heurte à un problème redoutable : ne voulant laisser aucune trace de sa présence dans la Wilderness pour ne pas la corrompre, Thoreau s'oblige à retourner dans le monde qu'il a fui. Doit-on en déduire qu'on ne peut durablement échapper au monde ?

Peut-être pas car une autre interprétation de la fuite est possible. C'est celle qui voit en elle non pas un évitement mais une aventure. Telle que l'analyse Jankélévitch dans *L'Aventure, l'Ennui, le Sérieux* (1963), l'aventure se caractérise par son rapport singulier au temps : « ce qui est vécu et passionnément espéré dans l'aventure, c'est le surgissement de l'avenir ». Si fuir le monde implique de s'aventurer en lui, cette fuite devient donc une exploration de ce que le monde comporte d'inconnu, d'imprévisible. Toujours en mouvement, « l'aventureux » (que Jankélévitch distingue de l'aventurier en qui il voit un professionnel de l'aventure condamné à la répétition) n'est donc pas un fuyard mais un découvreur qui adopte un véritable « style de vie » en ne s'attachant pas dans la durée aux espaces lointains que sa curiosité lui permet d'investir et ce non pas parce qu'il serait affecté par la douleur du désir du retour, comme l'est le nostalgique Ulysse, mais parce que le monde est pour lui inépuisable. Toutefois en s'enfonçant toujours davantage dans le monde, n'est-ce pas son identité même que l'aventureux met en jeu ? Que reste-t-il du poète Rimbaud lorsqu'il devient contrebandier en Abyssinie et qu'il finit sa vie misérablement, à 37 ans, dans un lazaret de Marseille ?

Qu'il soit dangereux, ennuyeux, ou mystérieux, le monde apparaît donc à la fois et contradictoirement comme répulsif et attractif. Pour remédier à cette ambivalence ne convient-il pas alors de distinguer les mondes, comme le propose le romancier Daniel Kehlmann qui, dans *Les arpenteurs du monde* (2007), fait dialoguer le mathématicien Carl Gauss et le géographe explorateur Friedrich von Humboldt, chacun ayant fui son quotidien pour découvrir d'autres univers ? Autrement dit, n'est-ce pas en se projetant hors de notre monde que le sujet peut satisfaire sa quête de sens et comprendre ce qui, à tort ou à raison, le lie à ce monde-ci ou à un autre ?

Rêver d'un autre monde

Revenons aux motivations qui invitent l'individu à fuir le monde. Si ce n'est ni par lâcheté, ni par curiosité, n'est-ce pas parce que ce monde-ci lui paraît insignifiant par rapport à un monde idéal dont il veut croire qu'il est le seul digne d'être habité ? Tel est peut-être le raisonnement des premiers moines chrétiens, anachorètes qui se réfugiaient dans le désert égyptien pour prier et espérer voir descendre la Jérusalem céleste. La fuite se transforme ici en appel et le monde espéré, parfois entrevu, en paradis. Dans la tradition chiite persane, et en particulier dans la *Théosophie orientale* (XIIe siècle) du philosophe iranien Sohravardî, la description de ce monde est rendue possible par la médiation d'un monde imaginaire (*alam al mithal*) que l'orientaliste Henri Corbin appelle : « l'imaginal ». Il s'agit du monde des Formes et Images « en suspens » qui se manifestent comme dans un miroir. Ce monde d'une grande richesse (on y retrouve notamment les djinns et les cités mystiques comme Jabalqa, Jabarsa, Hûrqalya), mi-éclairé, mi-enténébré, ne peut être perçu que par l'imagination active dont l'usage élève le mystique vers le but de sa vie terrestre : atteindre le paradis. Mais ce recours à l'imagination privilégié par la voie mystique ne comporte-t-il pas un risque d'aliénation ? Comment s'assurer que le monde idéal n'est pas un monde seulement désiré ?

À l'élévation du mystique, on pourrait opposer la plongée du rêveur dans son monde intérieur ; à la quête du sens, celle du non-sens comme le montre le voyage bien connu d'Alice au pays des Merveille. Tel que l'analyse Gilles Deleuze dans *Logique du sens* (1969), le roman de Lewis Carroll fournit la parfaite illustration de la thèse selon laquelle en fuyant notre monde pour se réfugier dans un autre, c'est l'idée même de sens qui devient problématique. Qu'advient-il en effet à Alice au cours de ses aventures qui la mèneront du terrier du lapin blanc qui se dit toujours « en retard » jusqu'au royaume de la « reine de cœur » qui demande qu'on coupe la tête de la jeune fille ? Outre que tous ses repères extérieurs se trouvent malmenés, c'est son identité et même le sens du sens qu'elle semble perdre durant son voyage : « Qui puis-je bien être ? » se demande-t-elle et elle s'effraie d'avoir été transformée en Ada ou Mabel, des « enfants de son âge qu'elle connaissait ». Autrement dit, entre son monde intérieur et la réalité, la communication devient impossible. On pourrait alors soutenir que la fuite dans le monde du rêve suit une dangereuse pente schizophrénique. Ne peut-on cependant rationaliser le monde rêvé pour que le refuge qu'il constitue à nos yeux ne soit pas seulement un évitement du monde ?

Pour que la fuite du monde par l'imaginaire ne soit pas stérile, il faudrait que le monde rêvé puisse agir sur le monde réel. Tel est précisément le projet de l'*Utopie* (1516) de Thomas More. La description des mœurs de l'île d'Utopia, située aux antipodes de l'Angleterre, description faite par un voyageur portugais (Raphaël Hythlodée, véritable globe-trotter) qui a pu y accoster, se veut une solution aux maux qui affectent la société anglaise. Avec une grande habileté, More imagine un monde où règnent la justice et la paix parce qu'en particulier les conditions du vol y ont été abolies par une sage distribution du travail. Sa fiction a pour but de stimuler l'imaginaire social afin d'inspirer des réformes pour une meilleure gouvernance du monde réel. Or le fait est qu'au cours des siècles qui suivront, bien des idées mises en intrigue par Thomas More, comme par exemple celle de « ne faire tort à personne pour sa religion », seront reprises, adaptées, instituées et appliquées. Fuir hors du monde pour en imaginer un meilleur permettrait donc de dialectiser notre rapport à l'Histoire et d'orienter librement son évolution. Mais cette même Histoire a montré que l'utopie pouvait se retourner en dystopie, le rêve en cauchemar, comme en témoigne l'expérience tragique du totalitarisme au XXe siècle. Se réfugier longuement dans un monde idéalisé, n'est-ce pas aussi prendre le risque de vouloir un jour l'imposer aux autres ?

La cosmologie nous enseigne que toutes les étoiles meurent et donc que leurs planètes aussi. Parce que la terre disparaîtra, l'humanité n'aura d'autre choix que l'exil ou la mort. Fuir notre monde pour émigrer vers d'autres mondes habitables sera à terme une nécessité vitale. Mais cette nécessité n'est pour lors que relative et relève davantage d'un choix existentiel. Choix risqué qui peut aliéner l'individu mais aussi lui permettre de réaliser son identité : ne fut-ce pas le cas de Gauguin qui, privilégiant l'esthétique sur la morale, renouvela son génie créateur en abandonnant sa femme et ses cinq enfants pour aller vivre et peindre en Polynésie ? Fuir le monde est donc une attitude radicale et ambivalente dont on ne peut dire par avance si elle est une folie comme peut l'être l'agoraphobie ou si elle touche au paroxysme du sens.

Sujet 3 L'autre monde

On pourrait définir le monde comme « tout ce qui existe ». En ce cas, par définition, le monde s'identifie avec le réel lui-même. Les tâches sont fixées. Il y a celle de la connaissance. Le monde peut se comprendre alors comme la « nature », soit ce qui n'est pas modifié par l'homme, et la tâche de connaissance est celle de la science, ou plus précisément des sciences dites naturelles. La connaissance englobe aussi le monde constitué par les hommes, que l'on appelle « culture » pour le distinguer justement de la nature. De multiples mondes peuvent s'offrir à l'étude : monde social, monde de l'art, monde politique, etc. Autre tâche fondamentale : vivre dans ce monde. Ou, plutôt, « apprendre » à y vivre. On peut subsumer sous ce terme à la fois les apprentissages culturels et sociaux, et tout le champ de la morale : que dois-je faire dans ce monde où je vis ? Peut-être suffit-il, diraient certains, d'en jouir, mais c'est après tout une autre forme d'approche éthique. Reste que toutes ces questions ne se posent que parce que nous n'avons pas de doute sur l'unicité de ce monde qui est le nôtre.

Or, un doute apparaît. Que voulons-nous dire exactement quand nous évoquons « le » monde, « notre » monde, ou « ce » monde ? Quelle « réalité » désignons-nous ainsi avec tant d'assurance ? Prenons un exemple classique. Admettons que tout mon comportement éthique dans « ce » monde soit gouverné par ma croyance dans un « autre » monde, que je vais nommer « monde futur », « monde divin », « paradis », « enfer », etc. La réponse immédiate serait d'objecter qu'il ne s'agit que d'une « croyance ». Mais si une croyance est assez forte pour conditionner mon comportement quotidien dans ce monde, est-ce qu'elle n'implique pas qu'on prenne au sérieux l'idée même d'un « autre monde » ?

On pourrait en dire autant avec l'imaginaire, la fiction, etc. La question est-elle donc de créditer ou de discréditer ces autres mondes, ou de s'interroger sur le désir humain profond de « créer des mondes » ? Est-ce que tout « autre monde », finalement, est une fuite à l'égard du monde, ou une autre façon de le retrouver ?

Le rejet de l'« autre monde »

« Dans l'autre monde »... Cette expression est spontanément associée à la croyance religieuse en un « monde meilleur », même si ce dernier peut se révéler finalement le pire. Il faudrait ici distinguer entre la vague croyance en une survie de l'âme (associée ou non au corps) après la mort, et la construction théorique effective d'un autre monde par la théologie. Toute religion ne possède pas de représentation d'un autre monde, mais si celui-ci existe, il ne peut être laissé au hasard des imaginations. Il faut le « penser », c'est-à-dire aussi bien l'organiser, le construire. Ce qui le définit, c'est d'abord sa « spatialité ». La théologie chrétienne rajoutera ainsi à partir du treizième siècle un tiers lieu entre l'Enfer et le Paradis, le Purgatoire, pour rendre compte de l'enjeu moral de la progression, et pour éviter le risque de désespoir face au salut. Reste que ce qui importe, du point de vue théologique, c'est justement de se défaire du poids de l'imaginaire : l'autre monde a avant tout un statut moral : c'est l'état de l'élu ou du damné qu'il importe de comprendre. L'existence du Purgatoire se justifie donc d'abord moralement, comme le fait Thomas d'Aquin (Supplément de la *Somme théologique*) : « S'il est vrai que la contrition efface la faute, mais ne remet pas totalement la peine due au péché ; s'il est vrai que les péchés mortels peuvent être pardonnés sans que les péchés véniels le soient toujours en même temps ; s'il est vrai que la justice de Dieu exige qu'une peine proportionnée rétablisse l'ordre bouleversé par le péché : il faut conclure que celui qui meurt contrit et absous de ses péchés, mais sans avoir pleinement satisfait pour eux, doit être puni dans l'autre vie ». L'idée d'autre monde ne vaut donc pas tant par sa représentation que par sa fonction : d'organisation des actes dans ce monde-ci. Et, pour ses détracteurs, il en découle qu'outre le refus de la croyance en elle-même, c'est justement les effets de domination morale sur ce monde qui importent.

L'idée même d'« autre monde » a donc mauvaise presse, parce qu'elle est d'abord vue sous le prisme d'un redoublement inutile de ce monde, le seul réel, le seul vrai. À ce titre, une des tâches de la raison serait justement de nous apprendre à guérir de la tentation de chercher la vérité ou le salut dans un ailleurs imaginaire. La figure sans doute la plus connue de cette conception de la philosophie comme critique des « outres mondes » est celle de Nietzsche, critique qu'il a lui-même brillamment (et avec humour) résumée dans une page du *Crépuscule des idoles* : « Comment le "monde-vrai" devint une fable ». Dans cette rapide « histoire » de toute la pensée occidentale, tout commence avec le monde « vrai » des métaphysiciens (Platon) suivi par le monde vrai « espéré » des chrétiens. Deux erreurs dont il faut se débarrasser pour enfin arriver à vivre dans le monde unique, ce qui suppose d'éliminer par la même occasion notre croyance en la vérité… Mais l'enjeu est-il seulement épistémologique ?

Certainement pas. Car, à ce titre, on pourrait se demander quel problème il y a, fondamentalement, à préférer le vrai au faux, ou plutôt, en terme nietzschéen, le « monde vrai » au « monde apparent ». Celui qui construit sa théorie de la vérité sur l'idée d'un « monde vrai » a en réalité « besoin » de cet autre monde. Et d'où vient ce besoin ? Une des pistes d'interprétation est qu'il reposerait d'abord sur un refus, mais qui n'est pas rationnellement construit : qui est plutôt « impuissance » à accepter ce monde comme le seul « réel ». Croire en un autre monde n'est pas faire le choix rationnel de l'existence de ce « monde vrai », c'est « fuir » par incapacité à supporter certaines données propres à notre monde. Ce que le philosophe français Paul Ricœur a nommé les « philosophes du soupçon » ont dégagé chacun des causes de cette fuite. Pour Marx, elle traduit la nécessité pour les dominés de supporter le sort qui leur est fait dans la structure socio-économique du monde réel (quoi de plus rassurant de penser qu'on sera plus tard les « premiers », dans cet autre monde « juste »), pour Nietzsche, c'est le non-sens foncier du monde réel qui est insupportable, et qui conduit à la fiction d'un autre monde « ordonné », et pour Freud enfin, c'est la détresse essentielle de l'homme face au réel, à sa mortalité, et face à la frustration de ses désirs, qui le conduit à désirer l'existence d'un double idéal du père protecteur, qui nous donnera dans un autre monde ce dont celui-ci nous « frustre ».

On peut se demander cependant si ne risque pas de s'opérer une confusion dommageable : en effet, les trois auteurs considèrent la métaphysique comme un aspect simplement plus intellectualisé de cette croyance. N'est-ce pas manquer toute la différence entre fonction rationnelle et irrationnelle de l'autre monde ?

La fonction « heuristique » de l'autre monde

On pourrait donc se demander s'il n'y a pas un usage paradoxalement rationnel à l'idée d'un autre monde. Est-ce qu'une position hypercritique comme celle de Nietzsche n'opère pas elle-même par simplification ? Est-ce que le métaphysicien est purement et simplement celui qui est dominé par une « croyance », celle d'un « autre monde », que l'on pourrait mettre sur le même plan – à quelques degrés près, puisque la métaphysique s'adresse à une élite, pas à la foule – que la croyance religieuse ? Ne risque-t-on pas de manquer ce qui fait le cœur même de l'idée métaphysique de l'« autre monde » ? Prenons justement le cas extrême, celui de Platon, associé à l'idée du « réalisme des idées », c'est-à-dire d'un redoublement de notre monde « sensible » dans un monde « intelligible » et seul « réel ». Outre que le vocabulaire même du « monde intelligible » n'existe pas chez Platon, si l'on est attentif à ses textes, on remarque qu'il cherche avant tout à construire ce qu'il nomme des « *paradeigma* », que l'on peut traduire par « modèle » : la question n'est pas, par exemple, de savoir s'il existe une cité parfaitement juste dans un autre « ciel », celui de la justice en soi, mais si nous pouvons construire en pensée la justice, comme il le dit lui-même dans la *République :* « C'était donc pour avoir un modèle, dis-je, que nous cherchions à la fois ce qu'est la justice en soi, et un homme parfaitement juste, au cas où il pourrait venir à être, et quel homme il serait une fois advenu ; et inversement pour l'injustice et pour l'homme le plus injuste ». En d'autres termes, le métaphysicien est-il le penseur échevelé de l'« autre monde », ou plutôt le chercheur du meilleur modèle pour penser notre monde ?

Évoquer une fonction heuristique c'est donc renverser l'argument « nietzschéen » : si nous avons besoin d'un autre monde, ce n'est pas du tout pour « fuir » ce monde, mais pour lui rendre pleinement justice. L'erreur porte alors sur l'idée qu'on ne peut se passer de la « croyance ». Mais on pourrait aussi distinguer une croyance naïve (le « credo ») d'une croyance « raisonnable » : c'est-à-dire de l'usage en toute conscience d'un raisonnement sur l'autre monde, parce qu'il me donne des moyens supplémentaires pour penser ce monde. On pourrait, de ce point de vue, se demander si la notion de « modèle » est propre à la métaphysique. Est-ce qu'elle ne participe pas d'une démarche inévitable de la pensée ? Et ce, même dans des domaines « objectifs », comme la science ? Le terme d'« autre monde » a ceci de trompeur, qu'il laisse penser à une réalité redoublée de ce monde-ci sous une forme en général meilleure. Mais prenons un exemple plus sobre. D'une certaine manière, le monde tel que le pensait la physique classique n'existe pas. Non pas qu'il s'agisse d'un monde imaginaire. Mais l'idée d'une nature parfaitement « mécanique », faite de particules absolument solides dont toutes les trajectoires seraient calculables si l'on connaissait les données premières (leur masse, leur vitesse, les forces qui s'exercent sur elles, etc.) est une fiction qui ne correspond à aucune réalité effectivement observable dans ce monde. Mais c'est une fiction d'une grande utilité pour simplifier les calculs des corps. Bref, cet « autre monde » n'existe pas en tant que tel, et il permet pourtant de donner un sens aux phénomènes de « ce » monde. Le tout étant de ne pas « croire » de nouveau à la réalité de cet autre monde.

L'autre monde serait donc une fiction utile à condition d'être constamment contrôlée par des données expérimentales ? Pauvre monde pourrait-on dire. N'est-ce pas limiter la liberté même de la pensée ? Faut-il que l'autre monde « colle » avec ce monde ? Cette conception positiviste de l'autre monde appauvrit peut-être les possibilités de pensée qu'ouvre l'hypothèse qu'il existerait, réellement ou potentiellement, un ou d'autres mondes. Le passage du singulier au pluriel est notable dans ce que l'on appelle la théorie des mondes possibles. Est-ce que l'idée d'un seul autre monde ne conduit pas inévitablement à en faire « le » monde vrai, ou « le » modèle parfaitement opératoire ? Si nous regardons notre monde, on peut faire l'hypothèse qu'il est un parmi une infinité de mondes possibles. Il ne s'agit pas d'un pur jeu intellectuel.

Métaphysiquement, cela permet justement de donner droit à une pensée du rapport entre réalité et possibilité. Si le réel n'est pas un cas du possible, ne risque-t-on pas d'en faire un « absolu » ? Et donc, paradoxalement, un « nécessaire » ? C'est ce que veut montrer la métaphysique leibnizienne du possible : parmi l'infinité des possibles, Dieu a choisi la meilleure des combinaisons possibles (des « compossibles ») : ce monde n'est donc pas le meilleur « en soi », mais comparativement : la contingence est ainsi sauvée. Mais on pourrait aussi dire que la philosophie ouvre ici vers le domaine de l'imaginaire. C'est en effet en s'inspirant de la science-fiction qu'un auteur contemporain comme David Lewis considère qu'il existe effectivement une infinité d'autres mondes parallèles aux nôtres, chacun étant « actuel » pour ses « co-mondains ».

Mais, ce qui caractérise la fiction littéraire, n'est-ce pas justement de faire « communiquer » les mondes ?

L'autre monde de la fiction : le vrai « monde meilleur »

Pour considérer une œuvre de fiction comme un autre monde, il faut préciser ce qu'on entend par là. Peut-être convient-il avant tout se débarrasser de l'idée qu'une peinture ou un roman seraient une « représentation du réel ». Même si on n'entend pas par là une pure et simple « copie », l'idée même de représentation implique que la fonction première de l'œuvre serait de rendre compte de traits du réel. Or, comme l'a montré le philosophe américain Nelson Goodman, c'est être aveugle au fait qu'une œuvre d'art repose d'abord sur des techniques spécifiques qui constituent son langage propre, qui n'est en rien un redoublement du réel. Une peinture « réaliste » est une « traduction » par l'artiste à partir de moyens qui produisent une cohérence qui est celle de l'œuvre, et pas du rapport de l'œuvre au réel. À ce titre, de même que Goodman parle de « langages de l'art », on peut dire que ces langages produisent chacun leur monde propre. Bien sûr, ce monde n'est pas sans rapport avec le nôtre parce que l'artiste habite ce monde… Mais que veut dire « habiter » ? Au sens de Merleau-Ponty, la peinture est un prolongement du « corps » de l'artiste : c'est donc la façon dont notre corps est présent au monde, cet espace irréductible à celui de la science géométrique de la perspective, que nous ferait voir Cézanne. Pas d'autre monde, mais au contraire la « vérité » charnelle de notre monde…

Or, c'est justement cette dimension de « langage » de l'art qui est alors curieusement oubliée. On se demande, dans cette perspective Merleau-Pontienne, comment l'on pourrait comprendre qu'un paysage de Cézanne soit ni plus ni moins vrai qu'un paysage de Bonnard ou de Monet… C'est bien parce que chaque peintre construit son langage pour donner à voir un monde propre, monde que l'on peut bien appeler un « autre monde » : non la « représentation » de la nature par un tel, mais le monde « de la peinture » d'un tel. Ce que l'on retrouve dans cette perspective, c'est aussi l'idée de « croyance » : le lecteur ou le spectateur est engagé face à l'œuvre dans un mouvement d'adhésion à la cohérence d'une vision : il « prend pour vrai » ce qu'il sait ne pas l'être. Or, c'est justement cet « autre monde » qui est parfois considéré comme le « plus vrai ». On pourrait, dans la phrase célèbre de Proust, remplacer le mot « vie » par celui de « monde » : « Le *vrai* monde, le monde enfin découvert et éclairci, *le seul monde* par conséquent réellement vécu, *c'est la littérature* ».

Mais pourquoi « vrai » ? On pourrait objecter que la vérité suppose l'unicité d'un monde. Or, la littérature, ou l'art en général, ne promet pas « un monde vrai », mais produit une multiplicité de mondes. Ne retrouverait-on pas les critiques faites contre la croyance religieuse ? Le grand poème de Baudelaire, « Le Voyage », est une critique impitoyable de « ce monde-ci », mêmes dans ses horizons les plus exotiques : « Le monde, monotone et petit, aujourd'hui, hier, demain, toujours, nous fait voir notre image, un océan d'horreur dans un désert d'ennui ». L'appel final à la mort, ce « Vieux capitaine », peut être entendu comme espoir d'un autre monde (« Enfer ou ciel, qu'importe, au fond de l'inconnu pour trouver du nouveau ») qui ne serait pas celui de la religion, mais de l'art lui-même. Croyance, fuite ? Au contraire : l'autre monde fictionnel tient sa valeur de sa cohérence qui n'est ni redoublement de ce monde, ni simple espoir d'un monde meilleur. Ce n'est pas dans la théologie, avons-nous dit, que l'on trouve une « représentation » du monde d'outre-tombe, c'est dans la littérature : le poème de Dante construit pour l'imaginaire occidental la description « vraie » des lieux infernaux. Elle combine la force visuelle, la dramaturgie, la vision morale et politique, l'enseignement rhétorique et poétique… Cet autre monde décrit par Dante est comme la métaphore absolue de tout désir d'un autre monde qui donne sens à ce monde : l'art offre comme la science des modèles, mais multiples et infiniment libres.

« Anywhere out of the world », chante Baudelaire dans un de ses petits poèmes en prose. N'est-ce pas un de nos désirs profonds ? Mais qui y a-t-il ailleurs ? Un autre monde, ou « rien » ? Et s'il existe un autre monde, peut-être ne ressemble-t-il en rien à celui que nous connaissons. Pourtant, si l'on prend l'exemple des rêves, même dans leur absurdité nous nous y « retrouvons », parce qu'ils sont faits de la matière de notre monde intérieur. Les limites de l'imagination sont en réalité finies. L'expression « autre monde » à ceci de trompeur qu'elle laisse croire à l'existence d'un seul autre possible. D'autre part, le risque n'est-il pas de négliger ce qui donne à notre monde une richesse elle-même infinie ? Pourquoi rêvons-nous d'autres mondes, alors que nous n'en avons jamais fini d'explorer notre monde ?

Sujet 4 La beauté du monde

Caeli enarrant gloriam Dei et opera manuum eius adnuntiat firmamentum (« Les cieux racontent la gloire de Dieu, et l'étendue manifeste l'œuvre de ses mains »). Le deuxième verset du *Psaume* 19 célèbre la puissance de Dieu se manifestant à même sa Création. Selon la Genèse, la Création est reconnue par Dieu lui-même comme « bonne ». Cette bonté, qui relève de l'être lui-même, est-elle aussi beauté ? Pourquoi distinguer les deux, pourrait-on dire aussi bien ? Les cieux produisent un effet esthétique, une admiration. La finalité qui, pour certains, se manifeste dans la nature, ne lui donne-t-elle pas une quasi-perfection que l'on peut comparer à l'œuvre d'art ? En ce sens, il y aurait une beauté de l'univers comme totalité, et une beauté de ses composantes les plus infimes.

Plusieurs questions se posent néanmoins. D'une part, que signifie réellement cette beauté ? Est-elle réellement dans les choses mêmes ? Dire que le ciel est « beau » ne traduit-il pas un regard superficiel sur la complexité du cosmos ? D'autant que, depuis l'antiquité, les arguments sur la perfection finale ont été constamment critiqués. Du reste, même si on accepte le concept de finalité, le lien n'est certes pas évident entre l'adaptation d'un organe à sa fonction et sa « beauté » : là encore, le terme peut traduire la simple admiration du savant devant un processus naturel. D'autre part, peut-on réduire le monde à la nature ? Qu'il y ait des beautés naturelles est une chose, que l'on puisse appliquer une valeur esthétique à l'univers dans son ensemble paraît douteux : encore faudrait-il en avoir une vision suffisamment unifiée. Finalement, la beauté du monde n'est-elle pas plutôt une injonction ? Ne faut-il pas chercher à embellir le monde, ou à en voir la beauté, même cachée, ce monde étant « notre monde », le monde dans lequel je vis, celui qui m'entoure, plutôt que ce cosmos qui me dépasse de toute part, et qui relève peut-être d'un autre qualificatif, le « sublime » ? Mais, « embellir » le monde, est-ce simplement changer de regard, au prix de la naïveté, ou produire cette beauté, sinon dans mon monde environnant, dans ce monde que je vais créer, celui de l'œuvre d'art par exemple ?

La beauté de l'univers

Quel rapport entre la « beauté » et le « monde » ? Et quel « monde » ? Si l'on considère ce dernier comme la totalité du réel, le « tout du monde », ne faut-il pas lui donner une certaine « forme » pour qu'on puisse la trouver belle ? On pourrait dire qu'il suffit de lever les yeux pour admirer le ciel étoilé, mais que voit-on alors ? Empiriquement, une multiplicité de points lumineux sur un fond obscur. On peut certes « trouver cela beau », mais cela ne permet en rien d'en déduire la valeur proprement esthétique d'un objet. D'une part, ce n'est pas « le monde » qui est vu, mais le « ciel », ou plutôt sa simple apparence. D'autre part, ce « sentiment » reste essentiellement subjectif. Pour passer d'une impression subjective donnée par une portion de la nature à la qualification objective de la beauté du monde en tant que tel, il faut, on le voit, changer de perspective, et passer des sens à l'intelligence : c'est en s'efforçant de connaître ce monde qui se trouve derrière les apparences du « ciel », que l'on pourra donner un sens à sa valeur esthétique.

Ce dépassement définit le regard métaphysique sur le monde. On passe alors d'une vision du monde à une représentation précise, ordonnée. Si l'on reprend l'adjectif « beau », s'il ne doit pas seulement traduire une impression, il doit posséder une définition précise : le monde ne peut être beau que s'il possède des caractéristiques comme l'ordre, l'harmonie, la stabilité, l'unité dans la diversité, etc. Or, comment « savoir » si le monde possède ces caractéristiques ? La métaphysique nous en donne-t-elle la certitude ? Il est frappant que le premier auteur à fonder rationnellement la beauté du monde reconnaisse lui-même la part d'incertitude que suppose cette construction. Dans le *Timée*, c'est à travers un discours vraisemblable que l'on « raconte » la production du monde par le dieu. Comme on le voit, la beauté est alors inséparable de la dimension intelligible du monde : « Or, il n'était pas permis, et ce ne l'est pas, à l'être le meilleur de faire autre chose que ce qu'il y a de plus beau. Ayant réfléchi, il se rendit compte que, de choses par nature visibles, son travail ne pourrait jamais faire sortir un tout dépourvu d'intellect qui fût plus beau qu'un tout pourvu d'intellect et que, par ailleurs, il était impossible que l'intellect soit présent en quelque chose dépourvue d'une âme ». Mais cela signifie que la « beauté » ne peut être perçue au premier regard : c'est seulement si l'on sait, par exemple, reconnaître dans le ciel des mouvements réguliers, et les rapports harmoniques entre la régularité parfaite du mouvement des étoiles « fixes » et les astres « errants » (les planètes) que l'on aura le droit de donner à la beauté du monde un sens adéquat. D'autre part, le monde est un « grand vivant ». Étant un corps doté d'une âme, il manifeste cette finalité que l'on retrouve dans les êtres vivants et qui en fait justement la beauté.

Le prix paraît donc lourd à payer. D'une part il faut se « donner » rationnellement la totalité du monde, d'autre part introduire dans cette totalité des principes qui vont bien au-delà des apparences. Ce n'est pas par hasard que Platon évoque la simple vraisemblance… Ne peut-on pas donner un sens plus admissible à cette intuition platonicienne ? En effet, sans accepter son aspect le plus métaphysique, et notamment l'idée du monde comme « animal », ne peut-on retenir que, si l'on veut donner un sens à la « beauté du monde », il faut accepter d'en dépasser les apparences, pour apprendre à lire cette harmonie cachée ? Or, c'est paradoxalement ce que la science moderne va considérer comme sa conquête principale. Qu'est-ce à dire ? On associe l'essor de la connaissance moderne du monde à la naissance de la physique mathématique au dix-septième siècle. Or, Galilée, l'auteur de la première loi « physico-mathématique », celle de la chute des corps, déclare justement dans *L'Essayeur* le caractère « caché » de cette mathématique naturelle : « La philosophie est écrite dans ce livre gigantesque qui est continuellement ouvert à nos yeux (je parle de l'Univers), mais on ne peut le comprendre si d'abord on n'apprend pas à comprendre la langue et à connaître les caractères dans lesquels il est écrit. Il est écrit en langage mathématique, et les caractères sont des triangles, des cercles, et d'autres figures géométriques, sans lesquelles il est impossible d'y comprendre un mot ».

Il existe donc une beauté du monde, mais « cachée », accessible à ceux qui savent en pénétrer la langue, la logique profonde. Mais l'on peut s'interroger : y a-t-il véritablement un lien entre la capacité de donner quelques lois mathématiques à la nature et la connaissance d'une beauté générale du monde en général ? N'est-ce pas encore une projection de l'esprit humain, qui n'est pas plus admissible que cette admiration naïve que l'on rencontrait initialement ?

Rien de beau dans l'univers

On voit qu'il semble difficile d'échapper à une forme de pétition de principe : nous jugeons le monde beau parce que nous y mettons ce qui plaît à notre raison… Mais le monde dépasse sans doute largement les quelques lois que la physique classique y découvre. Celle-ci procède nécessairement par « simplification ». De même que le cosmos grec est une simplification du réel reposant sur quelques mouvements finalisés, de même le monde « mécaniste » suppose de réduire la totalité de l'univers à un espace euclidien où se déroulent des évènements physiques réduits à quelques principes (inertie d'abord, attraction ensuite). Est « beau » ce qui plaît à notre esprit qui y retrouve sa logique. Mais, si l'on veut se défaire de l'anthropomorphisme inhérent à une certaine simplification de notre regard, qu'y a-t-il de beau dans le monde ? Ne faut-il pas, d'abord, se défaire de l'idée de « forme », et prendre acte du fait que le terme même de monde implique une réalité qui nous dépasse de toute part. Cette idée n'est pas incompatible avec un regard scientifique sur la nature, bien au contraire. Le fameux texte de Pascal, un des plus grands savants de son siècle, sur les deux infinis, vise à nous faire rompre avec ce confort esthétique de la forme du monde, qui nous dépasse de tous côtés : « Que l'homme contemple donc la nature entière dans sa haute et pleine majesté, qu'il éloigne sa vue des objets bas qui l'environnent. Qu'il regarde cette éclatante lumière mise comme une lampe éternelle pour éclairer l'univers, que la terre lui paraisse comme un point au prix du vaste tour que cet astre décrit et qu'il s'étonne de ce que ce vaste tour lui-même n'est qu'une pointe très délicate à l'égard de celui que ces astres, qui roulent dans le firmament, embrassent. Mais si notre vue s'arrête là que l'imagination passe outre, elle se lassera plutôt de concevoir que la nature de fournir. Tout ce monde visible n'est qu'un trait imperceptible dans l'ample sein de la nature ». Comment peut-on trouver beau ce qui est parfaitement « incompréhensible », et qui ne peut au contraire que produire en nous de l'effroi ?

Nous sommes donc perdus dans le monde. Il perd toute forme. L'idée même d'une « beauté du monde » apparaît comme une simplification outrancière. Il faut aller plus loin. Qu'est-ce qui peut bien nous « pousser » à trouver de la forme, de l'ordre, de l'harmonie dans le monde ? S'agit-il purement et simplement d'une « erreur » ? Sans doute non. On peut supposer qu'il y a là l'expression d'un « désir », d'une « volonté » de simplification. Mais quelle est la source de cette « volonté » ? C'est une question qui occupe la réflexion nietzschéenne sur la nature. En effet, pour le philosophe allemand, ce n'est pas que la métaphysique qui construit un monde falsifié, la science également, et même sous sa forme moderne, positiviste, répond au besoin vital de cohérence : « Tout l'appareil de connaissance est un appareil d'abstraction et de simplification – qui n'est pas réglé sur la connaissance mais sur la *maîtrise* des choses. » Le monde n'est donc pas « beau », c'est notre appareil orienté par la vie qui « embellit ». Le monde, pour Nietzsche, est fondamentalement chaos, désordre, absence de sens et de finalité : « La condition générale du monde est, par contre, pour toute éternité, le chaos, non par l'absence d'une nécessité, mais au sens d'un manque d'ordre, de structure, de forme, de beauté, de sagesse et quels que soient les noms de nos esthétismes humains ». Cela signifie-t-il que nous sommes contraints à cette simplification ? Ne peut-on concevoir un point de vue esthétique sur le « désordre » ?

On pourrait arguer par exemple que le texte même de Pascal est un des plus « beaux » de la prose française classique. Voir dans l'univers non de l'ordre mais du désordre, non de la forme mais de l'informe, est-ce rompre tout rapport avec lui ? En réalité, c'est le terme de « beauté » qui paraît alors inadéquat. Reprenons l'analyse pascalienne : elle cherche à produire en nous l'effet de vertige d'une imagination qui ne parvient pas à mesurer l'infini. Peut-il y avoir une esthétique de l'univers infini ? C'est ce que le dix-huitième siècle, sous la plume de Burke et de Kant nommera le « sublime ». La beauté repose sur un plaisir contemplatif. Mais, dans le monde, certains aspects rompent la contemplation, les ténèbres, le vide, l'espace indéfini, etc. Or, si nous ne nous sentons pas physiquement menacés par cet « informe », nous pouvons éprouver une forme de plaisir « négatif » que le philosophe anglais Burke nomme *delight* pour l'opposer au *pleasure* de la beauté. Prolongeant ces réflexions, Kant se demande si ce sentiment esthétique correspond à l'objet naturel, ou plutôt à notre réflexion : « Des rochers audacieusement suspendus au-dessus de nous et comme menaçants, des nuages orageux s'accumulant dans le ciel et s'avançant dans les éclairs et les coups de tonnerre, des volcans dans toute leur puissance destructrice, des ouragans que suit la dévastation, l'océan immense soulevé de fureur, les chutes gigantesques d'un fleuve puissant, etc., ce sont là des choses qui réduisent à quelque chose de dérisoire notre pouvoir de résister, en comparaison de la force dont ces phénomènes font preuve. Mais, pour autant que nous nous trouvions en sécurité, leur spectacle est d'autant plus attirant qu'il est effrayant ; et nous nommons volontiers sublimes ces objets, parce qu'ils élèvent les forces de l'âme au-dessus de leur moyenne habituelle et nous font découvrir en nous un pouvoir de résistance d'un tout autre genre, pouvoir qui nous donne le courage de pouvoir nous mesurer avec l'apparente toute-puissance de la nature ». Le caractère anti-final du monde ne nous rend donc pas complètement inapte à un sentiment esthétique, mais si celui-ci relève de l'esprit, cela signifie là encore que, comme chez Nietzsche, les valeurs esthétiques ne sont pas dans le monde.

La « beauté du monde » serait donc une valeur factice, due plus à notre incapacité à le comprendre qu'à la vérité du regard ? Et si c'était justement cette idée du dépassement du regard premier sur le monde qui est discutable ?

Embellir le monde ?

Peut-être, en effet, faudrait-il réhabiliter cette propension « naïve » à admirer le monde. Mais, sans doute pas à n'importe quelle condition. Car si le monde est la « nature », alors on est condamné soit à la métaphysique de l'ordre, soit à la projection de notre volonté de sens. Or, le monde c'est aussi, et peut-être d'abord, « ce qui nous entoure », notre « environnement », ce « monde » où nous vivons, et qui ne se limite pas à la nature comme ensemble des lois naturelles, mais qui comprend aussi bien notre entour le plus familier et le plus proche. Quand l'on dit que l'on « est au monde », on désigne d'ailleurs tout autre chose que la nature. Mais, dans ce cas, qui y a-t-il de « beau » dans le monde ? La question est peut-être à reformuler : ne peut-on considérer la facticité même de notre être-au-monde comme une donnée gratuite, une « chance » d'exister qui possède sa beauté par sa gratuité même ? Ce n'est pas « le monde » qui est beau, c'est l'être-au-monde qui est la condition d'un regard sur la beauté des « choses » du monde. C'est peut-être le sens existentiel de l'esthétique kantienne de la beauté. Rompant avec tout schéma classique, Kant considère que n'importe quoi peut être beau à condition de valoir « gratuitement », de ne pas posséder de signification : aussi bien des êtres naturels qu'artificiels, sans qu'aucune intention créatrice soit au principe de mon plaisir. Car c'est là le terme clef, celui de « plaisir », qui exprime le sentiment d'un accord inexplicable entre mes facultés (en l'occurrence l'imagination et l'entendement) et l'objet extérieur. La curieuse expression de « finalité sans fin » vise à rendre compte de cette impression que la « chose » est là « pour moi », alors que rien ne peut objectivement rendre compte d'une quelconque intention (de la part d'un « Dieu », ou de la « Nature », ou d'un « artiste ») :

c'est ma rencontre avec le « monde » qui produit, sans que je sache réellement l'expliquer, un plaisir que je traduis par ce jugement : ceci est beau.

Reste que l'esthétique kantienne demeure prise dans une entreprise morale qui ne permet pas de rendre pleinement justice à cette « rencontre » (le beau est en fin de compte pour lui le « symbole du bien moral »). Cette « gratuité » n'est qu'une étape vers l'absolu de la liberté humaine, qui n'a plus rien à voir avec la « beauté ». Pourrait-on rendre davantage justice à cette dimension existentielle de mon être-au-monde ? Pour cela, peut-être faut-il quitter dans un premier temps la place du « spectateur » pour se demander ce qui conduit l'artiste à voir la beauté dans le monde qui l'entoure. Tant qu'on en reste à l'idée de « représentation », inévitablement on s'enfermera de nouveau dans la question de la beauté naturelle. Mais l'artiste n'est-il pas celui qui parviendrait à ressaisir ce qui fait la beauté de notre attachement même au monde ? Pour cela, il faudrait concevoir la beauté non pas selon des critères définis une fois pour toutes (ordre, harmonie, etc.) mais comme la résultante même de la vision du monde par l'art. Et le monde comme lieu global de la vie de l'homme : milieu culturel tout autant que « naturel ». C'est le sens de la lecture hégelienne de l'art et du beau. Est « beau » tout ce qui manifeste l'absolu en tant qu'il est saisi dans un matériau sensible, et l'esprit peut-être tout aussi bien « religieux » que « mondain », suivant les intérêts profonds d'une culture donnée. Cette lecture permet de rompre avec des siècles de hiérarchisation de la peinture en fonction des « grands genres » et de montrer que la « peinture de genre » hollandaise a tout autant d'esprit que la grande peinture religieuse ou historique, si l'on sait y lire la projection d'une vision du monde, celle, par redoublement, qui donne toute sa valeur au monde « quotidien ». Plus profondément même, le religieux et le mondain se rejoignent dans une « religion mondaine » comme le dira plus tard Max Weber : « Chez les Hollandais, cette satisfaction que leur fait éprouver la réalité présente, même en ce qui touche aux détails les plus ordinaires et aux plus petites particularités de la vie, s'explique facilement. Les avantages que la nature fournit aux autres peuples, ils ont dû les conquérir par de rudes combats et un travail opiniâtre. Renfermés dans un étroit espace, ils sont devenus grands par le soin et l'importance attachés aux plus petites choses. D'un autre côté, c'est un peuple de pêcheurs, de matelots, de bourgeois et de paysans ; par là ils sentent le prix de ce qu'ils savent se procurer par une vie active, patiente et industrieuse. Un point de vue à considérer, c'est que les Hollandais étaient protestants. Or, il n'appartient qu'au protestantisme de savoir entrer complètement dans la prose de la vie, de lui laisser sa place indépendante et son libre développement à côté des rapports religieux ».

En ce cas, le monde est « culturel ». On s'éloigne de ce regard « naïf » que l'on essayait de ressaisir dans notre rapport premier au monde. Faut-il nécessairement se surcharger de valeur technique et spirituelle pour saisir la beauté du monde ? N'avons-nous pas un rapport au monde premier, en deçà d'une culture visuelle ou religieuse précise ? Est-ce que, pour saisir la beauté qui affleure à même le monde il ne faut pas d'abord aller « contre » les projections savantes sur l'art ? C'est tout le sens de la critique du caractère artificiel de la perspective picturale que mène Merleau-Ponty dans *L'œil et l'esprit*. Toute « théorie de la peinture est une métaphysique », car « la peinture [est] une opération centrale qui contribue à définir notre accès à l'Être ». Généralement considérée comme le dispositif privilégié par lequel la peinture nous représente parfaitement le réel, la perspective linéaire est plutôt, d'après Merleau-Ponty, l'expression d'une interprétation et d'une structuration culturelles de l'espace et, plus généralement, du monde, qui ne peut en aucun cas être confondue avec ce que nous enseigne l'expérience de la perception spontanée. En fait, la perspective linéaire participe à une transformation symbolique de la perception, laquelle nous fait *voir* et *interpréter* le monde selon des principes qui annoncent et informent les analyses rationalistes de la vision et de l'espace du XVIIe siècle. La perspective ne reproduit donc pas une structure « naturelle » et « invariable » de la perception. Tout au contraire, par sa prolifération et son influence au sein de la culture, elle conditionne et façonne la perception visuelle. En même temps, l'empreinte de la perspective sur l'expérience psychophysiologique se renforce et se prolonge dans l'ordre explicatif du monde dans la mesure où cette technique et le projet esthétique dans lequel elle s'inscrit favorisent l'avènement d'une interprétation philosophique et scientifique du monde. Essayant de remonter « en-deçà » de cette interprétation, il voit dans Cézanne un peintre qui saisit l'inscription profonde de notre corps au monde : « C'est en prêtant son corps au monde que le peintre change le monde en peinture. Pour comprendre ces transsubstantiations, il faut retrouver le corps opérant et actuel, celui qui n'est pas un morceau d'espace, un faisceau de fonctions, qui est un entrelacs de vision et de mouvement ». Merleau-Ponty n'utilise pas le terme de « beauté », mais on peut l'interpréter comme la révélation de la visibilité même du monde.

Il n'en reste pas moins qu'on peut s'interroger sur cette façon de rejeter l'aspect scientifique et symbolique dans l'artifice : comment comprendre alors que chaque peintre ait sa façon si originale de voir le monde ? Suffit-il d'évoquer son « corps » ? Le danger est de sombrer dans un naturalisme qui ne rende pas justice au fait que la beauté n'est jamais « dans » le monde ou « dans » l'esprit, mais toujours ce que l'esprit cherche à voir du monde en construisant son propre monde, quitte à ce qu'il n'ait rien à voir avec « notre » monde, comme dans le cas de l'abstraction…

On voit qu'il est délicat de donner un sens à l'expression « beauté du monde » qui ne soit pas purement anthropomorphique : le génitif donne l'illusion que la beauté serait une caractéristique réelle d'un « objet » qui n'en est justement pas un, contrairement à ceux qui appartiennent « au » monde. Reste qu'il est difficile de ne pas vouloir donner à ce qui nous entoure, à cette « enveloppe », une certaine forme. Qu'elle soit illusoire ne fait que traduire le fait que l'homme est en un certain sens lui-aussi producteur de mondes. Ces « petits » mondes de l'art, comme le dit Nietzsche lui-même, masquent ce qu'il peut y avoir d'insupportable dans le non-sens de la réalité absolue du monde : « nous avons l'art pour ne pas mourir de la vérité ».

Sujet 5 Faut-il de tout pour faire un monde ?

Lorsqu'inquiet de voir son riche voisin âgé s'épuiser au travail au lieu de s'adonner au loisir, Chrèmes lui demande la raison de son agitation, Ménédène lui rétorque de se mêler de ses affaires car il ne veut pas avouer qu'il se punit lui-même d'avoir demandé à son fils de s'expatrier parce qu'il désapprouvait son mariage. Cependant Chrèmes justifie sa curiosité par l'empathie : « *Homo sum ; humani nihil a me alienum puto* » (je suis un homme ; j'estime que rien de ce qui est humain ne m'est étranger). Ce vers de l'*Heautontimoroumenos* (*Le bourreau de soi-même*), pièce du poète comique latin Terence, jouée en – 163, restera célèbre. Coupé de son contexte, il interroge la capacité de chacun à ouvrir son monde à ceux qu'à tort ou à raison on réprouve ou qui nous rejettent. Mais peut-on aller jusqu'à dire qu'il faut de tout pour faire un monde ?

Cette expression populaire signale un dépit. Sa logique est concessive : elle semble vouloir dire que bien qu'on aimerait exclure du monde une chose, une personne ou même une idée, on tolère sa présence. Mais au nom de quoi ? Par ouverture d'esprit, par curiosité, ou même paradoxalement par crainte ? Et de quel monde parle-t-on ici : du cosmos qui semble tout contenir, de l'œcoumène au-delà duquel il n'y a plus que la nature sauvage, de la société qui marginalise ceux qui ne la respectent pas et qui, se segmentant en classes, renvoie chacun à et dans son monde ? Il s'agit en somme de savoir si cette expression est bien fondée ? En effet, si le monde désigne tout ce qui existe, elle devient tautologique mais si le monde ne conserve son ordre qu'en excluant de lui certaines de ses parties est-il vraiment adéquat de parler de « monde » ? Le problème, on le voit, consiste à affirmer ou à contester la pertinence de l'existence d'un seuil à partir duquel la diversité de ce qui fait la richesse d'un monde commence à lui nuire et fait peser sur lui le risque qu'il se transforme en chaos. Plus simplement, on veut savoir ici s'il y a des critères pour fabriquer un monde viable, digne de ce nom : peut-on produire ce qu'on pourrait appeler, au risque du néologisme : une « cosmodicée » ?

Si le monde semble tout absorber (I), on peut penser qu'il doit exclure de lui ce qui peut le détruire (II). Mais peut-on déterminer ce qui lui est nuisible sans tomber dans l'arbitraire ? (III)

Un monde totalement inclusif

Pour faire un monde, ne faut-il pas tout y mettre, c'est-à-dire y inclure de manière exhaustive toute la diversité du réel ? L'une des premières cosmologies qui nous soit parvenue, celle d'Héraclite, auteur d'un *De l'univers* (vers – 500) aujourd'hui perdu, semble obéir à ce souci d'intégrer dans le Tout (*to Pan*), la diversité toujours changeante de ce qui apparaît. C'est que le monde est par essence inclusif. Imaginer qu'une de ses parties se détourne de lui est irrationnel : « le soleil n'outrepassera pas ses limites, sinon les Erynies, servantes de Diké, le dénicheront », dit poétiquement Héraclite pour signifier que si par hypothèse le monde se déchirait, les auxiliaires de la justice le ramèneraient à son unité primordiale. Pour faire un monde, la seule chose qu'il faut exclure, c'est donc l'*Ubris* : « Démesure, il faut l'éteindre plus que l'incendie ». Mais le mobilisme universel, source d'une infinie richesse, lui, n'est pas un obstacle à l'unité du monde : « Pour les éveillés il y a un monde un et commun. Mais parmi ceux qui dorment, chacun s'en détourne vers le sien propre ». Si Héraclite affirme qu'il n'y a qu'*un* monde, c'est parce qu'il estime que rien ne peut le détruire en raison du principe qui l'anime : le Feu, principe de régénération qui confère au monde son éternité et son autonomie. « Ce monde-ci, le même pour tous, ni Dieu ni les hommes ne l'ont fait. Mais il était toujours, est et sera, Feu éternel s'allumant et s'éteignant en mesure ». Pourtant, surnommé l'obscur, le même Héraclite ne cédait-il pas à l'irrationalité, comme le lui reprochera Aristote, lorsqu'il écrit : « Le Tout est divisé indivisé, engendré inengendré, mortel immortel » ? Suffit-il donc de juxtaposer tout ce qui existe pour faire un monde uni ?

Dans la préface de *Les mots et les choses* (1966), Foucault commente une nouvelle de Borges qui évoque une curieuse encyclopédie chinoise. Celle-ci propose en effet de diviser les animaux en « a) appartenant à l'empereur b) embaumés, c) apprivoisés, d) cochons de lait, e) sirènes [...] h) inclus dans la présente classification [...] n) qui de loin semblent des mouches ». La logique de cette taxinomie échappe au lecteur qui se trouve ici en face d'un « atlas de l'impossible » parce que Borges « soustrait le sol muet » où les choses peuvent prendre place. Ainsi peut-on penser que pour faire un monde, il ne suffit pas de collectionner ce qu'il contient mais il faut aussi classer ce qu'on énumère dans un cadre préalablement défini. Il convient donc de s'affranchir d'une « pensée sans espace » pour rendre visible l'ordre, le « réseau secret » qui lie les choses les unes aux autres. Car ce qui ne fait pas système ne saurait produire un monde. Aussi les Grecs étaient-ils bien inspirés de substituer à la notion de Tout (*to Pan*) ou de recueil du divers (*ta panta*), celle de « Tout ordonné » ou « harmonie » (*cosmos*) pour désigner le monde. Mais toute totalité harmonieuse peut-elle être considérée comme constituant un monde ? Et réciproquement le monde réel est-il bien un tout ordonné alors que, par exemple, l'astrophysique contemporaine décrit l'univers comme infini et violent ?

Pour que toute chose puisse contribuer à faire un monde, il faudrait que ce qui est pris comme facteur de désordre ne soit que transitoire ou apparent. Autrement dit que le chaos ne soit qu'une illusion. Or en écrivant dans la préface de sa *Philosophie du droit* (1820) que « tout ce qui est réel est rationnel et que tout ce qui est rationnel est réel », Hegel semble affirmer qu'effectivement il n'y a pas d'élément ou d'événement qui ne trouve rétrospectivement sa place dans le monde. Car si le philosophe n'est que le « secrétaire de l'Esprit du monde », s'il ne peut prévoir à l'avance ce qui adviendra, il peut penser ce qui participe dans chaque étape de l'Histoire à sa rationalisation. Ce qui paraît à exclure peut alors être justifié dialectiquement : les guerres, par exemple, ont permis à « l'Esprit du monde » d'avancer de l'Orient à l'Occident, de la Perse à la Grèce, de la Grèce à Rome, de Rome à l'Empire germanique. Le désordre momentané qu'elles créent est comme « le vent qui préserve les eaux des lacs de croupir » : il est cause d'un nouvel ordre, plus rationnel estime Hegel que le précédent. Si donc il faut de tout pour faire un monde, c'est parce que le processus de totalisation est un processus de rationalisation. Ce qu'en apparence le monde rejette, en réalité il l'intègre en le dépassant (ce que Hegel appelle *Aufhebung*). Ainsi de même que le « véritable infini » ne s'oppose pas au fini mais le contient, de même le cosmos ne s'oppose pas au chaos mais l'absorbe à titre de moment de sa propre réalisation. Il faut donc bien de tout pour faire un monde car ce qui en serait exclu ne le serait qu'en apparence.

Toutefois si le monde réel finit par tout intégrer n'est-il pas inquiétant ? Car si telle est sa logique, alors tout se trouve justifié, y compris le mal (ce que suggère au fond la doctrine hégélienne de la guerre). Le tableau de Brueghel : *La chute des anges rebelles* (1562), avec sa spirale de démons qui semblent tomber sur le spectateur, n'illustre-t-il pas l'idée qu'en refusant d'exclure quoi ou qui ce soit du monde, c'est à vivre dans un véritable enfer terrestre que se destine l'humanité ? Mais s'il ne faut pas de tout pour faire un monde, peut-on rationnellement déterminer ce qui doit en être exclu ?

Le risque du chaos

Peut-être peut-on dire que ce qui suscite le désir de ne rien laisser hors du monde, c'est le sentiment que ce qui en serait exclu lui manquerait et donc l'appauvrirait aussi bien quantitativement que qualitativement. D'où l'idée que pour justifier un monde, il faudrait non seulement qu'il soit un tout ordonné mais qu'il contienne en outre le plus d'éléments différenciés possibles sans que son intégrité en soit fragilisée. C'est cette exigence à la fois logique, ontologique et métaphysique que tente de satisfaire Leibniz dans ses *Essais de Théodicée* (1710) lorsqu'il explique que le monde réel est « le meilleur des mondes possibles ». Le monde que Dieu crée, celui qu'il fait passer du possible au réel, est en effet le monde qui comporte le maximum de compossibilité, c'est-à-dire le maximum de diversité dans le maximum d'unité. Il ne contient rien de trop, c'est-à-dire aucun individu qui ne différerait d'un autre que *solo numero*, comme le veut « le principe des indiscernables » et il ne contient rien qui soit incompatible avec le reste comme le veut « le principe de raison suffisante » qui préside à « l'harmonie préétablie » du monde et qui assure sa cohérence. S'il ne faut pas de tout pour faire un monde, c'est donc parce que tout ne peut pas être optimisé. Certains éléments ou événements, s'ils étaient tolérés, affecteraient en outre la bienveillance de Dieu qui ne peut cependant faire un monde parfait puisque sa toute-puissance ne peut se dédoubler sans déroger au « principe d'économie ». C'est pourquoi Leibniz écrit que « Dieu veut antécédemment le Bien et conséquemment le meilleur ». Mais, objectera-t-on, cette doctrine métaphysique repose sur l'idée que le monde est créé par un Dieu qui a le pouvoir de comparer tous les mondes possibles pour choisir le seul digne d'exister. Mais qu'en est-il pour l'homme qui ne possède pas un tel pouvoir de discrimination ?

Tout le problème est ici critériologique. Car au fond est-il si vrai que le monde retenu par Leibniz est bien le seul légitime ? Faut-il cependant admettre pour autant que tous les mondes possibles ont leur validité ? À cette question, Nelson Goodman tente de répondre de manière nuancée dans *Manières de faire des mondes* (1978). « Quels sont les critères de succès pour faire un monde ? », demande-t-il. Plutôt que de se perdre dans la « folle prolifération de mondes » possibles, il serait « plus sain » de partir du seul monde réel. Mais c'est pour constater aussitôt que le monde réel est un monde pluriel car « il n'y a rien de tel que le monde réel, aucune réalité unique » : Il n'y a que des visions du monde qui le pluralisent. Ainsi Van Gogh ne voit-il pas le monde comme Canaletto. Mais si le monde, qui n'est constitué que d'individus sans classes ni propriétés, n'échappe au chaos que par notre capacité à lui imposer un ordre propre à la vision qu'on en a, comment ne se dissout-il pas dans le relativisme ? Par le constructivisme répond Goodman. Une vision « correcte du monde » est en effet celle qui est productive, c'est-à-dire qui apporte quelque chose au monde comme le font les sciences ou les arts en corrigeant les visions précédentes ou en les enrichissant. Si donc, en un sens, il ne faut pas de tout pour faire un monde, c'est parce qu'il existe bien un critère non pas excluant mais hiérarchisant des visions du monde. Ce critère, Goodman l'appelle « l'ajustement » : les meilleurs mondes sont ceux qui « découvrent et inventent des ajustements de toutes sortes ». Mais est-il sûr que ce critère d'ajustement soit suffisant pour protéger le monde du chaos ?

La fragilité des critères qui permettent de trier ce qui enrichit ou au contraire fragilise le monde incite à penser que, par prudence, il est préférable de ne pas trop diversifier ce avec quoi on le bâtit. Peut-être est-ce le mérite de la pensée atomistique grecque d'avoir réduit au minimum les « briques » de base qui permettent de faire un monde. Mais on observera que le monde ainsi construit n'a rien d'éternel et que ce qui l'a fait est aussi ce qui le défera. Lucrèce le dit à sa manière lorsqu'il écrit dans son *De rerum natura* (vers – 60), d'une part, que c'est après s'être heurté par des chocs sans fin et « à force d'essayer des mouvements et des combinaisons » que « les premiers éléments des choses [...] en arrivent enfin à des arrangements dans lesquels consiste l'univers tel qu'il est formé » (I) et, d'autre part, que « peut-être un effroyable tremblement de terre t'apportera bientôt la preuve de l'écroulement universel » (V). Ainsi les atomes ne préservent pas du chaos parce que, pour la pensée épicurienne, le hasard domine le monde (*fortuna gubernans*). Leur indestructibilité est d'ailleurs remise en cause aujourd'hui par la mécanique quantique qui découvre en eux tout un monde. Le problème devient alors méréologique (science de la relation des parties et du tout) et l'on ne sait plus si pour faire un monde il faut d'autres mondes ou si la réalité ne repose au fond sur du vide tant les parties qui la composent semblent toujours plus divisibles. Dans ce dernier cas, dire qu'il ne faut pas de tout pour faire un monde, n'est-ce pas alors *in fine* soutenir que le monde est fait... de rien ?

Ni la métaphysique, ni l'astrophysique, ni même la logique ne semblent donc pouvoir décider de ce qu'il faut ou pas pour faire un monde. Mais est-ce bien à la science d'en décider ? *L'aliéniste* (1882), court roman du brésilien Machado de Assis, raconte comment un psychiatre nommé dans une petite ville où il construit un asile finit par y mettre toute la population parce que personne ne correspond aux critères scientifiques de la normalité. Cette fable, qui vise à critiquer l'idéologie positiviste, suggère qu'exclure pour construire un monde peut conduire à des décisions absurdes. Qui peut donc décréter ce qui doit faire partie du monde ou en être rejeté ?

L'ouverture du monde, jusqu'où ?

Reprenons la connotation première de l'expression. Ne vise-t-elle pas surtout, dans la déploration, à céder à la présence d'intrus dans notre monde ? Mais qui sont ces intrus et qui les désignera ? Lorsque Platon imagine dans la *République* (vers – 380) la cité idéale (*callipolis*), il prend soin de la hiérarchiser. Se méfiant du bas peuple (*okhlos*), il rejette le régime démocratique parce qu'il donne voix à tous et fait de l'agora une cacophonie. Rien de plus dangereux que ce régime où le peuple, dupé par les sophistes démagogues, finit par se donner un tyran qui mènera fatalement la cité à sa ruine. Pour faire une cité pérenne, il faut certes que chacun y trouve sa place mais qu'elle soit dirigée par le philosophe-roi, c'est-à-dire avec justice, sagesse, courage et modération. Est-ce à dire que bien hiérarchisée la cité peut accueillir tout le monde ? Si l'Athènes de Périclès était la ville la plus cosmopolite du Ve siècle en Occident, elle n'est pas un modèle pour Platon parce qu'elle n'a pas pu s'empêcher de sombrer dans la guerre du Péloponnèse. Que faudrait-il alors pour instituer un monde plus durable ? La logocratie voulue par Platon ne repose pas seulement sur une hiérarchie rigoureuse qui soumet les boutiquiers et les marchands au contrôle des gardiens eux-mêmes dirigés par le philosophe-roi : elle exclut les poètes, institue l'eugénisme et se ferme sur elle-même pour ne pas subir le destin de l'Atlantide, cette île continentale prospère dont le *Critias* (– 360) nous dit qu'elle fut engloutie parce qu'elle voulut se faire conquérante d'autres mondes. Mais de telles mesures ne font-elles pas de l'idéal politique de Platon une dystopie ? Faut-il nécessairement hiérarchiser et exclure pour faire un monde ?

Si la démocratie est apparue au fil de l'histoire comme le meilleur moyen de vivre ensemble n'est-ce pas parce que ce régime a finalement prouvé que pour faire un monde, tout compte fait, il valait mieux intégrer toutes les différences et donner à chacun les mêmes droits sans distinction de race, de religion, etc. ? Il ne s'agirait plus alors seulement de tolérer la présence de l'autre mais de la vouloir en enseignant qu'il n'y a de monde qu'ouvert, de civilisation qu'hospitalière. Inclure et égaliser, plutôt qu'exclure et hiérarchiser, n'est-ce pas là l'idéal du « melting-pot », nom de la pièce de théâtre d'Israël Zangwill jouée à New York en 1906 et dont le message était que tous les migrants arrivés aux États-Unis pouvaient devenir américains, c'est-à-dire s'assimiler culturellement aux valeurs de la démocratie instituée à la fin du XVIIIe siècle ? L'émergence et aujourd'hui la prévalence du phénomène du communautarisme semblent toutefois montrer que le creuset culturel américain ne dilue pas les attaches traditionnelles des migrants. Pourquoi ? Parce que, comme l'avait vu Tocqueville dans *De la démocratie en Amérique* (1835-1840), dans cette démocratie cosmopolite, la majorité vit dans « une perpétuelle adoration d'elle-même » (I, 2, 7) et devient tyrannique : elle s'impose à l'opinion publique laquelle « mène le monde » (II, 1, 2). Aussi, pour exister, les minorités finissent-elles par se refermer sur elles-mêmes et par s'ériger en communautés. Visionnaire, Tocqueville avait perçu que « si jamais la liberté se perd en Amérique, il faudra s'en prendre à l'omnipotence de la majorité qui aura porté les minorités au désespoir » (I, 2, 7). Est-ce à dire que s'il faut bien de tout pour faire un monde, ce tout ne peut être composé que de communautés qui ne font que se tolérer entre elles par un fragile modus vivendi ?

Que la diversité des éléments qui composent un monde puisse apparaître comme un facteur de fragilité pour son unité est sans doute vrai. Mais le XXe siècle a tragiquement prouvé que vouloir éradiquer les différences au nom d'une idéologie est la pire des solutions pour faire un monde. La pureté de la race avancée par Hitler, le progrès de l'Histoire revendiqué par Staline auront généré le plus mortifère des régimes : le totalitarisme. La diversité n'est pas seulement un fait, c'est aussi une valeur. En toute chose le pluralisme est bon car « ce sont des hommes et non pas l'homme, qui vivent et habitent le monde », écrit Hannah Arendt dans *La condition de l'homme moderne* (1958).

Ainsi faire un monde, ce n'est pas seulement travailler pour y vivre ou fabriquer des œuvres pour le faire durer, c'est aussi agir pour lui donner un sens en débattant dans l'espace public afin, par la confrontation des opinions, d'entendre les revendications des minorités. Or dans le monde de l'action (distinct de celui du travail ou de l'œuvre), certaines pratiques n'ont pas leur place : l'amour, la mort relèvent du privé. Pour faire un monde commun, nul n'est besoin d'y exposer le monde de l'intime. Ainsi ce que les bâtisseurs de monde doivent exclure ce ne sont pas les personnes mais seulement ce qu'elles ne peuvent pas partager.

Tantôt inclusif, tantôt exclusif, le monde peine à révéler s'il s'accommode de toute chose ou si dans la multitude d'éléments et d'événements qui le composent, certains lui sont si hostiles qu'il se doit de les rejeter. Mais à tout prendre, ne vaut-il pas mieux accorder qu'il faut de tout pour faire un monde parce qu'on n'est jamais tout à fait bon juge de ce que ce monde devrait exclure ? Ce n'est pas seulement par humilité mais peut-être aussi par espérance qu'on peut, à la manière d'Édouard Glissant, croire que le « Tout-monde » est le destin de l'humanité. Plutôt que de craindre que la globalisation soit synonyme d'homogénéisation des cultures en une seule, n'est-il pas plus souhaitable de penser qu'elle leur permet de se rapprocher pour échanger entre elles et produire de nouveaux mondes culturels, ce que Glissant appelle : « processus de créolisation » ?

Sujet 6 La fin du monde

Lorsqu'au chant X de l'*Odyssée*, Circé indique à Ulysse qu'il devra aller jusqu'au Royaume d'Hadès interroger l'ombre du devin Tiresias pour connaître le chemin du retour vers Ithaque, le protégé d'Athéna tombe en sanglots. Il sait en effet que ce détour nécessaire l'obligera à traverser le fleuve Océan dont les Grecs disaient qu'entourant le disque plat de la terre, il en constituait la fin. On comprend alors qu'Ulysse s'effraie de ce terrible voyage au bout du monde d'où il pourrait ne jamais revenir. Est-ce à dire que l'idée même de fin du monde est si angoissante qu'elle en devient impensable ?

La fin, cela peut vouloir dire la limite spatiale, le terme temporel ou le but à atteindre. Cette ambiguïté du terme ne facilite pas la bonne compréhension de ce que l'expression « fin du monde » peut signifier. S'agit-il ici de montrer comment la cosmologie scientifique a repoussé les limites du monde, d'interroger la pertinence des discours apocalyptiques ou bien d'imaginer que le monde a une finalité qui donnerait sens à son existence ? Mais une telle spéculation est-elle bien à notre portée et que nous apporte-t-elle ? Là est peut-être le cœur du problème : vouloir se représenter la fin du monde est-ce conjurer une angoisse existentielle ou la prévenir pour mieux vivre notre présence actuelle au monde ? Est-il bon de méditer sur la fin du monde si c'est pour se convaincre qu'il doit disparaître à jamais ou qu'il est un obstacle à l'accomplissement de notre humanité ? Comment penser la fin du monde sans tomber dans le catastrophisme ou l'évasionisme mais comment s'interdire de la penser sans atrophier notre curiosité pour les espaces lointains et les temps futurs quand bien même l'humanité n'y aurait aucune place ? Il s'agit en somme de savoir si l'on peut neutraliser la connotation tragique attachée à l'expression « fin du monde ».

On se demandera si l'évolution des connaissances *astrophysiques* (I) permet de décider du statut *métaphysique* de l'idée de fin du monde (II) et des conséquences *axiologiques* de cette inquiétante expression.

Repousser les limites du monde

Il est bien connu que les Grecs pratiquaient une physique à l'œil nu. Observant que certaines étoiles tournaient la nuit au-dessus de leur tête en restant à équidistance les unes des autres, ils pensaient que cette « sphère des fixes » constituait l'ultime ciel (le 7e) au-delà duquel vivent les dieux, la régularité de la rotation des étoiles lointaines imitant leur éternité. Ainsi pour Aristote, comme il l'explique dans son *Traité du Ciel* (– 350), le cosmos ne saurait être « infini », notion d'ailleurs négative car ce qui est sans limite (*apeiron*) est aussi sans but (*ateles*) et donc inachevé. Or la nature, fut-elle élargie au monde, ne fait rien en vain. Ainsi le monde a-t-il nécessairement une fin et cette fin est ce qui sépare la physique, science des corps en mouvement, de la métaphysique, science des êtres éternels. Mais cette interprétation du monde, concurrentielle de celle infinitiste défendue par l'atomiste Épicure, ne heurte-t-elle pas la pensée ? Permet-elle par exemple de lever le paradoxe d'Archytas de Tarente qu'il formulait ainsi : « Si je me trouvai à la limite du ciel, autrement dit sur la sphère des fixes, pourrais-je tendre au-dehors la main ou un bâton, oui ou non ? Certes, il est absurde que je ne puisse pas le faire ; mais si j'y parviens, cela implique l'existence d'un dehors, corps ou lieu. » ?

Que faudrait-il alors pour démontrer que le monde n'est pas spatialement fini ? Que l'on puisse voir des étoiles au-delà de la sphère des fixes. Or c'est bien là ce que découvre Galilée grâce à l'invention de la lunette astronomique. Ainsi est-il le premier à constater, comme il l'explique dans *Le Messager des étoiles* (1610), que, par exemple, derrière le groupe des Pleïades se trouvent quarante étoiles invisibles jusque-là. Il faut donc repousser les limites du monde. Mais jusqu'où ? Galilée ne dit jamais que le monde est infini et Descartes, systématisant ses idées, ne parlera que d'un monde « indéfini », comme au XIVe siècle le cardinal Nicolas de Cues disait qu'il est « interminé ». C'est que l'idée d'un univers infini est métaphysiquement impossible : elle signerait la fin de Dieu et l'on sait que c'est cette conséquence qui conduira l'Église à condamner Galilée. Mais n'est-elle pas difficilement soutenable même pour la cosmologie scientifique ? En 1823, le savant Olbers objectait encore, en s'appuyant sur le calcul statistique, que si l'univers était infini, le nombre d'étoiles qu'il contient serait tel qu'il devrait nous paraître lumineux de jour comme de nuit. La noirceur de l'univers n'est-elle pas la preuve de sa finitude ?

Cette objection tombe cependant dès lors qu'on admet que les étoiles naissent et meurent, que la lumière a une vitesse et surtout que l'univers loin d'être statique comme le croyait encore Einstein est en expansion, ce que prouve l'astronome Hubble en 1929 en observant que la longueur d'onde de la lumière émise par les galaxies se décale vers le rouge et donc augmente. Ainsi les étoiles s'écartent-elles les unes des autres. Si l'univers a une limite spatiale, il semble la repousser lui-même. Cette découverte ajoute à l'expression « fin du monde » une dimension temporelle. Il ne s'agit plus seulement de savoir *jusqu'où* l'univers peut s'étendre mais *jusqu'à quand*. Autrement dit, avec la découverte de l'expansion de l'univers, la fin du monde peut signifier sa mort. Mais que sait-on sur le destin de l'univers ? Les hypothèses les plus récentes parlent d'un *Big Freeze*, les étoiles finissant par s'éteindre les unes après les autres en raison d'un éloignement tel que la loi de la gravitation ne pourrait plus les rapprocher pour en fabriquer de nouvelles. Que penser de cette glaciation qui figerait l'univers dans une noirceur immobile et éternelle ? Pascal, qui ignorait toutes ces hypothèses, n'avait-il pas pressenti en pleine révolution galiléenne que le progrès des sciences ne pourrait pas nous rassurer sur notre condition. Aussi lorsqu'il écrit dans ses *Pensées* : « Le silence éternel de ses espaces infinis » (§ 206), il semble anticiper l'état d'esprit dans lequel le libertin féru de sciences devrait se retrouver pour peu qu'il soit conséquent avec lui-même. Mais s'il est vrai que nous « n'enfantons que des atomes au prix de la réalité des choses » (§ 72), s'il faut en rabattre sur nos prétentions savantes car « comment se pourrait-il qu'une partie connût le tout ? » (*id.*), devons-nous renoncer pour autant à spéculer sur la fin du monde ?

Lorsque dans *Micromégas*, le géant éponyme venu de Sirius quitte les humains après les avoir observés et s'être étonné que de si petits animalcules soient capables de calculer sa taille, il leur laisse un livre censé leur donner la connaissance du « bout des choses ». Mais ce livre est un livre blanc. Si donc au tragique pascalien, Voltaire substitue un discours plus apaisé et amusé à l'égard du monde, il n'en reste pas moins qu'il semble s'interroger lui aussi sur le bon usage de la cosmologie scientifique. N'y a-t-il pas alors une légitimité à spéculer sur la fin du monde par une autre approche que celle de l'astrophysique ?

Une spéculation sans fin ?

Parce qu'elle se veut scientifique, l'astrophysique contemporaine propose une explication « neutre » du scénario de l'univers. Mais si elle s'affranchit de tout postulat métaphysique, ses hypothèses ultimes laissent vive la question du sens que peut avoir la mort de l'univers qu'elle croit pouvoir prédire de ses observations. Or les cosmologies précédentes, qui ne dissociaient pas la physique et la métaphysique, n'avaient pas éludé cette question. On le voit particulièrement chez Thomas d'Aquin pour qui le monde est une création de Dieu dont le destin est de retourner à son Créateur selon un schéma d'extériorisation (*exitus*) et de retour à soi (*reditus*), le monde étant créé par amour et ayant pour fin l'amour de Dieu. Cette origine et cette fin métaphysique confèrent ainsi au monde son sens qui dépend *in fine* de la liberté bienveillante de Dieu. C'est ce recours à la liberté divine qui permet à Thomas d'Aquin de prendre position dans le débat sur l'éternité du monde qui opposa les théologiens du XIIIe siècle, débat provoqué par la redécouverte de la physique d'Aristote lequel affirmait que le monde supralunaire est ingénéré. En soutenant dans son *Traité sur l'éternité du monde* qu'« il *peut* être fait par Dieu que quelque chose de créé par Lui ait toujours été », Thomas suggère que ce qui importe ce n'est pas tant de croire que Dieu ait choisi de donner une fin au monde, comme l'enseignent les Écritures, mais plutôt de savoir qu'il aurait pu choisir de le rendre éternel, preuve de sa Toute Puissance. Mais cette seconde possibilité est-elle bien sensée ?

Que peut signifier que le monde n'ait pas de fin, c'est-à-dire ni terme ni but ? À cette question Schopenhauer répond que c'est là la preuve de son absurdité. Rejetant, dans *Le monde comme volonté et comme représentation* (1818), tout principe de raison suffisante qui permettrait de donner un sens au monde, il constate que celui-ci tire sa permanence de la cyclicité qu'instaure le Vouloir-Vivre à travers la perpétuation des espèces. L'éternité du monde s'expliquerait ainsi par ce cycle interminable qu'anime une force aveugle qui ne veut rien sinon se reproduire elle-même. L'interprétation métaphysique du monde proposée par Schopenhauer invite alors à penser que si « nous vivons dans le pire des mondes possibles », c'est parce que son absence de finalité est ce qui fait son éternité. Pourtant Schopenhauer admet aussi que l'homme peut ne pas participer à cette marche sans fin en adoptant une attitude artistique et plus encore mystique à l'égard du monde. Car c'est seulement par ces expériences asexuées que la Volonté « se connaît puis se nie ». Autrement dit, le regard spéculatif sur le monde peut révéler ce qu'il a d'illusoire. La fin du monde est ici la fin de la *croyance* au monde qui ne serait au fond qu'une représentation de la partie désirante de notre être. Cette conviction métaphysique, influencée par la pensée bouddhiste, est-elle cependant plus convaincante que celle proposée par Thomas d'Aquin ?

La difficulté à établir si le monde est infini ou pas, s'il est éternel ou pas, s'il tend vers un but ou pas, semble témoigner de la propension de l'homme à spéculer inlassablement sur ce qui lui échappe. C'est en effet le mérite de Kant d'avoir établi dans la *Critique de la raison pure* (1783) que les débats métaphysiques sur le monde ne peuvent jamais aboutir à une vérité démontrable sur ce qu'il est. Pourquoi ? Parce que dès qu'elle avance l'idée de monde, la raison franchit les limites du connaissable, entre dans une logique de l'illusion et se perd dans ses propres antinomies. Parce qu'« elle veut l'inconditionné », la raison génère des idées métaphysiques invérifiables. Se faisant elle est semblable à « la colombe légère, qui, dans son libre vol, fend l'air dont elle sent la résistance et s'imagine qu'elle réussirait bien mieux encore dans le vide ». Mais de même que la colombe a besoin d'appuyer ses ailes sur l'air pour pouvoir voler toujours plus haut, de même la raison a besoin de s'appuyer sur l'expérience pour pouvoir prétendre progresser dans la connaissance scientifique. Vouloir bâtir une théorie scientifique qui serait capable de prouver la fin du monde est donc vain car il n'y a pas de science métaphysique possible. Toutefois, explique Kant, précisément parce qu'il est une idée et non un concept, le monde semble servir d'horizon spéculatif à la raison pratique. Mais en quoi la représentation hypothétique d'une fin du monde pourrait nous être utile ?

Pas plus que la science, la métaphysique ne permet donc de décider de manière satisfaisante du sens théorique que pourrait avoir la représentation d'une fin du monde. Mais à supposer que nous renoncions à spéculer sur cette fin, ne serions-nous pas conduits à vivre ici et maintenant avec une insouciance analogue à celle des enfants du jardin d'Éden ? Ne serions-nous pas alors aussi totalement démunis que ce survivant de la nouvelle de Jules Verne *L'éternel Adam* (1910) qui croyait que « la véritable supériorité de l'homme » est « de faire tenir l'univers immense dans le microcosme de son cerveau » mais qui, après un cataclysme destructeur de la quasi-totalité de l'humanité, sera condamné à finir le reste de sa vie dans la pire détresse comme il l'avoue dans son journal retrouvé huit siècles plus tard par un de ses lointains descendants devenu archéologue ? Imaginer la fin du monde, n'est-ce pas alors faire preuve de prévoyance et agir en conséquence ?

D'une espérance à une autre…

À quelle occasion l'homme est-il amené à imaginer la fin du monde sinon lorsque le monde présent lui devient si hostile qu'il ne parvient plus à y trouver sa place même dans le futur. Mais alors n'est-ce pas à un autre monde qu'il se met à rêver ? Tel est le ressort de la littérature apocalyptique chrétienne qui apparaît au moment des persécutions à la fin du premier siècle. Ainsi c'est depuis le bagne de Patmos où il a été enfermé par le pouvoir romain que Jean écrit aux sept Églises d'Asie pour entretenir leur espoir d'un monde meilleur en leur annonçant le châtiment des impies par quatre cavaliers que libérera l'agneau mystique après avoir ouvert le septième sceau du livre de l'Histoire du monde. En écrivant au dernier chapitre de *L'Apocalypse* : « Puis je vis un *ciel nouveau*, une *terre nouvelle* – car le premier ciel et la première terre ont disparu, et de mer il n'y en a plus », c'est donc moins de la fin *du* monde que de l'annihilation de *ce* monde dont nous parle Jean. Et l'on voit que l'expression a pour fonction de retourner le désespoir des persécutés en espérance d'être sauvé. Les martyrs sont en ce sens, comme le veut le sens étymologique du mot, les témoins de l'existence d'un autre monde. D'un point de vue pratique, la fin du monde signale donc l'imminence du Jugement dernier et sert à renforcer la foi du croyant. Mais cette expression peut-elle avoir un pouvoir analogue pour notre monde sécularisé ?

Peut-être pas car nombreux sont ceux qui pensent que notre monde est le seul monde habitable. Dès lors sa mise en danger ne laisse aucune échappatoire. Ainsi avec Günter Anders, qui fut le premier philosophe à parler d'« apocalypse » de manière non religieuse (en l'occurrence pour qualifier l'usage de la bombe atomique à Hiroshima), la fin du monde devient une menace d'autant plus vive qu'elle n'est plus divine – donc dépendante d'une croyance –, mais humaine et tangible – puisque l'usage de la bombe prouve que notre puissance technique est parvenue à un tel stade qu'elle peut détruire la planète ou la rendre inhabitable. De là deux attitudes possibles : celle, pessimiste, qui voit dans l'expression une fatalité. Position à laquelle semble adhérer Gunther Anders quand il titre l'un de ses livres : *Et si je suis désespéré, que voulez-vous que j'y fasse ?* (1977) ; celle, réactive, qui cherche à anticiper l'effondrement du monde en tentant de le retarder par un changement radical des modes de consommation ou en imaginant des lieux pour survivre dans « le monde d'après ». Mais dans les deux cas, ce catastrophisme fait de la fin du monde une expression qui semble susciter surtout de la désespérance. Faut-il alors renoncer à l'employer ?

Si la « fin du monde » peut paralyser l'action et mener à la résignation, c'est sans doute parce qu'on peine à dissocier cette expression de la peur qu'elle provoque en nous : la fin du monde implique notre fin donc notre propre disparition en tant qu'individu ou espèce. Mais peut-être peut-on avec Nietzsche estimer qu'en se débarrassant de cette peur et du nihilisme passif qu'elle finit par engendrer, l'homme découvrira qu'il n'appartient qu'à lui de créer un monde nouveau en détruisant l'arrière-monde bâti par les métaphysiciens et en se surmontant lui-même comme le fait le surhomme. Comme le dit le prophète dans le chapitre « le dernier homme » de *Ainsi parlait Zarathoustra* (1883) : « Il faut porter encore en soi un chaos, pour pouvoir mettre au monde une étoile dansante ». L'expression « fin du monde » trouve alors dans les mains du nihiliste actif un sens nouveau : elle est le refuge des faibles qui ne veulent pas voir que l'homme a en lui la puissance de faire des mondes.

« Il eut mieux valu que le monde n'exista pas car tout ce qui existe est digne d'être détruit », dit Méphistophélès dans le *Faust* de Goethe. Plus qu'une peur, la fin du monde apparaît ici comme une tentation. Elle alimente aujourd'hui le courant du catastrophisme dont Pascal Bruckner a cherché à dénoncer les excès dans

Le fanatisme de l'Apocalypse (2011). Reste que pour la cosmologie contemporaine cette expression renvoie à une réalité probable. Mais elle est si lointaine, aussi bien dans l'espace que dans le temps, qu'il serait prématuré et peut-être absurde de s'en inquiéter. C'est qu'en changeant d'échelle de grandeur, l'affect diminue jusqu'à disparaître. Si l'on peut défendre passionnément une civilisation et agir de manière responsable pour préserver la Terre, s'alarmer de la fin de l'univers n'a guère de sens car, comme le dit Lévi-Strauss dans *Tristes tropiques* (1955) : « le monde a commencé sans l'homme et s'achèvera sans lui ».

Glossaire

Âge

Peut-on dater le monde ? Est-ce une question métaphysique, physique, philosophique ? Il faut distinguer au moins deux « mondes » : la terre, et l'univers. Ce n'est que très récemment que ce dernier a reçu une date de « naissance » : la physique peut remonter jusqu'à 13,7 milliards d'années. Mais si dater implique par définition de décrire un phénomène dans le temps, la physique rencontre pour le moment une limite absolue : pendant l'ère de Planck, c'est-à-dire une durée de 10 puissance – 44 secondes, les lois de la physique telles que nous les connaissons ne s'appliquent pas : l'« univers » est infiniment petit, la pression et la température sont si grandes que l'espace-temps semble avoir une courbure infinie, etc. Le temps tel que nous le connaissons ne correspond en tout cas pas à cette étrange « ère »… Avant les dernières décennies du vingtième siècle, dater l'univers ne pouvait recevoir de réponse physique. L'important était de construire un schéma cohérent, selon l'alternative de l'éternité (Aristote) ou du commencement (Platon), avec des variations diverses (pour les épicuriens, l'univers est éternel, les mondes sont formés par les rencontres aléatoires entre atomes). On retrouve dans la métaphysique les mêmes schémas : création pour Descartes, éternité pour Spinoza… Le poids de la notion de création du monde présente dans les trois grands monothéistes conduira les philosophes et théologiens à des contorsions intéressantes : Maïmonide (juif pieux), Averroès (musulman tout aussi pieux), Thomas d'Aquin (dont la piété chrétienne est peu soupçonnable) justifient philosophiquement l'éternité du monde (ce sont trois aristotéliciens), puisque Dieu a créé le temps en même temps que le monde, il est conceptuellement cohérent de considérer la création comme compatible avec une certaine forme d'éternité. Mais leur piété les conduit néanmoins à affirmer un pouvoir absolu de destruction du monde par Dieu… Bref, si le monde est « éternel », il est fondamentalement contingent.

Mais on peut entendre le monde comme la terre. Et dater l'âge de la terre peut relever là encore de tentatives d'ordre divers. Jusqu'au dix-huitième siècle, l'Europe s'appuie sur des « calculs » bibliques, qui donnent à la terre l'âge de six mille ans environ – mais, en ce cas, terre et univers se rejoignent. Une autre manière de définir les « âges du monde », est de procéder à un découpage des époques historiques. Six pour Augustin : d'Adam au Déluge, du Déluge à Abraham, d'Abraham à David, de David à l'Exil à Babylone, de l'Exil au Christ, du Christ à la fin des Temps. Ces points de repère ont été des marqueurs essentiels de la représentation du temps en Occident, se superposant aux textes des historiens antiques. Au dix-huitième siècle, des naturalistes comme Buffon commencent à étendre cette durée à quelques dizaines de milliers d'années, mais c'est au dix-neuvième siècle que tout change. L'essor de la géologie, de la théorie de l'évolution étendent de plus en plus la durée de la vie sur terre, jusqu'à ce que la physique puisse donner une « date » de naissance à la planète (4,5 milliards d'années). Les âges historiques s'inscrivent maintenant dans une « superposition » de temps, depuis le « commencement » de l'univers (au-delà de l'ère de Planck), jusqu'à la formation de la terre, l'apparition de la vie, son évolution… Le temps du monde historique paraît considérablement rétréci : n'est-ce pas pourtant celui qui fait réellement sens pour nous ?

Atlas

Atlas, qui signifie « le porteur » en grec, est l'un des Titans évoqués par Hésiode dans sa Théogonie. Fils de Thémis (ou d'Ouranos selon Diodore de Sicile), père notamment des Pléïades, et de Calypso, frère de Prométhée, il fait partie, comme Cronos, des Titans condamnés par Zeus. Son châtiment consiste à porter sur ses épaules, éternellement sans le voir, « tout le poids du monde », en l'occurrence la voûte céleste. Comme le remarque le philosophe allemand Sloterdijk dans *Globes* (1999), Atlas, « le cosmophore », à cause de son « aveuglement forcé », ne peut avoir une « image du monde » satisfaisante. Cet athlète souffrant symbolise pour nous la conception « poético-mythique » des cosmologies anciennes qui croyaient que le monde était clos. Pourtant, en choisissant de faire figurer le Titan sur le frontispice de son recueil cartographique paru en 1585, avec à la main un globe céleste qu'il scrute et à ses pieds un globe terrestre, le flamand Geert Mercator fait passer le nom d'Atlas dans l'usage commun. Un atlas désigne désormais un manuel de géographie, censé nous donner une image précise de toutes les parties du monde. Mais l'on sait que cette représentation objective est surdéterminée par les conceptions politiques d'une société ou d'une époque donnée : le type de projection choisie privilégie telle ou telle région du monde, la centre et marginalise les autres, la langue retenue pour les légendes n'échappant pas à une logique de hiérarchisation culturelle. Est-ce à dire que tout atlas n'est qu'un point de vue idéologique sur le monde ? On notera que cette scientifisation relative du terme apparaït aussi en anatomie pour laquelle l'atlas désigne, avec l'axis, la première vertèbre cervicale, comme si désormais c'était notre crâne que devait portait le Titan déchu !

Chaologie

Terme quasi oxymorique, la chaologie, néologisme récent, prétend produire une science de l'imprévisible, du confus, du désordre. Elle paraît *a priori* douteuse soit parce qu'elle nie son objet (le chaos ne serait pas si imprévisible et donc masquerait un ordre), soit parce qu'elle dépasserait les possibilités de la connaissance humaine. Comme le dit Bachelard dans son *Essai sur la connaissance approchée* (1927) : « la diversité absolue d'un chaos ne pourrait recevoir l'occasion d'aucune action et par conséquent d'aucune pensée ». Si cependant on postule que la chaologie n'est pas une pseudoscience, c'est peut-être parce qu'elle signale un certain état du développement de la recherche fondamentale en mathématiques et en physique. À l'encontre du déterminisme standard qui faisait croire à Laplace qu'on pourrait en droit déduire tout le scénario de l'univers, se développe avec la mécanique quantique une pensée de l'indéterminisme qui tente, notamment, de théoriser le moment où le hasard semble décider du sort d'un événement physique. Ainsi pour un « système chaotique », il existe un « temps caractéristique » T au bout duquel toute erreur dans la mesure de l'état initial est multipliée par 10, puis un temps T2 où cette erreur est multipliée par 100, etc. On peut considérer qu'entre autres, la « théorie des catastrophes », élaborée en 1972 par le mathématicien René Thom, qui modélise des phénomènes discontinus à partir de variables cachées, ou celle des « fractales », développée en 1975 par Mandelbrot, qui morcelle à l'infini un objet géométrique et prétend décrire en astronomie aussi bien les cratères de la lune que la répartition des galaxies, relèvent de la chaologie. La question reste cependant posée de savoir si la chaologie peut prétendre être une discipline autonome ou plutôt une manière originale de faire de la cosmologie en spéculant, grâce à la puissance de calcul des supercomputers, sur le comportement aléatoire des corps qui composent l'univers. D'un point de vue plus philosophique, la chaologie rejoint les intuitions de Lucrèce sur le *clinamen* (déviation spontanée de l'atome) ou celle de Whitehead sur la substitution de la notion « d'occasion d'expérience » à celle d'« essence » parce que « tout change à chaque instant » (*Procès et réalité*, 1929). Mais est-il vrai que l'univers est plus shakespearien que newtonien ?

Création/Décréation

La Création (avec un C majuscule) désigne tout à la fois l'acte qui fait exister le monde et le résultat de cet acte : le monde, comme œuvre ou émanation d'un être transcendant, où logent toutes les créatures. Ce terme appartient au vocabulaire religieux. Refusant de voir dans le cosmos le produit du hasard (comme dans l'atomisme grec), un destin aveugle (comme chez Schopenhauer) ou une force immanente (comme chez Spinoza), ceux qui croient que le monde est une Création lui confèrent un sens et spéculent à partir de l'interprétation des mythes étiologiques propres à chaque culture sur le rôle que l'homme doit tenir pour se conformer à la volonté créatrice qui fait exister le monde. La révolution galiléenne qui suggère que le monde est infini et que son mouvement ne dépend pas d'une volonté mais des seules lois de la mécanique a fragilisé l'identification du monde à une Création. Pascal reprochait ainsi au Dieu de Descartes d'être réduit à n'être qu'une chiquenaude pour mettre le monde en mouvement. Ce à quoi Descartes répondait que Dieu est en permanence nécessaire pour faire exister la matière qu'informe le mécanisme, théorie dite de la « création continuée ». Les progrès de l'astrophysique ont néanmoins eu pour effet de reléguer l'origine métaphysique du monde dans le seul domaine de la foi sans proposer pour autant une explication causale satisfaisante à la théorie du Big Bang. Quoi qu'il en soit la notion de Création n'est plus utilisée en cosmologie, sauf pour le mouvement créationniste qui enseigne, par exemple au « *Creation Museum* » construit en 2007 à Pettersburg dans le Kentucky, musée qui accueille aujourd'hui 250 000 visiteurs par an, que la Terre a été créée en 6 jours il y a environ 6 000 ans.

La décréation est un néologisme que l'on retrouve d'abord chez Charles Péguy pour dire que par le péché l'homme détruit le bien qui est en lui et adopte donc une tendance suicidaire. Le mot prend un tout autre sens chez la philosophe Simone Weil qui y voit le contraire d'une destruction : c'est pour l'homme une forme de détachement de soi et de consentement au seul don de l'être, à « la docilité originelle de la création » (*La connaissance surnaturelle*, posth. 1950). La décréation est donc ce qui s'oppose à l'anéantissement : c'est, par le transport de soi à Dieu, une « re-création » qui permet de se rendre « co-créateur du monde », le « je » décréé devenant « mode singulier, unique, inimitable, irremplaçable de présence, de connaissance, d'opération de Dieu dans le monde » (*Cahiers II*, posth. 1974). Par la décréation l'homme prend ainsi conscience que « Dieu a abdiqué en nous donnant l'existence » et qu'ayant renoncé à la puissance dans ce monde, il ne peut y être présent que « sous la forme de l'absence ». C'est donc à nous d'« achever la création » en y actualisant l'amour de Dieu qui a motivé le don du monde aux hommes.

Foule/Masse

Le monde, d'un point de vue social, désigne la foule (comme en témoigne l'expression : « il y a du monde »), c'est-à-dire le rassemblement d'un grand nombre de personnes. Étudiée par Gustave Le Bon dans *Psychologie des Foules* (1895), la foule a une « unité mentale » distincte de celle des membres qui la composent. En faire la psychologie, c'est révéler ses caractéristiques comme le « sentiment de puissance » ressenti par l'individu lorsqu'il devient membre anonyme d'un groupe ; la « contagion mentale » qui fait que chacun sacrifie très facilement son intérêt propre à l'intérêt collectif ; et la « suggestibilité » qui apparente l'homme de la foule à un être hypnotisé par le meneur du groupe. Ainsi dans la foule, « la personnalité consciente est évanouie, la volonté et le discernement abolis ». Mais comment une telle défaillance de la vigilance est-elle possible ? Le Bon estime que dans la foule l'homme régresse et devient un instinctif. Il n'agit plus que « suivant les hasards de l'excitation », de manière réflexe. Mais comme les excitants capables de suggestionner les foules sont extrêmement variés, la foule se caractérise par un dernier trait : sa mobilité. Elle passe brusquement de la barbarie à l'héroïsme ou l'inverse quand elle est contrariée, la fureur étant alors son état le plus fréquent. Cette mobilité « la rend très difficile à gouverner ». Celui qui s'y essaye devra « abuser des affirmations violentes », renoncer à toute

démonstration et surtout n'utiliser que des images, car la foule « ne se laisse impressionner que par des images ». C'est pourquoi « connaître l'art d'impressionner l'imagination des foules c'est connaître l'art de les gouverner ». Freud, dans l'article « Psychologie des foules et analyse du moi » (1921), tentera d'intégrer à la théorie psychanalytique cette découverte d'un inconscient collectif manipulable en s'interrogeant par exemple sur le phénomène d'identification au meneur.
En passant de la foule à la masse, l'inconscient collectif gagne en puissance jusqu'à devenir un agent historique. Hannah Arendt montre ainsi qu'aux origines du totalitarisme, on retrouve « l'homme de masse ». Celui-ci n'est pas l'homme de la « populace », parce qu'il peut tout à fait appartenir à la haute société. Ce qui caractérise les gens qui composent la masse c'est qu'« ils ne peuvent s'intégrer dans aucune organisation fondée sur l'intérêt commun » (*Le système totalitaire*). L'homme de masse n'est d'abord ni brutal, ni attardé, mais isolé, déraciné, superflu. Et c'est pourquoi il est la proie privilégiée du futur chef totalitaire dont le but est de rassembler « la masse atomisée » en promettant d'offrir une place à chacun en échange d'une loyauté inconditionnelle à son égard et à la cause qu'il prétend défendre. Le chef totalitaire qui, lui, est toujours issu de la « populace », se veut donc un « fonctionnaire des masses ». Mais la masse n'est pas seulement ce qui fait advenir le totalitarisme, c'est aussi ce qui le maintient au pouvoir. D'où la nécessité dans les États totalitaires d'entretenir l'effet de masse en multipliant les défilés, les spectacles où prime l'unité du peuple, sa compacité. C'est dans ce but que, par exemple, Albert Speer, l'architecte d'Hitler, avait réaménagé à Nuremberg le Zeppelinfeld, capable de rassembler 340 000 personnes et qu'il projetait de construire un stade de 400 000 places ! L'échec du totalitarisme ne ruine pas l'idée de masse. Hannah Arendt la réutilise pour stigmatiser la société de consommation : « la société de masse ne veut pas la culture mais les loisirs » (*La crise de la culture*, 1961). Mais estimer que la « culture de masse » est un oxymore, n'est-ce pas céder à une forme d'élitisme inavoué ?

Frontière/Borne/Limite

La frontière est une limite qui, naturellement, détermine l'étendue d'un territoire ou qui, par convention, sépare deux territoires de juridiction différente. Son épaisseur, variable, va de la simple ligne imaginaire jusqu'à la bande d'espace inhabité (le « no man's land »). En politique, les frontières sont souvent l'objet de litiges parce que leur tracé correspond rarement à la volonté des peuples. Mais les abolir peut être vécu par les populations concernées comme une atteinte à leur identité. La frontière est ainsi une composante nécessaire de l'espace politique et du partage du monde. Au sens figuré, la frontière désigne une ligne de séparation entre deux choses différentes. En cosmologie l'existence d'une telle ligne est problématique. Les Anciens, qui croyaient que le monde était clos, avaient déjà perçu que placer les dieux derrière « la sphère des fixes » (le dernier ciel) faisait de cette ligne de partage un mixte entre physique et métaphysique. On discutait ainsi dans l'Académie de Platon le paradoxe d'Archytas de Tarente, lequel se demandait si à la limite du ciel, on pourrait faire passer sa main ou un bâton. L'hypothèse de l'infinitude de l'univers au XVIIe siècle pourrait lever cette difficulté mais depuis qu'au XXe siècle, avec les travaux Hubble, la science soutient que l'univers est en expansion, la cosmologie se heurte à nouveau à l'impossibilité de penser une extériorité au cosmos qui semble générer l'espace dans lequel il s'étend. C'est peut-être Kant qui éclaire le problème en proposant, dans la *Critique de la raison pure* de distinguer, relativement à notre pouvoir de connaître, d'une part les « bornes » (*Schränke*) qui sont des limitations de fait, contingentes, et d'autre part les « limites » (*Grenze*) qui sont des limitations de droit, nécessaires. Alors que les bornes peuvent être indéfiniment reculées, les limites, elles, sont indépassables.

Habiter

Fait d'occuper un lieu de manière durable pour y vivre. Le monde habité par l'homme est traditionnellement appelé œcoumène. Il se distingue du monde sauvage, jugé soit hostile (déserts brûlants, zones glacées ou marécageuses, fonds marins ou montagnes inaccessibles, ...) soit à préserver comme le théorise, par exemple Thoreau, père de la Wilderness américaine. La réduction des espaces sauvages montre que le propre de l'homme est de chercher à occuper tous les lieux du monde où il peut s'installer. Ainsi à la différence de l'animal dont l'habitat est limité et naturel (terrier, nid, ...), l'homme habite culturellement le monde en défiant, grâce à la technique, ce qu'il a d'inhospitalier : de la station polaire à la station spatiale internationale, en passant par la plateforme pétrolière ou l'observatoire perché sur un pic montagneux, aucun lieu ne semble lui résister. Mais cette appropriation s'accompagne d'une transformation radicale de l'espace qui paradoxalement peut le rendre inhabitable. Tel est le problème de « l'habiter ». La prise de conscience que l'homme défigure le monde en y séjournant invite à repenser ce que cet acte peut signifier. Chez Heidegger, l'« habiter » désigne pour l'homme un juste rapport à l'espace où celui-ci est appréhendé comme le lieu d'apparition de l'être : « habiter est *le trait fondamental* de l'être en conformité duquel les mortels sont » (« bâtir, habiter, penser », 1951). Si pour Heidegger l'habiter est et doit être une forme d'ouverture au monde, il constitue plutôt pour Bachelard un refuge : l'homme, défini comme « être du dehors et du dedans » (*La poétique de l'espace*, 1957), trouve dans l'habitation l'espace intime où il peut se reposer et se rassurer afin d'appréhender le monde extérieur sans crainte. Mais bâtir un habitat ne consiste pas seulement à configurer les exigences physiques du sol avec celles de besoin d'abris et de transport des hommes, c'est aussi créer un réseau entre les habitats, urbaniser le monde et y déposer notre mémoire. Car, selon Ricœur, dans les villes « le temps raconté et l'espace habité sont plus étroitement associés que dans l'édifice isolé » (*La mémoire, l'histoire, l'oubli*, 2000). En tant qu'acte culturel, l'« habiter » est aussi ce par quoi se révèlent l'hospitalité d'un peuple et sa capacité à partager le monde. Être privé d'habitat, ou comme on dit : être sans domicile fixe, apparaît comme un signe fort de marginalisation, voire de déshumanisation, sauf dans le choix du nomadisme ou dans le cas extrême de Diogène le cynique qui, dit-on, habitait dans une jarre d'où il se moquait des citoyens d'Athènes.

Immonde

Étymologiquement issu de l'acception esthético-morale de *mundus* : tout achevé ayant une forme agréable et bonne à contempler, l'immonde désigne ce qui est informe, laid, mais aussi dangereux parce qu'immoral. L'usage premier du terme est religieux : est immonde ce qui souillé, sale, répugnant. Ainsi les bêtes qui ne doivent pas être mangées (comme le porc pour les juifs et les musulmans) ou qui ne sont pas sacrifiées de manière rituellement satisfaisantes sont dites « immondes ». Rejetées, elles demeurent ou deviennent infectes, dégoûtantes. Cet effet sur le corps fait que l'immonde appelle la mise à l'écart soit parce qu'on s'éloigne soi-même de l'impur, soit parce qu'on l'expulse « hors du monde ». Le lien avec le sens figuré du terme se perçoit alors aisément : est jugé immonde ce qui révolte la conscience, la choque moralement. Mais, et c'est tout l'intérêt du terme, peut-on rejeter hors du monde quoi que ce soit ? Un acte dit immonde autorise-t-il à bannir hors de l'espace commun, voire à condamner à mort celui qui l'a commis ? Juger de l'immonde n'est-ce pas se donner à bon compte le monopole de la pureté, de la bonne conscience, comme le reproche Voltaire aux Jésuites lorsqu'il assume dans « Le Mondain » qu'il est doux à son « cœur très immonde » de jouir des progrès de son temps ? Si l'esthétique a pu réintégrer l'immonde dans son univers, comme en témoigne le poème de Baudelaire « La charogne », l'éthique, parce qu'elle réclame qu'on sache s'indigner, qualifie sans doute avec une certaine légitimité certains actes barbares (comme la torture) d'immonde au sens où de tels actes ne devraient pas exister dans notre monde. Mais qui inspire de tels actes ? Une réponse possible est proposée par le vers célèbre de Brecht : « le ventre est encore fécond d'où a surgi la bête immonde » (*La résisitible ascension d'Arthuro Ui*). Cette bête immonde c'est le nazisme et d'une manière générale toute idéologie de la pureté qui, éternelle tentation, fait croire aux âmes faibles qu'il suffirait de purifier le monde de ceux qui viennent « d'ailleurs » pour donner à ces âmes la force qu'elles n'ont pas.

Mondanité

Les groupes sociaux se définissent notamment les uns par rapport aux autres, dans des relations de supériorité et d'infériorité. On peut considérer la diversité des groupes à l'intérieur d'une réalité supérieure, celle du « monde social », qui n'est alors qu'un autre nom pour la société tout entière. Mais quoi de mieux que de définir son groupe comme étant « le monde » par excellence, c'est-à-dire non pas la « société », mais la « bonne », la « meilleure » qui soit ? C'est ainsi qu'on observe une transformation du sens du terme « monde », qui prend une valeur absolue : être « du monde », c'est appartenir à l'élite. Cette élite connaît les bons usages, fait preuve du meilleur goût. Le *Mondain* de Voltaire en est une des expressions célèbres. Ce que révèle le poème, c'est aussi une dimension polémique. Car être « du monde », ce n'est pas seulement se différencier des classes inférieures (petite bourgeoisie par exemple) : c'est défendre des valeurs « mondaines », au sens du monde profane s'opposant aux tenants de strictes valeurs religieuses. Entrer en religion, c'est d'ailleurs « quitter le monde ». *La vie de Rancé* de Chateaubriand décrit la brusque résolution d'un grand mondain partant réformer la Trappe, un des ordres religieux les plus rigoureux. Alceste, dans *Le Misanthrope*, est en revanche cette conscience malheureuse qui est dans le monde tout en en critiquant sans cesse les valeurs (frivolité, hypocrisie, bel esprit) : il n'accepterait Célimène que si elle renonçait au monde « mondain », pour fuir avec lui dans son « désert ». Le théâtre classique français est profondément « mondain » : il s'adresse au public des galants de la cour et de la ville, jusqu'à des effets surprenants, comme la transformation par Corneille du pathétique de l'Œdipe antique en pièce galante. Mais les grands romanciers modernes, eux, se délectent au contraire de la description de l'effondrement progressif du « grand monde » aristocratique, de Balzac à Proust, et de l'apparition d'une diversité de petits mondes : ceux des politiques, des financiers, des artistes. Que reste-t-il du « monde » à l'époque de la consommation et de l'éducation de masse ?

Mouvement

La nature tout entière est « matière et mouvement » dit Descartes. La question du mouvement domine la réflexion physique depuis les Grecs. C'est parce qu'il y a « des » mouvements dans le monde, qu'il n'est pas un ordre mort. Cela signifie qu'il semble absurde de considérer le monde lui-même comme « en mouvement ». Le monde est le cadre des corps en mouvement, il est éventuellement un corps gigantesque, doté d'une âme, mais dans ce cas son mouvement correspond en réalité à celui des sphères principales : celles des différentes planètes par rapport au cercle immobile des étoiles. Tel est par exemple le modèle astronomique d'Eudoxe, l'élève de Platon. Il y a donc une ambiguïté fondamentale dans la métaphysique grecque de l'âme du monde : le mouvement du monde est son dynamisme interne, ce n'est pas un déplacement dans l'espace, puisque le monde définit les bornes de l'espace. C'est peut-être là un point d'opposition doctrinal plus profond que celui du matérialisme et du « spiritualisme » : il n'y a en effet que des mouvements dans l'univers épicurien, même si au niveau macroscopique il y a des points d'immobilité, comme la terre au milieu de son système : Épicure affirme qu'il y a une infinité de planètes – et de soleils – mais non que notre système serait lui-même en mouvement.

Les acquis de la physique depuis le dix-septième siècle ne sauraient se résumer au changement de centre, même si l'idée d'un mouvement de la terre a paru difficile à admettre – non pas seulement pour des raisons religieuses d'ailleurs, mais aussi pour des raisons « physiques » : c'était aller contre Aristote. Galilée ne met pas seulement la terre en mouvement : il théorise surtout le principe de relativité du mouvement. Mouvements et repos sont relatifs, c'est d'ailleurs pour cela que nous avons l'impression que la terre ne se meut pas. La relativité s'étendra trois siècles plus tard à l'espace et au temps eux-mêmes. Mais l'autre nouveauté, c'est celle d'une « mise en mouvement » générale. Le système solaire est entraîné dans un mouvement extrêmement rapide autour du centre de la galaxie (ce qui rend caduque l'image simple d'orbites purement elliptiques). Et surtout, Lemaître interprète en 1925 les données d'observation de Hubble non comme un simple effet Doppler (éloignement des galaxies dans l'espace) mais comme une expansion de l'espace même de l'univers. Nous avons de quoi être pris de ce vertige que voulait nous faire ressentir Pascal face aux deux infinis.

Et pourtant… Et pourtant, comme l'a dit Husserl dans un curieux et célèbre article, *La terre originaire ne se meut pas* : nous avons beau accumuler toutes les preuves sur les mouvements de la terre, du système solaire, des galaxies (Husserl ne tient d'ailleurs pas compte de ces dernières données), notre rapport au monde suppose une « base », un « fond » d'immobilité primordial. Nous avons besoin, pour construire notre rapport aux choses, aux autres, à nous-mêmes, qu'il existe un point fixe. Cette « terre » n'est pas l'objet « physique » planète terre : c'est un socle existentiel foncier. Ce n'est pas un refus des données scientifique : mais la prise en compte du fait qu'il y a une vérité de notre rapport au monde plus « archaïque » et fondamental que toute donnée scientifique.

Nature

La proximité entre « monde » et « nature » est grande au point que les termes paraissent parfois interchangeables. Comme le monde, on peut en effet considérer la nature comme la totalité du réel. Plusieurs différences importantes demeurent cependant. D'une part, si le monde définit un « englobant » (ce que rend l'idée de cosmos), la nature renvoie aussi aux processus du vivant. Certes, toute la nature n'est pas vivante – et, du point de vue de l'univers, on sait que la vie est, jusqu'à plus amples découvertes, une exception localisée sur terre – mais la réflexion sur la nature est à l'origine fortement teintée d'une volonté d'explorer ce mystère de la vie. Et, à l'exception de l'épicurisme, les physiques grecques conçoivent d'ailleurs l'univers comme un grand vivant…

Dans le cadre de pensée grecque, l'opposition première serait donc entre le monde « cosmique » et la nature vivante. La naissance de la physique mathématique au dix-septième siècle rebat les cartes, notamment parce que dans le strict mécanisme, ce n'est plus le monde qui est un grand vivant, c'est le vivant qui n'est plus rien d'autre qu'un morceau de nature… Ce dernier terme devient de plus en plus la caractéristique d'une vision scientifique : il faut donc penser l'univers selon des lois naturelles (Newton). Kant en tirera une leçon philosophique majeure : le « monde » est un terme chargé de questions métaphysiques insolubles (par exemple, celle de son commencement), alors que la nature est ce qui est connaissable par la science. On retrouve ces problématiques au vingtième siècle : la résistance au modèle d'univers fondé sur l'« atome primitif » et l'expansion accélérée a été peut-être due au fait que son promoteur, Georges Lemaître, était prêtre catholique. Mieux informé que ses critiques, il a lui-même constamment distingué la question métaphysique de la création et la question physique d'un commencement. Enfin, si l'on considère la nature de manière proche, par exemple comme le système interne à l'atmosphère terrestre, la crise environnementale révèle qu'avec les bouleversements de cette nature où nous vivons, c'est tout aussi bien notre monde qui est menacé, c'est-à-dire une certaine manière de vivre dans un environnement plus ou moins stable.

Réel

Le monde peut être défini comme la totalité de ce qui est, donc comme le « réel ». Par définition, il n'y a de réalité que « du monde », ou « intra-mondaine ». Cette assimilation pose néanmoins de nombreux problèmes. Tout d'abord, de quel monde parle-t-on ? Si je définis le monde comme le produit de mon expérience sensible, l'objection du métaphysicien « réaliste » qu'est Platon consiste à montrer que ce réel est au pire une illusion, au mieux une apparence. La tâche propre de la philosophie est alors de dépasser ce « premier monde » vers le monde « réel », qui est intelligible. Mais toute critique de la métaphysique consiste à renvoyer l'argument : sur quelle base peut-on démontrer l'existence de ce monde plus « réel » que celui de l'expérience ? Cela signifie-t-il que l'expérience sensible première contient « tout » le réel ? Pas nécessairement : par exemple, une loi physique constitue le cadre de l'expérience, sa vérité sous-jacente, mais elle n'appartient plus à un autre « monde » : elle est la loi « du » monde. On voit qu'il paraît difficile d'échapper à l'opposition entre une réalité première et une réalité seconde. Nietzsche affirmera d'ailleurs que la disparition de l'idée d'un monde vrai doit conduire à la disparition de cette opposition elle-même : s'il n'y a plus que des « phénomènes », il est vain de les appeler encore ainsi… La phénoménologie repensera profondément le problème : le réel n'est pas un autre monde caché derrière le monde de la conscience, il est ce que la conscience perçoit du monde. Mais, si l'on ne veut pas retourner dans les ornières classiques, il faut élaborer l'« essence » de cette conscience : cela ne risque-t-il pas de reproduire une autre « réalité » absolue, celle du sujet conscient lui-même (l'ego transcendantal husserlien) ? Et la science moderne n'offre plus le confort de nous faire voir le monde, tant la physique quantique est sans rapport avec notre expérience courante du « monde », dans lequel un chat ne saurait être en même temps mort et vivant…

La « réalité du monde » est-elle un problème « métaphysique » ? Ou plutôt « esthétique » ? Car qu'y a-t-il paradoxalement de plus « réel » que les petits mondes créés par les artistes ? Et d'où vient cette « réalité » ? D'un redoublement du monde ? Si nous nous reconnaissons dans ces mondes multiples, c'est parce que l'artiste, selon Freud, travaille avec cette « réalité psychique » du désir qui est universelle. Mais il la modèle dans un langage qui produit effectivement un morceau de réel, l'œuvre elle-même, cet entre deux mondes, psychique et culturel.

Sécularisation

Le mot « sécularisation » vient du latin *saeculum* (le siècle) et renvoie au grec *aion*. Son sens est d'abord religieux comme on le voit dans le *Nouveau Testament*, en particulier dans les *Lettres* de Paul qui opposent le « monde présent » (*os aion*) au « monde à venir » (*mellon aion*). Le terme devient cependant politique lorsqu'en 1803 il est utilisé pour désigner la dissolution de l'Église du Reich par Napoléon et le retour de leurs territoires aux princes allemands. Ce transfert du religieux au politique ou plus généralement au domaine public (ce qu'on appelle aussi la laïcisation) est à l'origine du problème et du débat qui au XXe siècle prendra le nom de « querelle de la sécularisation ». Il s'agit alors de savoir si ce transfert signale un retrait du religieux, autrement dit une émancipation ou bien si la sécularisation n'est qu'une ruse de la raison religieuse. Dans le premier cas la sécularisation serait alors synonyme de progrès et deviendrait une sorte de programme pour faire advenir un monde nouveau. À l'intérieur de cette première interprétation, il faut toutefois distinguer d'une part l'idée d'un affranchissement, voire d'un rejet du religieux ce dont témoigne la montée de l'athéisme au XIXe avec Marx et Nietzsche et, d'autre part, l'idée d'une mondanisation du christianisme, c'est-à-dire non pas d'un abandon mais d'une réalisation au fil des siècles du contenu chrétien comme le suggérait déjà Hegel. Dans le second cas, la sécularisation ne serait qu'une étape qui précède une prévisible « désécularisation », cette dernière ne devant pas être confondue avec le mouvement récent de crispation identitaire des nouveaux fanatismes (décrits par exemple par Gilles Kepel dans *La revanche de Dieu*). Cette alternative entre rupture et continuité signale que nous sommes passés d'une sécularisation triomphante à une sécularisation inquiète (depuis la chute du communisme) et que le passage du monde ancien au monde nouveau n'est pas forcément irréversible.

Système

Un système est un ensemble structuré d'éléments interdépendants formant un tout organisé. Le terme peut s'appliquer autant au réel (par exemple le système nerveux) qu'aux idées (par exemple le système de Hegel). Relativement au monde, le concept de système est utilisé à plusieurs échelles. En astrophysique, le monde désigne le système solaire (qui, d'après les découvertes actuelles, compte 8 planètes : Mercure, Vénus, la Terre, Mars, Jupiter, Saturne, Uranus et Neptune, 5 planètes naines : Cérès, Pluton, Haumea, MakeMake et Éris, 205 satellites orbitant autour d'une planète, 9 satellites orbitant autour d'une planète naine, 1 113 527 astéroïdes, 558 satellites orbitant autour d'un astéroïde et 3 743 comètes). Mais, par analogie, et à l'échelle la plus grande, le concept de système est aussi appliqué aux amas d'étoiles. On parle ainsi de système galactique. À l'échelle de la terre, le concept de système se retrouve en cartographie où il permet, grâce au système de coordonnées, de situer n'importe quel point sur le globe. Ce système n'est d'ailleurs pas fixe à cause de la dérive des continents. Enfin à une échelle moins grande, on parle d'écosystème pour désigner le milieu d'une communauté de vivants, chaque espèce ayant son monde propre comme l'a montré Uexküll. Le problème philosophique que pose le concept de système, défini par Condillac comme « ce qui permet à l'esprit humain de saisir l'enchaînement des phénomènes » (*Traité des systèmes*, 1749), est celui de sa pertinence à modéliser ce qu'Il décrit sans céder à « l'esprit de système ». Défaut qui a valu à la pensée systématique (comme celle de Spinoza ou de Hegel dont la philosophie se veut un système de systèmes), d'être vivement critiquée par Kierkegaard ou encore Nietzsche pour sa prétention à la totalisation. Pouvant être isolé, ouvert ou fermé, un système n'est en effet jamais qu'une interprétation du monde propre à une époque, une *Weltanschauung*. Un système est donc toujours relatif et condamné à être remplacé, avec le progrès des sciences, par un autre système. Par exemple le système de Newton, qui ruine celui de Ptolémée, a été mis en défaut par celui d'Einstein.

Vide

De quoi le monde est-il fait ? Par définition, de « quelque chose », que l'on appelle « matière ». Même, en effet, si l'on n'est pas matérialiste, on ne peut pas se passer d'une matière première : Platon et Aristote, par exemple, affirment certes que « tout » n'est pas matériel, mais les « idées » ou les « formes » informent bien une base matérielle. D'autre part, depuis les premiers philosophes grecs, se pose la question du mouvement : ce qui fait que le monde est ce qu'il est, ce n'est pas seulement la masse ou les éléments matériels, c'est leur mouvement incessant : des astres, des planètes, des vivants… L'absence de mouvement est identique à la mort. Empiriquement, quand nous ouvrons les yeux, nous voyons se déplacer des corps dans l'espace. Nous avons « l'impression » que cet espace est vide. Bien sûr, l'apparence sensible ne fait pas raison. La physique antique rejettera très majoritairement l'existence du vide. Pourquoi ? Peut-être parce que la plénitude rend davantage hommage à la richesse même de l'être. Le refus du vide ne recoupe d'ailleurs pas l'opposition entre matérialistes et antimatérialistes : les matérialistes que sont Anaxagore et les stoïciens sont des « plénistes » convaincus. Reste que penser le mouvement dans le plein ne va pas de soi. Aristote ne conçoit pas l'air comme nous le faisons aujourd'hui, comme un « gaz », et encore moins l'espace en dehors du ciel terrestre comme quasi dénué de matières. Chaque déplacement d'un corps suppose de se représenter la matière fluide environnante se déplaçant en même temps et reprenant sa place dans le sillage du corps, comme dans l'exemple d'un poisson dans l'eau. Lucrèce se moquera de ces constructions : les épicuriens estiment que le vide est la seule option rationnelle pour concevoir les mouvements. Mais, autre objection d'Aristote : les mouvements dans le vide seraient d'une vitesse infinie… Ces « vieux » débats n'en finissent en réalité pas de revenir : la querelle du vide est un des grands enjeux scientifiques du dix-septième siècle. Contre Descartes qui maintient l'idée d'une nature pleine (le vide équivaut pour lui au néant) apparaît la première preuve expérimentale de la pression atmosphérique, Torricelli, Pascal,

Boyle, Huygens… La question est-elle réglée pour autant ? Non, car dans la mécanique classique, la seule façon de concevoir le caractère ondulatoire de la lumière (qui s'était imposée depuis Huygens) supposait l'existence d'une « matière » spéciale, l'éther : l'univers ne pouvait être vide, au risque de rendre inexplicable le déplacement de la matière… Bien sûr, la relativité restreinte fait voler l'éther en éclat, et la relativité générale remodèle l'univers lui-même. Quand nous disons que l'univers est « vide », aujourd'hui, que voulons-nous dire ? Certes, que dans les espaces interstellaires la quantité de matière est extrêmement faible. Mais d'autres données sont à prendre en compte. D'une part, Einstein lui-même considérait que l'idée cartésienne d'un univers « plein » pouvait se voir redonner un sens : car la théorie des champs gravitationnels implique des effets entre les corps qui ne sont pas « à distance », comme chez Newton, mais qui sont dus à la courbure de l'espace lui-même : les interactions ne se font donc pas par une force « dans le vide », mais par une transformation de la structure du réel. Autre donnée : nous savons aujourd'hui que nous ne connaissons que 4 % de la matière de l'univers. Les 96 % restant sont inconnus, et ont reçu le nom de matière sombre (pour 24 %) et d'énergie noire (pour les 72 % restant) : indétectables pour le moment, et même inexplicables… Le plus intrigant reste cependant peut-être le fait que la physique quantique a introduit dans ses équations l'idée de « vide quantique », qui implique l'existence d'une « énergie du vide », utilisée par les particules. Le « vide » n'a jamais été aussi riche…

Bibliographie

Ouvrages généraux

Clavier P., *Le concept de monde*, coll. « Philosopher », PUF, 2000

Kambouchner (dir.), *Notions de philosophie* vol. I (« L'idée d'univers »), coll. « Folio-essais », Gallimard, 1995

Rabachou J., *Qu'est-ce qu'un monde ?*, Vrin, 2016

Berner C., *Qu'est-ce qu'une conception du monde ?*, Vrin, 2006

Brague R., *La sagesse du monde*, Le livre de poche, 2002

Philosophie

Dumont J.P. (anthol.), *Les écoles présocratiques*, coll. « Folio-essais », Gallimard, 1991

Platon, *Timée* ; *Critias*, coll. « GF », Flammarion, 2017

Aristote, *Physique*, coll. « GF », Flammarion, 1999

—, *Traité du Ciel*, coll. « GF », Flammarion, 2004

—, *Métaphysique*, coll. « GF », Flammarion, 2008

Épicure, *Lettres, maximes et autres textes*, coll. « GF », Flammarion, 2011

Lucrèce, *La nature des choses*, coll. « Folio-essais », Gallimard, 1991

Schuhl P. M. (anth.), *Les stoïciens*, (2 tomes), coll. « TEL », Gallimard, 1997

Sextus, Empiricus, *Esquisses pyrrhoniennes*, coll. « Points-essai », Seuil, 1997

Augustin d'Hippone, *La Cité de Dieu*, coll. « Point Sagesse », Seuil, 2004

Averroès, *Discours décisif*, coll. « GF », Flammarion, 1999

Maïmonide, *Le Guide des égarés,* Verdier, 2012
Thomas d'Aquin, *Controverse sur l'éternité du monde*, coll. « GF », Flammarion, 2004
Nicolas de Cues, *De la docte ignorance*, coll. « GF », Flammarion, 2013
Giordano Bruno, *De l'infini, de l'univers et des mondes,* Les Belles Lettres, 2006
Descartes, *Discours de la méthode*, coll. « GF », Flammarion, 2004
—, *Principes de la philosophie*, coll. « Bibliothèque des textes philosophiques », Vrin, 2010
Pascal, *Pensées*, coll. « GF », Flammarion, 2015
Spinoza, *Éthique*, coll. « GF », Flammarion, 1993
Leibniz, *Système nouveau de la nature et de la communication des substances*, coll. « GF », Flammarion, 1993
—, *Essais de théodicée,* coll. « GF », Flammarion, 1999
—, *Discours de métaphysique ; Monadologie,* coll. « TEL », Gallimard, 1995
Diderot, *Lettre sur les aveugles*, coll. « Folio », Gallimard, 2004
Rousseau, *La Profession de foi du vicaire savoyard*, coll. « GF », Flammarion, 2010
Buffon, *Histoire naturelle,* Folio classique, 2007
Kant, *Critique de la raison pure*, coll. « GF », Flammarion, 2006
—, *Idée d'une Histoire universelle d'un point de vue cosmopolitique*, coll. « Folio », Gallimard, 2009
Fichte, *La destination de l'homme*, coll. « GF », Flammarion, 1999
Hegel, *Phénoménologie de l'Esprit*, coll. « GF », Flammarion, 2012
Cuvier, *Recherches sur les ossements fossiles des quadrupèdes*, coll. « GF », Flammarion, 2013
Schelling, *Les âges du monde*, coll. « Les philosophiques », Vrin, 2013
Comte, *Discours sur l'ensemble du positivisme,* coll. « GF », Flammarion, 1999
Schopenhauer, *Le Monde comme Volonté et comme Représentation*, coll. « Quadrige », PUF, 2014
Nietzsche, *Le gai savoir* coll. « GF », Flammarion, 2020
—, *Ainsi parlait Zarathoustra,* coll. « GF », Flammarion, 2006
Bergson, *L'évolution créatrice*, coll. « Quadrige », PUF, 2013
Wittgenstein, *Tractacus logico-philosophicus*, coll. « GF », Flammarion, 2022
Carnap, *La construction logique du monde*, Vrin, 2001
Whitehead, *Procès et réalité, essai de Cosmologie*, Gallimard, 1995
Husserl, *Méditations cartésiennes*, coll. « Les philosophiques », Vrin, 2020
—, *La terre ne se meut pas*, éd. Minuit, 1989
Heidegger, *Être et temps*, coll. « NRF », Gallimard, 1992
—, *Les Concepts fondamentaux de la métaphysique – monde, finitude, solitude*, coll. « NRF », Gallimard, 1992
—, *Essais et conférences*, coll. « TEL », Gallimard, 1980

Merleau-Ponty, *Phénoménologie de la perception*, coll. « TEL », Gallimard, 1976
—, *Le visible et l'invisible*, coll. « TEL », Gallimard, 1979
Goodman, *Manière de faire des mondes*, coll. « Folio-essais », Gallimard, 2006
Nancy, *La création du monde*, éd. Galilée, 2002
Wolff, *Dire le monde*, PUF, 2004
Markus Gabriel, *Pourquoi le monde n'existe pas*, Le livre de poche essais, 2015

Épistémologie

Alexandre Koyré, *Du monde clos à l'univers infini*, coll. « TEL », Gallimard, 1988
Françoise Balibar, *Galilée, Newton lus par Einstein*, coll. « Philosophies », PUF, 1982
Sven Ortoli et Jean-Pierre Pharabod, *Le Cantique des quantiques, le monde existe-t-il ?*, La Découverte, 1984
Ilya Prigogine et Elisabeth Stengers, *La nouvelle alliance, Métamorphose de la science*, coll. « Folio-essais », Gallimard, 1986
John Barrow, *Le livre des univers,* Dunod, 2012

Politique, Sociologie, Psychologie, Esthétique

More, *Utopie*, coll. « Folio-classique », Gallimard, 2012
Castiglione, *Le Livre du courtisan,* coll. « GF », Flammarion, 1999
Fourier, *Le nouveau monde amoureux*, éd. Broché, 2015
Comte, *Leçons de sociologie,* coll. « GF », Flammarion, 2012
Marx, *L'idéologie allemande*, coll. « Les intégrales de philo », Nathan, 2009
—, *Manifeste du parti communiste*, coll. « GF », Flammarion, 1999
Le Bon, *Psychologie des foules*, coll. « Quadrige », PUF, 2013
Freud, *L'interprétation du rêve*, Points essais, 2013
Cassirer, *Individu et cosmos dans la philosophie de la Renaissance*, Minuit, 1983
Panofsky, *La perspective comme forme symbolique*, Minuit, 1976
Schmitt, *Le nomos de la terre*, coll. « Quadrige », PUF, 2012
Camus, *L'homme révolté*, coll. « Folio », Gallimard, 1985
Arendt, *Le système totalitaire*, coll. « Points-essai », Seuil 2005
—, *La condition de l'homme moderne*, Le livre de poche, 2020
—, *La crise de la culture*, coll. « Folio », Gallimard, 1989
Lévi-Strauss, *Tristes tropiques*, coll. « Agora, Pocket », 2001
Beck, *Qu'est-ce que le cosmopolitisme ?*, coll. « Alto », Aubier, 2006
Bourdieu, *Les règles de l'art*, Points Seuil, 2015
Heinich, *La sociologie de l'art*, La découverte, 2004
Glissant, *Traité du Tout-Monde*, coll. « NRF », Gallimard, 1997

Girard, *Achever Clausewitz*, coll. « Champs-Flammarion », 2011
Bruckner, *Le fanatisme de l'Apocalypse*, Grasset, 2011

Littérature

Bible de Jérusalem, éd. du Cerf, 1973
Homère, *Odyssée*, coll. « GF », Flammarion, 2009
Hésiode, *Théogonie*, Les belles lettres, 1979
Sophocle, *Antigone*, coll. « GF », Flammarion, 1964
Dante, *L'Enfer*, coll. « GF », Flammarion, 2009
Rabelais, *Gargantua*, Presse pocket, 2004
Shakespeare, *Jules César*, coll. « Folio-théâtre », Gallimard, 1995
Calderon, *La vie est un songe*, Le livre de poche, 1996
Fontenelle, *Entretiens sur la pluralité des mondes*, coll. « GF », Flammarion, 1998
Cyrano de Bergerac, *Les États et Empires de la lune*, coll. « Folio », Gallimard, 2004
Voltaire, *Micromegas*, Le livre de poche, 2000
—, *Le Monde comme il va*, coll. « Folio », Gallimard, 2006
—, *Candide*, coll. « Folio », Gallimard, 1992
Goethe, *Les années d'apprentissage de Wilhelm Meister*, coll. « Folio », Gallimard, 2006
Sade, *Les 120 journées de Sodome*, 10/18, 1998
Chateaubriand, *Atala*, coll. « Folio », Gallimard, 1978
—, *Vie de Rancé*, coll. « GF », Flammarion, 2018
Balzac, *Illusions perdues*, Le livre de poche, 2018
Thoreau, *Walden ou la vie dans les bois*, coll. « L'imaginaire », Gallimard, 1990
Baudelaire, *Les fleurs du mal*, Librio, 2015
Caroll, *Alice au pays des merveilles*, Le livre de poche, 2019
Melville, *Moby Dick*, coll. « Folio », Gallimard, 1996
Dostoïevski, *Les carnets du sous-sol*, Acte sud, 1992
—, *Les carnets de la maison morte*, Acte sud, 1999
Zola, *Germinal*, Le livre de poche, 2000
—, *L'argent*, coll. « Folio », Gallimard, 1980
Abbot, *Flatland*, Librio, 2013
Verne, *Le tour du monde en 80 jours*, Le livre de poche, 2019
—, *De la terre à la lune*, Le livre de poche, 2000
—, *Voyage au centre de la terre*, Le livre de poche, 2000
—, *Vingt mille lieues sous les mers*, Le livre de poche, 2001
Conrad, *Au cœur des ténèbres*, coll. « GF », Flammarion, 2012

Wells, *La guerre des mondes*, coll. « Folio », Gallimard, 2005
—, *La machine à remonter le temps*, coll. « Folio-SF », Gallimard, 2016
Kafka, *Le château*, Points, 2011
—, *La colonie pénitentiaire*, Flammarion, 1993
Claudel, *Tête d'or*, coll. « Folio-théâtre », Gallimard, 2005
Ségalen, *Stèles*, coll. « Poésie », Gallimard, 1973
Céline, *Voyage au bout de la nuit*, coll. « Folio », Gallimard, 1972
Cendrars, *L'or*, Etonnant classiques, 2015
Zweig, *Magellan*, Le livre de poche, 2012
Huxley, *Le meilleur des mondes*, Presse Pocket, 1997
Orwell, *1984*, coll. « Folio », Gallimard, 1984
Brecht, *La vie de Galilée*, L'Arche, 1997
Borges, *Fictions*, coll. « Folio », Gallimard, 2018
Bioy Casares, *L'invention de Morel*, 10/18, 2017
Levi, *Si c'est un homme*, Presse Pocket, 1997
Bouvier, *L'usage du monde*, Petite bibliothèque Payot, 2001
Asimov, *Fondation*, coll. « Folio-SF », Gallimard, 2009
K. Dick, *Ubik*, 10/18, 1999
Boule, *La planète des singes*, Presse Pocket, 2017
Clarke, *2001 ou de l'Odyssée de l'Espace*, J'ai lu, 2001
Talkien, *Le seigneur des anneaux*, Poche, 2018
Herbert, *Dune*, Pocket, 2021
Yourcenar, *Mémoires d'Hadrien*, coll. « Folio », Gallimard, 1977
Krakauer, *Into the wild*, coll. « Domaine étranger », 10/18, 2008
Lodge, *Un tout petit monde*, Rivages Poche, 2014
Kehlmann, *Les arpenteurs du monde*, Acte sud, 2009
Enard, *Boussole*, Acte sud, 2017
Mac Carthy, *La route*, Points, 2021

Bandes dessinées

Hergé, *On a marché sur la lune* (1954), éd. Casterman
Bilal, *La foire aux immortels* (1980), éd. Dargaud
Peeters, Schuitten, *Les Cités obscures* (1983), éd. Casterman
Lob, Rochette, *Le transperceneige* (1984), éd. Casterman
Spiegelman, *Maus* (1992), éd. Flammarion
Miller, *Sin City* (1994), éd. Rakham
Taniguchi, *L'homme qui marche* (1995), éd. Casterman
Larcenet, *Blast* (2009), éd. Dargaud

Films

Méliès, *Le voyage dans la lune*, 1902
Griffith, *Naissance d'une nation*, 1915
Eisenstein, *Le cuirassé Potemkine*, 1925
—, *Octobre*, 1927
Lang, *Metropolis*, 1927
—, *M le Maudit*, 1931
Renoir, *Les bas-fonds*, 1936
—, *La règle du jeu*, 1939
Resnais, *Nuit et brouillard*, 1956
Cousteau et Malle, *Le monde du silence*, 1956
Kubrick, *2001 ou l'Odyssée de l'espace*, 1968
Tavernier, *Que la fête commence*, 1975
Lucas, *Star wars*, 1977
Miller, *Mad Max*, 1979
Copolla, *Apocalypse Now*, 1979
Lynch, *Dune*, 1984
Niccol, *Bienvenue à Gattaca*, 1997
Weir, *The Truman Show*, 1998
Les Wachowski, *Matrix*, 1999
Miyazaki, *Le voyage de Chihiro*, 2001
Malick, *Le Nouveau Monde*, 2005
Lars von Trier, *Mélancholia*, 2011
Nolan, *Interstellar*, 2014

Séries

Serling, *The Twilight zone (La quatrième dimension)*, 1954-1965 (156 épisodes)
Markstein et Mac Goohan, *The prisoner (Le prisonnier)*, 1967-1968 (17 épisodes)
Roddenberry, *Star Trek*, créé en 1966 (759 épisodes)
Fellowes, *Downtown Abbey*, 2010-2015 (52 épisodes)
Brooker, *Black mirror*, 2011-2019 (22 épisodes)

Imprimé en France par CPI
en juin 2022
Dépôt légal : juin 2022
N° d'impression : 170221